中国的権利論

現代中国法の理論構造に関する研究

御手洗大輔

東方書店

はしがき

　現代中国を「知り抜く」ことが私たちの課題である。この課題に取り組み続けない限り、私たちは現代中国と同化する運命にあろう。問題は、現代中国の側にあるのではなく、私たちの側にある。私たちは、普遍の原理──民主主義、資本主義、法の支配そして市民社会を現実の社会が実現する理想と信じ、異説を一顧だにしてこなかった。私たちの眼は、いつの頃からか現代中国を「知り抜く」ことから問題視することへと変化していたのではないか。

　日中関係を振り返ると、このことが強く意識される。文化大革命が終結し、改革開放政策を現代中国が打ち出した頃から、私たちは現代中国に「普遍の原理」を示し、その下で行動するように求めてきた。そして、それを実現できない現代中国を問題視してきた。それに対して現代中国は、「中国的」と冠することで乗り越えてきた。この反応は中華人民共和国が成立した頃からもそうであったのだが、いずれにせよ現代中国は、「普遍の原理」との同化を極力拒んできた。そして現在、普遍の原理の本質を知り抜き、逆に私たちを問題視し始めている。

　一方で私たちとの妥協点を探りながら、現代中国は「普遍の原理」が致命的な矛盾を含む曖昧な概念であることを見透かしている。もし私たちが「知り抜く」ことに回帰しなければ、「普遍の原理」が化石となり、現代中国に呑み込まれる可能性は一段と高まるだろう。

　現代中国に問題があるとする批判は通用しないし、「普遍の原理」を掲げさえすれば問題が解決する時代は去った。私たちは現代中国を問題視することから、現代中国を「知り抜く」ことを再び意識する必要がある。なぜなら、相互理解の必要性の下に異なる原理を前提とする様々な社会が結集し、お互いの原理を「知り抜く」ことを通じて受け入れられない部分を否定し、その空白に自らの原理を通用させるという知の群雄割拠時代を迎えているからである。

現代中国は物理的には巨大だが様々な社会の1つにすぎない。確かに巨大だが、現代中国を知り尽くす限界が、人間の英知の限界を超えることは難しい。また、等身大の現代中国を直視すると、特殊中国的な何かに恐れる必要もない。そして、中国脅威論は私たちの未知が生み出す不安の告白にすぎない。唯一恐れることは、私たちの「知り抜く」力が脆弱でないかどうかである。「知り抜く」力を強化するために必要なことは、理想を語ることではない。想像力を高めることでもない。必要なことは、現実を直視し、自らと対照的な現実を建設的に評価したうえで、自らの現実と比較する地道な作業の繰り返しである。

　確かに国際社会において現代中国は異色の社会である。民主主義、資本主義、法の支配そして市民社会を「普遍の原理」とする社会との同化に努めてきた日本社会とは対照的である。それ故に、現代中国は私たちにとって最適な教材であり、かつ、その現代中国を「知り抜く」ことが、相互理解の名の下で知の群雄割拠時代を生き抜くための処世術を学ぶことになる。

　本書は、現代中国を法学から「知り抜く」ことを試みる。現代中国の原理は、私たちが前提としている普遍的な権利論によって構成されているのではない、との仮説に立ち、中国的権利論を解明する。そして、この中国的権利論が、現代中国法を制度化している論理であることを論証する。つまり、本書は等身大の現代中国法を知り抜いた1つの成果を上梓するものである。

　本書を上梓するうえで、日本および中国において多くの方々に協力いただいた。私の調査研究活動（史料収集を含む）に対して快く応じてくださったすべての方に、心よりお礼申し上げる次第である。ただし、本書に係わる文責は、あくまでも私自身に帰すべきものである。

　尚、本書は文部科学省科学研究費補助金若手研究（A）「現代中国における労働権の権利構造とそのメカニズムに関する研究」（JSPS科研費23683001）の助成を受けた。

　　2014年12月

御手洗　大輔

目　　次

はしがき　　i

序　章　現代中国法を科学するということ …………………… 1

第1節　現代中国をどう捉えるか……………………………… 1
第2節　学問としての現代中国法……………………………… 3
第3節　法学研究における2つの罠…………………………… 7
第4節　現代中国法学の特徴…………………………………… 12
第5節　研究方法の変遷………………………………………… 15
第6節　研究動向の整理………………………………………… 18
第7節　小括……………………………………………………… 23

第Ⅰ部　中国的権利論の基本　　27

第1章　研究課題と方法論 ……………………………………… 29

第1節　理論研究の再考………………………………………… 29
第2節　研究課題の設定………………………………………… 35
第3節　採択課題と本書の関係………………………………… 44
第4節　本書による補充と課題の確認………………………… 50

第2章　労働権の形成とその特殊性 …………………………… 55

第1節　ソ連法の影響について………………………………… 55
第2節　法律関係理論の限界について………………………… 60

第3節 「労働権」の形成 ……………………………………… 64
第4節 「労働権」の特殊性 …………………………………… 67
第5節 労使関係の変遷 ………………………………………… 73
第6節 本章のまとめ …………………………………………… 83

第3章 「労働権」と労働契約、労働者 ……………………… 87

第1節 労働契約制度の変遷 …………………………………… 87
第2節 転換期の労働者 ………………………………………… 98
第3節 使用組織に対する規制緩和 …………………………… 107
第4節 本章のまとめ …………………………………………… 112

第4章 「労働権」の保護論理 ………………………………… 117

第1節 「労働権」と労使紛争 ………………………………… 117
第2節 労働争議紛争における保護論理 ……………………… 118
第3節 労働争議事件における保護論理 ……………………… 129
第4節 労使紛争と「労働権」の保護論理 …………………… 133
第5節 本章のまとめ …………………………………………… 139

第5章 中国的権利論とそのメカニズム ……………………… 143

第1節 現代中国における「労働権」 ………………………… 143
第2節 中国的権利について …………………………………… 153
第3節 学問としての中国的権利論 …………………………… 163

第Ⅱ部　中国的権利論の応用　167

第6章 労働契約法における変化 ……………………………… 169

第1節 労働契約法の変遷 ……………………………………… 169

	目 次

　　第2節　労働契約法の意義………………………………………… 171
　　第3節　中国的権利論との関係…………………………………… 192

第7章　社会保険法における変化 ……………………………… 197

　　第1節　労働者と失業者…………………………………………… 197
　　第2節　失業保障制度という枠組みの検討……………………… 198
　　第3節　失業保障の変遷について………………………………… 203
　　第4節　社会保険法における変化………………………………… 210
　　第5節　中国的権利論との関係…………………………………… 216

第8章　民事訴訟法における変化 ……………………………… 221

　　第1節　現代中国における民事裁判……………………………… 221
　　第2節　起訴受理制度という枠組みからの検討………………… 229
　　第3節　起訴受理制度の今日的課題……………………………… 240
　　第4節　中国的権利論との関係…………………………………… 243

第9章　刑事訴訟法における変化 ……………………………… 251

　　第1節　現代中国における刑事裁判……………………………… 251
　　第2節　検察組織・検察権に対する立法の変遷………………… 255
　　第3節　検察改革に対する評価…………………………………… 259
　　第4節　国家権力に対する監督手段の可能性…………………… 272
　　第5節　検察官への解釈裁量付与の可能性について…………… 276
　　第6節　指導性裁判例制度と中国的権利論……………………… 287

付　章　中国的権利論と法学研究 ……………………………… 295

　　第1節　本書のまとめ……………………………………………… 295
　　第2節　中国的権利論のいま……………………………………… 303

第3節　中国的権利論の特徴……………………………………… 309
　　第4節　法学研究における現代中国法……………………………… 313

ガイダンス　現代中国法の調べ方 …………………………………… 317
　0. 法律学、法学とリサーチ ……………………………………… 318
　1. リサーチするということ ……………………………………… 318
　2. オンライン・データベースの活用 …………………………… 320
　3. リサーチの方法 ………………………………………………… 323
　4. 檔案館の利用方法 ……………………………………………… 331
　5. 資料リストの作成 ……………………………………………… 334
　6. 最後に …………………………………………………………… 336

あとがき　339
図表一覧　342
索　　引　345

序　章　現代中国法を科学するということ

第1節　現代中国をどう捉えるか

第1項　研究課題について

　中国を対象とする研究は、社会科学の分野に限っても政治学はもとより、経済学、経営学、社会学、歴史学および法学等、多岐にわたる。地域研究の1つとして中国を捉える中国研究も盛んである。こんにちでは、複雑化する現代中国を捉えるために、これらの専門分野と分析手法を組み合わせて学際的に研究することもある。実にアプローチが多様化している。

　このように多様化するアプローチにおいて重要なことは、分析者自身が、何に疑問をもち、何を明らかにするために取り組んでいるかである。筆者の疑問は、個人よりも集団が優先される法的論理を展開してきた中華人民共和国法が、こんにちになって真逆の法的論理を通用させてきている中で、どうしてこの転換が可能になり得たか、にある。そのため、筆者が取り組んでいることは、中華人民共和国が成立して以降の法すなわち、現代中国法すべてに通底し、その誕生から現在まで変わらない「不変の論理」の解明にある。

第2項　科学観と社会科学

　ところで、現代中国をどう捉えるかという問いは、社会をどう科学するかという問いと同じことである。どの専門分野や分析手法を使ったとしても、その明らかにするところが一社会に存在する原因と結果の関係について客観的に明らかにするものである限り、学問的な価値をもつ。故に、現代中国をどう捉えるかという問いは、その社会に存在する原因と結果の関係を明らかにするものでなければならない。

そもそも社会科学とは人間社会を様々な視点から分析する学術分野の総称であり、再現可能性が求められる自然科学とは異なっている。再現可能性とは、ある研究を通じて導いた結論が、完全に同一の状態の下で再現できる可能性をいう。自然科学はこの再現可能性の保証の上に成り立っている。

　自然科学と異なり、社会科学は、諸々の事実に基づき、概念や理論を駆使して物事の本質に接近していく。社会は動態であり、静止してくれないので、完全に同一の状態を作り出せない。完全に同一の状態を作り出せないということは、再現できる可能性が小さいということになる。したがって、社会科学に対して自然科学で要求されるような厳格な再現可能性を求めることは、困難である。

第3項　思想体系としての社会科学

　社会科学は擬制の上に造られた思想の体系を本質にすると言われる。自然科学も常に疑惑に満ちた思想の体系を本質とすると言われることがあること[1]に鑑みれば、科学は何らかの思想体系から成り立つと考えられる。

　思想体系の上に成り立つとすれば、例えば、その原点と究極点を人間と人

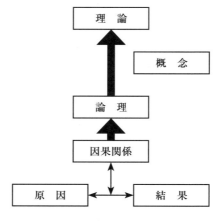

図1：因果関係—論理—理論の関係

類であると捉える見解(2)も肯定できる。この論理を突き詰めていくと、再現可能性なく成り立つ思想の体系とは、少なくとも、その前提となる概念や理論が変わらないことに基礎を置く構造が示されるものでなければならない。先ほど筆者の研究課題を紹介するなかで不変の論理と唐突に述べたが、これは思想の体系の前提となる概念や理論を構成する論理のことを指している(図1)。

したがって、再現可能性が要求され難い社会科学においては、先行研究が解明した論理やそれに基づいて展開される理論に対する批判の精神と、それを現実の社会の動態の中で批判的に観察する精神に基づく不断の批判的検討を不可欠とする科学である必要がある(3)。そして、この反復作業が、対象を私たちが理解する前提となる理論の普遍性を、可能な限り保証することになる。

第2節　学問としての現代中国法

筆者の研究課題は、現代中国法に存在する不変の論理を解明し、これを理論の前提として展開して、現代中国法のもつ思想体系を探究することである。このような研究は、従前より行なわれてきた。

ある分類に基づけば(4)、筆者は第5世代以降の研究者となる。この世代は、「社会主義市場経済」という言葉が新たに登場してきた頃から現代中国法研究のドアを叩いた世代である。言い換えれば、第二次天安門事件（1989年）の衝撃よりも、勃興する大国としての中国、そして国際社会のプレイヤーとしてその活動を活発化させて生じた、または現に生じている法的対立に問題関心をもつ。そのため、この世代の論考は、現代中国で問題とされる現象について比較法的に考察し、問題点の指摘や立法の提案で帰結する傾向が強い。

もう1つの傾向として、既存の現代中国法研究のコンセンサスを無批判に受け入れ、持論の前提としていることを挙げられる。これは、時として研究に値しないものと評価され、時として学問とは何なのかという原点の問題と向き合うこともあった。

第1項　学問としての自覚

　日本における現代中国法研究の最近の主流も、問題の分析に重点を移している。この背景には、現代中国が市場経済を受け入れたことによって、勃興する大国としての中国市場に魅力が生まれ、様々な方面で対中需要が高まったことを指摘できる。これは、時間が経るごとに実学主義的であることを求める傾向が強まっていることから明らかである。とくに中国法務の需要は、中国経済の成長に伴い増大し、「実用的でなければ学問ではない」かのような圧力を研究活動へ与えている。中国法務の需要は、中国経済の成長が停滞し、下降したとしても、別の需要によって代替されるので、この傾向が変わることはないと思われる。

　対中需要の高まりは、悪いことばかりではない。例えば、対中需要の高まりは、現代中国の国際化を進展させている。中国社会の様々な現象やその原因に関する情報について、私たちが容易に収集できる環境を提供している。現在では、大量の情報の中で適切な情報を（意図的な情報流出の取捨も含めて）抽出することが、重要な課題になっている。情報の抽出においては抽出基準が必要である。

　既に述べたように、学問としての現代中国法は、現代中国法を科学することを前提とする。科学するとは、原因と結果とを結びつける因果関係すなわち論理を明らかにすることである。明らかになった論理のうちで、時間の変遷によっても生き残るものが不変の概念や理論となる。そして社会は動態であるから、不変の概念や理論は、新たに抽出される大量の情報との整合性の検証を受け続け、必要に応じて改められなければならない。このようにして生成と廃棄を繰り返す中で、私たちは精度の高い基準を獲得してきた。

　学問としての自覚は、このような知的作業の集合体を生成、維持するために不可欠な要素である。

第2項　一党独裁に対する批判的検討

　学問としての自覚が、過去から現在までを一貫する論理の探究を支え、それに基づいて提示する概念と理論が研究上のコンセンサスを形成する。このようなコンセンサスの1つに「中国共産党の一党独裁」がある。

　法学研究においても中国共産党の一党独裁というコンセンサスは広く前提とされている。例えば、司法の独立の不存在や、法文と現実社会との乖離がこのコンセンサスを前提に指摘されてきたし、情報を抽出するプロセスにおいても基準となってきた。しかし、よくよく考えてみると、中国共産党の一党独裁という概念は、政治的色彩が極めて強く、法学研究になじむものなのかを検証する必要がある。筆者も現代中国を統率する要としての中国共産党の役割を否定するつもりはないが、法学研究として適切な概念であるかどうかについて批判的検討を行なうべきである。

　そもそも社会は人間という社会的存在の集団が共同の生を営んでいる空間である。これは現代中国であれ、日本であれ同じである。人間と人間の関係が人間関係であり、そこには秩序がある。この秩序を維持するために様々な方法が生み出されており、法もその1つである。

　一党独裁という場合、これを法的に捉えるならば、論理的には党規も対象とする必要がある。しかし、この党規の対象は基本的には党員に限られるので、現代中国法全体を覆うものとは言えない。一党独裁は一般の法令の条文からも確認できる。しかし、そこでは党の指導の下での解釈運用という基本構造を言明しているだけである。さらに、誰が解釈権を有するかさえ明らかでないことが多く、全てを政治空間に委ねているように見受けられる。

　このコンセンサスを実証する原因と結果を論証し続けることは、社会が動態である以上エンドレスになる。そうすると、他のコンセンサスを探究することも認めなければ、メビウスの輪のように八方塞がりとなる。

第3項　新たな論理・概念・理論の必要性

　筆者は、一党独裁という概念を改めて問い直すことにしたい。そして、法学研究に適する論理を探究し、現代中国法のもつ法的論理を明らかにして、それを適切な理論として展開することを試みる。

　一党独裁という概念は、法文にある「中国共産党の指導」から導かれる法学研究の成果であると言えなくもない。しかし、例えば日本法に限って見ても、自由民主党の指導を法文に規定してなどいない。また、国際社会において、党の指導を法文に規定するものは主流でない。

　比較する場合、前提を可能な限り同じにする必要がある。現代中国法を比較研究するときもこれは同様である。それ故に、一党独裁概念を問い直すことで、その背後にいまだ隠れている法的論理を抽出し、比較研究の前提を確立することには意義がある。

　その一方で、現代中国は、市場経済を既に受け入れている。このことは、現代中国法が国外の法的論理にある程度配慮せざるを得ないことを意味している。そうすると、共通できる法的論理を最大公約数的に限定していく中で、一党独裁を前提とする法的論理は整合し難い。一党独裁という概念を分解し、共通の論理を共有しなければ、不公平な対話空間を意図的に設置することと何ら変わらない。

　学問としての現代中国法は、前提が異なる外国法との対話が不可欠である。そうであるならば、対話を可能にする法的論理を発見抽出し、それに基づいて理論を示して、公平な対話空間を提供する必要がある。一党独裁という概念は、現代中国の政治秩序を示す言葉としては適切である。しかしながら、法学研究として現代中国法を科学する概念としては適切でない。一党独裁の概念を分解して、新たな論理、概念および理論の解明を行なう必要がある。

序　章　現代中国法を科学するということ

第3節　法学研究における2つの罠

　日本における法学研究は、「独裁」を問い直し、新たな論理を抽出するための努力をしてきた（後述）。しかし、現代中国法との比較研究が、他の外国法における比較研究と比べて同等の水準にあるとは言い難い。この原因を筆者なりに追究していくと、法学のアプローチから現代中国を分析するときに存在する2つの罠の問題に辿りつく。法学研究における2つの罠とは、1つは法文と乖離する現実との間のギャップから科学したくなる罠である。もう1つは、理想の社会と法を追求したくなる罠である。
　この2つの罠が、比較研究の前提の確立を妨げている。

第1項　法と現実のギャップという罠

　まず前者について考察しておく。現代中国を実際に観察してみると、「上に政策あれば下に対策あり［上有政策，下有対策］」と言われるぐらい法が無力であることに誰もが驚くことだろう。そして、順法意識を高めようといくら啓蒙しても違法行為が後を絶たないことに絶望に近い失望を感じることだろう。現代中国の腐敗についてもこの文脈で指摘されることがある。ここに1つめの罠がある。
　このような法と現実のギャップが大きくなるほど、私たちは、その乖離の原因を追究し、理想の状態を思い浮かべて分析する。自分の住む社会と比べて乖離している現象は、その社会特有の問題であると指摘し易いし、聞く側も分かり易い。分かり易いのは、その社会に遅れた社会であるというレッテルを貼るからである。言い換えれば、このレッテル貼りは、無意識の中で自分の価値観を相手に押しつけていることになる。しかしながら、分かり易いことと科学することとは別物である。
　このことを、法と現実のギャップを人間関係に還元して確認してみよう。単純化すれば、人間関係は人間個人の内側からの制約すなわち意思と、個人

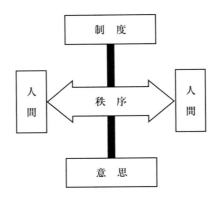

図2：人間関係（秩序）―意思と制度の関係

の外側からの制約すなわち制度によって調整される。意思と制度が相互に作用し合うことによって、人間関係に秩序が作られ、社会が醸成される(5)（図2）。

　現代中国に秩序が存在すると見るならば、法と現実のギャップが真の問題なのではない。そもそも下に対策があるのだから、そこには何らかの秩序が存在していることになるからである。

　秩序の存在は、人間の意思と制度が有効に作用していることを前提とする。そうすると、その社会に住む人間の意思と制度との間の因果関係が真の問題なのである。

　法が無力だったとしても、それなりの秩序が存在しているわけであるから、法文と乖離する現実は科学する契機となるが、その乖離を問題とするだけでは科学したことにはならない。そして、仮に法と現実のギャップの原因を問題として指摘したとしても、それが他の社会に存在する既存の因果関係や論理を単純に当てはめたものであるとすれば、どの社会でも作用する真の因果関係や論理であることを論証しなければ、それもまた科学したことにはならない。繰り返しになるが、社会を科学するということは、その社会に存在する論理を追究することである。故に、法と現実のギャップを、その社会の構成員である人間の意思と存在する制度との因果関係から論証することが、現代中国を科学することになる。

序　章　現代中国法を科学するということ

　法と現実のギャップという罠を避けるには、その社会に住む人間をどう捉えるかにかかっている。人間の意思を正確に理解できると筆者は考えない。仮に常に理解できて自分自身を「実験動物」に仕立て上げたとしても、正確には説明できないだろう。時間が経過すると、その時の意思も歴史の中に置かれて順応するように修正されてしまうからである。時間が止まることはないので、その時の意思が客観的に存在し続けることはない。したがって、人間の意思を対象に分析する限り、それは物語を生み出す小説家の域を出ない。
　制度は意思とは異なる。制度は、それが廃止されたとしても歴史的に客観的に存在し続ける。順応するように修正されることもあろうが、往時の制度は一次資料を確認することによって再現できる。法文も制度の1つであって、文字によって明らかにされるものである。文字は残り、客観的に存在する。そして時間が経過しても順応しない。法文が解釈によって順応したとしても、往時の解釈を確認することによって、その正確性を保証できると言える。
　要するに、法と現実のギャップという罠を避けるには、法文と乖離する現実との間のギャップは、現代中国法に内在する真の論理の所在を探知する指標にすぎないと認識することである。科学すべきは、例えば法文の変遷を追究することによって発見する原因と結果、および過去から現在に至るまで変わらないその因果関係である。こうして科学することによって、その結果として不変の法的論理が私たちの面前に現れてくるはずである。

第2項　理想社会と法の追求という罠

　次に、後者について考察しておきたい。学者をはじめとする中国の知識人の見解は、私たちと価値観を共有しているかのように分かり易いことがある。彼・彼女らの多くが留学経験をもつため、国外で別の概念や理論を修得し、それと中国社会の実際とを接合して語ることもその一因であろう。また、一般的に言って、制度自体についても制度の導入が、無から有を生み出す場合も少なくないし、理想の法をキャッチアップし易い点も指摘できよう。なぜ、理想と法の追求が重なり易いのだろうか。

法を科学するということは、法解釈の本質を探究することである。これが固有の領域である。そもそも法解釈は、対立する当事者の帰着点すなわち落としどころを見つけ、そこへ帰着することが合理的であると説明することである。例えば、日本法の判決における解釈原理について、次のように指摘される。[6]

　日本の判決における解釈原理は、判断の候補となる条文について、その規定と紛争の落としどころとの射程距離の妥当性を点検する所から出発する。そして、その落としどころまで導くために依拠できる条文を具体化していき、最終的にかなりの確信を得られれば、結論を下すことになる。尚、結論を導くまでに障害となる事実が発見されるとき、それをも含めて合理性があると論じる。この合理性の追究の中で、歴代の法文の変遷における整合性も含めて解釈される。

　論理的に言えば、障害となる事実をどこまで取捨するかが、その法解釈の価値を決定する。言い換えれば、法の追求が理想を意識すればするほど、障害となる事実は省かれていく。一般に、法律学のこれまでをふりかえると、法実務とくに裁判実務においては、制定法規の解釈を重んじすぎ、法が依拠する基盤を分析してその実態を捉えつつ理論を探究する姿勢が軽んじられた傾向がある。その一方で、法学においては、観念的に法概念を分析し、社会の実際の中で活きる法の実態を捉えつつ法の本質を探究する姿勢を軽視してきた傾向があると言われる。[7] この相互に矛盾するような傾向の存在は、つまり、人間という社会的存在と人間関係における秩序との併存は、法学が合理性や整合性のハードルを下げる方向で作用するので、理想と法の追求が重なり易くなるのである。

　現代中国法について見るならば、文化大革命という法学にとって悪夢のような歴史を経ており、障害となる事実が多いうえに、市場経済の導入に伴い国外の概念や理論を輸入して法文を整備することが緊急の課題であったなかで、横書きを縦書きにするかのように急速に制度導入を進めた歴史も経ており、相互矛盾するおそれのある法文も多い。あくまで現代中国を構成する人

序　章　現代中国法を科学するということ

間と人間関係が調整する秩序の枠組みを前提として堅持し続けなければならないはずが、矛盾する法整備を進める中で、理想と現実を混沌とさせ、基礎となる枠組みを動揺させている。

　このような枠組みの動揺から、理想の法を追究する制度導入を受け入れることがある。しかし、そこで科学すべきは、理想の法を受容できる法的論理を発見することであり、現代中国法に通底する不変の論理を無視した価値観の共有は、法と現実のギャップを報道することと変わらない。原因と結果の因果関係の解明において、その法解釈の価値を一過性のものに堕させてしまうことになろう。

　この罠を避けるためには、結論にいたる法解釈に歴史的な整合性を要求する必要がある。整合性の要求は、そうした結論を下す解釈者自身に、自己責任を自覚させるためであり、また、間主観的に法的論理を追究させるためでもある。こうすることで、法学が合理性や整合性のハードルを下げる方向で作用することを回避できる。

第3項　一党独裁に対する再評価

　中国共産党の一党独裁というコンセンサスは、現代中国法研究としてみる限り、法学研究における2つの罠に陥り易い。なぜなら、一党独裁という論理は、法と現実のギャップを問題として指摘するにすぎないし、理想社会と法の追求という罠から現実の枠組みを無価値化させているからである。このコンセンサスは、現代中国を支える真の秩序の枠組みを隠蔽するための論理でしかないのである。

　予断を与えるこのコンセンサスが通用する原因は、国家から人間個人を見るからである。そこで、人間個人から国家を見るという逆方向の視点、あるいは個人対個人という視点に立ち、法文の変遷から法解釈における整合性を担保できる不変の概念と理論を追究する分析について、基礎法学として蓄積していく必要があろう。こうすることによって、一党独裁に対する再評価が、法的概念に還元されていくはずである（図3）。

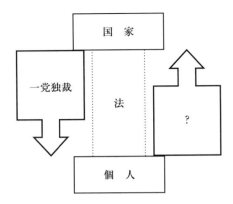

図3：国家―個人と法の関係と2つの分析視点

　要するに、現代中国法学を志向するならば、法学研究における罠を回避し、現代中国法の法的論理を追究することを求めなければならない。便宜上、学問としての現代中国法を現代中国法学と呼んでおくことにしよう。

　現代中国法学とは、法解釈の本質的探究を含むもので、現代中国の法文を構成する法的論理＝因果関係の抽出を通じて、現代中国の国家―法―個人の本質を明らかにする研究をいう。法学研究における2つの罠を回避し、比較研究の前提を確立することが、現代中国法学には期待される。

第4節　現代中国法学の特徴

第1項　共通項としての法解釈

　現代中国法学も一般の法学と同様に、法解釈を前提とする。したがって、落としどころへと導くための法文（ひろく言えば法源）を取捨し、これに事実を結びつけて、その法文の前提となる法的論理と結論の合理性を獲得する一連の作業が分析対象となる。

　これを判例研究として見ると、その法解釈がどのように調整されているかを確認することが科学することになる。また、理論研究として見るならば、

序　章　現代中国法を科学するということ

その法解釈および法文の前提となる法的論理を確認し、それが歴史的に通用するものであるか、すなわちその整合性について検証することが、科学することになる。

このように言うと、現代中国法学も一般の法学と異ならないように見える。しかし、一般の法学とは異なる特徴を現代中国法は有する。

第2項　解釈主体と現代中国法

歴代の憲法規定から法源を解釈する資格をもつ解釈主体について見てみると、現代中国法には、82年憲法（現行憲法）にいたるまですべての関連条文で裁判官［審判官］を解釈主体としていない。1995年に制定した裁判官法［法官法］が、初めて裁判官［法官］を解釈主体として予定した。曰く、裁判官は「国家の審判権を法に基づいて行使する審判人員」（2条）なのである。しかしながら、全国人民代表大会常務委員会が2001年に公表した裁判官法の公式見解によれば、裁判官が法文の解釈権を有するか否かを明らかにしていない。

裁判官法8条は、裁判官が有する権利として、①職責の履行に当然有すべき職権と条件、②審判する事件が行政機関、社会団体、個人の干渉を受けないこと、③法がさだめる事由または手続きを経ずに免職、降格、辞退、処分されないこと、④労働報酬、保険および福利待遇を享受すること、⑤人身、財産および居住の安全が保護されること、⑥訓練への参加、⑦不服申立ておよび告発を提出すること、⑧辞職することを列挙している。解釈権の有無は、言明されていないのである。

先行研究が明らかにしてきたように、人民法院の内部に設置される裁判委員会［審判委員会］が「重大な」法律問題について協議して必要な結論を出すという仕組みが存在する。訴えの数が増大するにつれて、単独廷が活用されて裁判委員会を経ない事件［案件］も増加していると言われる。しかし、歴史的に見ると、裁判委員会の協議を経て同意を得なければ判決を下せなかったのであるから、解釈権について公式見解において当然有すべき内容として明らかにされていない以上、解釈権が裁判官に与えられていないと見る

のが歴史的には整合する。

第3項　日本法との比較

その一方で例えば、日本国憲法76条1項を見ると、そこでは、司法権は最高裁判所および法がさだめる下級の裁判所に属することを見て取れる。上記の法文と比べても文言上に差はないが、同条3項で「すべて裁判官は、その良心に従ひ独立してその職権を行ひ、この憲法及び法律にのみ拘束される」とされる。そして、これらの法文を根拠にして、日本法では解釈主体として裁判官が明らかに予定されてきたし、判例研究においても裁判官に解釈権のあることを前提に判例の解明が行なわれてきた。

つまり、日本法との比較で言えば、現行の法解釈の作業に関する規律の仕方から、何らかの立法を経て言明しなければ、現代中国法において裁判官個人の解釈権を前提に法的論理を探究することは、合理性を欠く。裁判上、裁判官がその職責の履行において解釈権を当然に有することが合理的であるように思われる反面、それは、私たちの法的論理と歴史上の整合性を前提とするものにすぎないことに気付くのである。

第4項　司法の独立と現代中国法

現代中国法研究において司法の独立に関する論争(9)は避けて通れない問題であることも、この延長線上で理解される。前述したように、解釈主体の違いがその前提に存在しているので、前提を無視した比較は、比較研究にもならない。現代中国法研究における司法の独立をめぐる議論の多くは、現代中国法の前提を転換することを意図したものであると言える。それは厳密な意味で言えば立法論であり、法解釈を行なったものではない。

重要なことは、司法の独立に関する研究が、権力分立論すなわち三権分立制を支持するか、または、権力集中論すなわち民主集中制を支持するかという政治判断の道具に成り下がらないように意識することである。法学ができることはあくまで法解釈的探究であり、その判断は論理の整合性を保証する

中で展開されなければならない。

　要するに、現代中国法学として見ると、解釈主体1つをとってみても、現代中国法は、その前提を異にしていることが分かる。この特徴は、例えば、英米法と日本法の比較研究と比べて、もう一段階以上の前提の摺り合わせが不可欠であることを示している。

　しかし、既に見たように、法学研究における罠は、実に巧妙に私たちを囲繞地に誘い込んでくる。司法の独立をめぐる論争は、現代中国法の人民法院を司法の独立と対照させ、未解決の問題のように私たちを誘導する。私たちが理解する司法の独立は、現代中国法に法文上も存在していないにもかかわらず、その不存在を現代中国法の抱える問題として意識させられてしまうのである。そして、共通の理想の共有を無意識のうちに強要している。

　このように、法解釈的探究の前提が異なる点に、現代中国法学の特徴がある。では、戦後の現代中国法研究の研究方法は、このような囲繞地をどのように回避または突破してきたのか。節を替えて考察しておくことにしたい。

第5節　研究方法の変遷

　現代中国法研究の変遷を整理すると、その研究方法論には明らかな変化が見て取れる。

第1項　資本主義法対社会主義法という枠組み

　まず浅井は[10]、中華人民共和国の成立（1949年）、スターリン批判（1956年）、中ソ論争（1960年〜1964年）等の衝撃によって、社会主義の国家と法の理論を日本の研究へ直輸入したために、伝統的な法学研究との結びつきが「圧倒的に希薄」になったと指摘する。そのうえで、社会主義法を研究する意義を、日本法にとっての利用可能な経験と教訓の提示に求め、社会主義法としての普遍性を解明すること、および、日本法（ブルジョア法）の批判的検討に役立てることにあると主張した。

15

次に田中(11)は、従来の法理論が法の役割を階級的であるか否かという視点に立って区別する姿勢を堅持してきたと指摘する。そのうえで、「公民」概念であれ「独裁」概念であれ、従来の視点とは相いれないものであり、中国法の理論を独裁概念あたりから「根本的に問い直してみる必要がある」と主張した。既に見たように、現代中国法研究のコンセンサスの１つに中国共産党の一党独裁がある。田中の主張は、このコンセンサス自体の再構築を求めたものであり、従来の研究方法の全面否定であると言えなくもない。

これらの研究方法論の議論は、社会主義法としての現代中国法と日本法の比較研究という枠組みの中で展開された。しかしながら、そもそもの社会主義法の本質的探究は、時を経るごとに等閑になっていった観があった。

第２項　社会主義法対社会主義法という枠組み

このような研究動向の中で、社会主義法とされる各国法同士の比較研究という枠組みから、社会主義法の本質的探究を再び刺激する貴重な論考が、同じ時期に上梓された。小森田(12)が、ソビエト法研究者と中国法研究者の間で学問的な対話が潜在的な討論のみになっている原因は、学問的対話を困難にさせる認識方法のレベルにあると指摘したのがそれである。

小森田は、この指摘に続けて、中国法研究は、資料不足を補うものとして「理論的構成」という手法をとって、中国法の全体的特徴づけを与えようとしていると喝破した。すなわち、現代中国法研究は、ソビエト法や近代法等を対置させて中国法の価値判断を試みているというのである。例えて言うならば、対置するすべての法に問題があり、そのような問題を引き起こしていない現代中国法こそ社会主義法であるという論理である。これは、そもそも法解釈的探究とは言えない。したがって、小森田批判は、現代中国法研究にとって研究方法の根本にかかわる重要な問題の提起であった。

要するに、小森田の指摘は、中国法研究における研究方法について、現代中国法自体を対象とせず、別のものを対置させて比較分析する手法を援用する可否・可能性という問題を明確に区別しないまま研究することに問題があ

序　章　現代中国法を科学するということ

るという的を射た批判であったと筆者は考える。

　当時の資料不足の状況は現在の状況とは真反対のもので、同情する余地は極めて大きい。しかし、現代中国法学の立場からすれば、この小森田批判は刻印される必要がある。なぜなら、いかなる状況にあっても、事実と誠実に向き合い、有限の情報から不変の論理を探究する姿勢を堅持し続けることが、研究者としての主体性ないし専門性の問題と直結するからである。

第3項　研究方法論の再考

　この小森田批判に対して木間は[13]、戦後40余年の中国法研究史を通観すると、社会科学として現代中国を相対化して捉えることの難しさを覚える、と告白する。そして、「中国法研究（史）」にはソビエト法研究史と対比できる経験を欠いているとの理解を示した。

　現代中国法研究は、いつの頃からかその研究の基礎となるコンセンサスを自らの研究対象である現代中国法（の法文）に置いてこなくなった。現代中国法以外のもの（ソビエト法、ブルジョア法等）との対比という形で研究の基礎を組み立てるという方法を採ってきた。そこに、小森田批判を受けて、現代中国法研究のコンセンサスとして、法学の枠組みを超えて、現代中国研究の全体を内包する「一党独裁（体制）」への依存を強めていったように映る。

　研究方法の変遷を考察すると、それは、現代中国法学にとって圧倒的に負の歴史である。そして罠に陥って囲繞地から脱出しようとして、法学の固有の領域すなわち、法解釈の本質的探求を放棄して、突破を図ってきた。伝統的な法学とのつながりが希薄ならば、濃厚にしていくしかない。研究史として他と対比できる経験を欠いているのであれば、今からでも経験していくしかない。

　このような中で、ドナルド・C・クラークの言葉は[14]、現代中国法学にわずかな温情と激励を与えている。

　戦後の日本における現代中国法研究のアプローチは次の2つに整理できる。1つは、素朴な無視アプローチである。これは、現代中国法の制度を現実にあるものではなく、理念型としての西洋法の制度であるかのように描く

17

やり方をいう。そこでは、私たちの用いる概念に現代中国法の制度を無理やり当てはめるので、ずれをどのように修正または翻訳するかが課題となる。もう1つは、理念の不完全なアプローチである。これは欧米流の「法の支配」を理念として措定した最終状態との対置で論じるやり方をいう。

　この分類に従えば、80年代以降の中国法研究の多くは後者のアプローチに属することになる。そして結果論となるが、いずれのアプローチも現在まで成功していないのではないか。「法の支配」パラダイムを超えたアプローチが求められていると筆者は考える。

　こんにちから見ると、現代中国法を取り巻く状況は劇的に変化している。情報不足に悩む必要はないし、60余年の歴史を掘り起こす檔案資料も続々と公開されている。また、戦後の中国法研究が囲繞地を突破するために採った方法は、理念の不完全なアプローチの限界を示しつつある。伝統的な法学研究に立ち戻って現代中国法研究を進化させる必要がある。

第6節　研究動向の整理

　現代中国法研究を進化させる必要性は、研究方法の変遷からだけでなく、研究動向の変遷からも認められる。研究動向を整理して確認できることは、よく分からない現代中国を分かるように説明しようとするあまり、現代中国に感じる違和感を、現代中国が抱える問題として、すなわち現代中国が将来的に解決するはずの「喉に刺さった魚の骨」のように評価してきた点である。

　日本における現代中国法研究の研究動向を整理すると、外国法としてのそれ、社会主義法のそれ、そして、アジア法のそれという変遷が見られる。

第1項　外国法としての現代中国法

　まず日本における外国法研究の第一の意義は、特定の外国法の法秩序全体の形態学的特性を解明するところに求められる。すなわち、外国法を専攻する研究者の任務は、外国の歴史的社会的諸条件と、その個々の法分野の位置

序　章　現代中国法を科学するということ

づけを明らかにすることによって、それぞれの立場からそれぞれの研究者が行なう個々の研究に対するオリエンテーションを与えることにある。[15]

　日本の現代中国法学においては、例えば、現代中国の裁判制度を対象にして「新中国の政権の本質」を明らかにすることを目的とした先行研究が注目される。[16] その後、外国法研究とくに社会主義法研究の趨勢が、資本主義法との比較分析から社会主義諸国の間の法の比較分析へと移った。この趨勢を受けて、現代中国法学の研究も、社会主義諸国の裁判制度の比較研究へとつながっていった。[17]

　裁判制度だけでなく、人民公社を対象に、旧ソ連のコルホーズとの比較研究や所有（所有制）の比較研究等が行なわれた。この頃の研究動向を通観すると、研究上のコンセンサスとして、「法の階級性」を社会主義法の本質とする帰結を導くことができる。

　ただし、比較分析の研究動向が主流となる中で、特殊中国的要素を強調する研究も出現していた。例えば、54年憲法を「全世界の植民地諸国家における最初の社会主義類型の憲法」であると評価して、「54年憲法の世界史的意義」を強調する先行研究がこれに当たる。[18] このような研究動向は、現代中国法を理解するためには現代中国の政治・経済・社会・文化全体を広く理解する必要があるという問題意識を有している。

　この問題意識は今日においても根強く、さかのぼってゆくと、上記の論考辺りに帰着する。したがって、当時のこの問題意識が特殊中国的要素を強調する論調を生み出したと言えよう。

　1970年代に入ると、日本の法学界で「研究者として認められるためには、外国法を素材として論文を書かなければならないというような慣行が成立している」とまで言われるようになった。そこでは横文字を縦文字に訳すような論考ではなく、法の本質的追究に全力を尽くすものが求められていた。

　70年代後半になると、現代中国法研究でも収集できる資料が増加するようになった。しかし、このような状況の中で研究者の側が適時に情報を提供しなかったために、法の本質的追究を求めない「調査マン」や「訪中学派」

を生み出したとされる。

また、このような中で、「社会主義とは何か」が問い直されるようになったことは、不幸中の幸いだった。問題の取り上げ方に恣意的なところがないかが意識されるようになったことも、外国法研究の趨勢に沿う軌道修正の機会を与えられていたと言える。そこでは、例えば、谷口論文に応える形で、浅井および針生の論考が上梓されたし、有限の資料を駆使して75年憲法の位置づけを批判的に検討した論考も上梓された。

研究者の主体性が吟味され始めるのもこの頃であった。社会科学であり、学問であるためには、独自の方法論が、それぞれの研究者の主体性とのかかわりの中で確立される必要があると主張された。この頃の研究動向を通観すると、研究上のコンセンサスとしては、「民主集中制」や「大衆路線〔群衆路線〕」を現代中国法の本質とする帰結を導くことができる。

要するに、現代中国法が外国法の一部として位置づけられていた時期は、当時の社会状況すなわち、資料不足やイデオロギー対立が全面に展開される環境の中で、情報の蓄積段階にあった。このような中で、現代中国法研究は、その根本的問題＝社会主義とは何かという問いに直面し、外国法研究の趨勢に沿う軌道修正の機会があったにもかかわらず、法の階級性、民主集中制、大衆路線といった政治的概念を拠りどころに法学研究を展開していった。

第 2 項　社会主義法としての現代中国法

現代中国法が社会主義法の一部として『法律時報』で位置づけられるのは1985年である。アジアの社会主義諸国の法に関するものは、林彪事件（1971年）以降に、朝鮮民主主義人民共和国の法へと研究者の関心が移った時期もあった。とはいえ、現代中国法に関するものが圧倒的に多い傾向は不変だった。そこでは引き続き「社会主義とは何か」が最大の問題として存在した。

例えば、現代中国法の特徴を法の支配（rule of law）とのアナロジーで捉えると、法による支配（rule by law）と言える特徴をもつとする先行研究（「法道具論」）が注目される。法道具論とは、法を支配階級の道具にすぎないと評

序　章　現代中国法を科学するということ

価する理論をいう。言い換えれば、支配階級を代表する中国共産党が、法を道具として利用し、社会を調整することを正当化するものであった。

　そして、この理論は確かに雑誌『法学研究』の中で建国初期から確認できる論理であり、現代中国における法のあり方や法文の規定とも関連づけられた。しかも、一党独裁というコンセンサスを前提に、現代中国の権力機構の問題に直接的に切り込める可能性も期待された。

　これを現代中国法の特徴とすることには無理はなかったが、比較研究の前提とするためには十分でなかった。なぜなら、法を支配階級の道具、すなわち社会を管理する道具として利用することは、私たちの生活する日本でも行なわれていることだからである。例えば、自動車のスピード違反の取締りの厳しさが、取り締まる側の裁量によることを考えれば理解できよう。法文を厳格に適用するか、寛容に適用するかは程度の差にすぎない。そこでは法を、道路交通を管理する道具として利用している。そうすると、結局は一党独裁とは何なのかという最初の問いが再び提起されてしまうことになる。

　この頃の研究動向を通観すると、理念と現実の乖離、理論と制度の乖離を明確に区別しないまま研究上のコンセンサスが一人歩きした観がある。法道具論は、この頃の主流の論調となって理論と実際の乖離を殊更に問題として議論された。これが法学研究における罠に陥ったことは「高度に市民社会的な自治の成立を前提条件とした法の理念を実践するレベルに社会が追いついていないことに原因があるので長期的な時間を要する」といった帰結に表れている。私たちのもつ価値観を一方的に押し付けていることは明らかであろう。適当な時期に、軌道修正を図る必要があった。

　ところが、第二次天安門事件や 1990 年代前半のソ連や中東南欧の社会主義法の終焉といった外部的要因が影響し、私たちのもつ価値観が普遍性をもつかのように錯覚させられてしまった。すなわち、その後の現代中国法研究は、法の支配や市場経済下の法といった勝ち組＝西欧法の理論から現代中国法も分析すべきであるという要求に押されて展開されていった。

第3項　アジア法としての現代中国法

　20世紀も終わりに近づいてきた頃、イデオロギーに基づく分類から中性的な分類を模索する動きが現れるようになった。大きな意味では、外国法研究の趨勢に沿う軌道修正の機会を再び与えられたと言える。確かに、一部が軌道修正され、現代中国法研究は、外国法についての情報提供や、日本法を改善するための比較参照を目的とする論考が散見できるようになった。しかし、これらの目的は、外国法研究の第一の意義まで立ち戻ってはいない。

　確かにこの頃の中国法務の需要の高まりといった外部的要因を考えると、現代中国法研究の目的や意義が、法情報の提供に移行することも無理からぬように思われる。しかし、よくよく考えてみると、それは横文字を縦文字に替える翻訳作業であって、法解釈的探究ではなかった。しかも、これまでの状況とまったく違うことに、中国研究の中に研究者だけが存在するのではなく、評論家、実務家さらには活動家・運動家がかかわり、混沌としてきた。

　研究主体の混沌さは、研究方法の混沌さと融合し、ますます学問としての現代中国法から遠ざかっていった。その結果、中国共産党の一党独裁といった政治的色彩の強いコンセンサスが、現代中国法研究の前提として通用し続けたし、実学主義的な要求が、ますます強大化することになった。日本法を

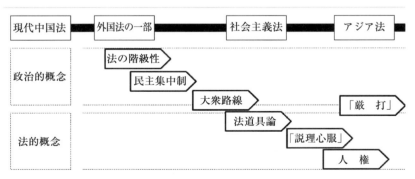

図4：研究動向と概念の変遷

はじめとする外国法の理論を現代中国法に直接あてはめて問題を指摘することも研究とされるようになった。

　要するに、この頃の研究動向を通観すると、これまで通用してきた研究上のコンセンサスである法の階級性、民主集中制、大衆路線、法道具論等を使いまわしている観がある。また、外国法理論の直接適用によって、価値観の一方的な押しつけに対する批判的検討が機能していない観さえある。それはまるで科学することを放棄したかに映る（図4）。

第4項　今日的課題

　これまでの研究動向を回顧すると、こんにちの状況は、現代中国法に関する情報を収集し易く、かつ、情報量は比較的充実しつつある。現代中国法が自らの正当性をいっそう高めようとするならば、関連情報はさらに充実してこよう。その一方で、私たちが反省すべきは、外国法研究の趨勢に沿う軌道修正を図る機会を複数回与えられていたにもかかわらず、その機会を十分に活用してこなかったことである。とくに研究上のコンセンサスは政治的概念に依存するレベルを突破する契機を継続させられず、閉塞感が漂っている。

　この閉塞を打破して現代中国法学を確立しなければならない。そして、脱政治的概念を実現し、法的概念を抽出する必要がある。この延長線上で現代中国を法学のディシプリンから捉え、学問として不変の法的論理を明らかにすることは、公平な対話空間を国際の場に設けるためにも必要である。さらにこの対話空間における交渉を建設的なものにするためには、現代中国法を科学し、彼の法の思想体系を明らかにすることが不可欠である。

第7節　小括

　現代中国法を科学することは、基礎研究として古典的な研究方法である。その一方で、現代中国をどう捉えるかという問いの中で学際的な研究が展開されていることも事実である。しかし、この展開が、学問として進化するか

否かは、個々の専門領域における独立した不変の論理を探究し続けることにかかっている。その意味で、現代中国法学は志向されるべき目標である。言ってみれば、現代中国法学とは、現代中国法を知り抜く学問である。

　本章で考察してきたように、現代中国法研究は、新たな論理、概念および理論を必要としている。そして、そこで留意すべきは、法学研究における2つの罠を回避するための方法論的課題の解決と、法学研究としての独自性の確立という課題の解決が併せて求められていることである。

　筆者は、以上の問題意識に立って、現代中国で立法されてきた法文に通底する不変の論理を発見し、それを法的論理として探究したいと考えて、現代中国法学を志向するようになった。本書では、現代中国で生きる労働者の権利＝労働権を分析対象として選定し、この課題に基づいて法的論理を抽出する。そして、抽出した法的論理を理論化し、現代中国法の思想体系の提示を試みる。

〔主要文献〕

浅井敦「日本における社会主義法研究の課題」『法律時報』38 巻 12 号、1966 年

―――「日本における現代中国法研究」『法律時報』43 巻 12 号、1971 年

アレキサンダー・ジョージ＝アンドリュー・ベネット／泉川泰博 訳『社会科学のケース・スタディ：理論形成のための定性的手法』勁草書房、2013 年

猪口孝『社会科学入門：知的武装のすすめ』中央公論社、1985 年

石塚迅『中国における言論の自由――その法思想、法理論および法制度』明石書店、2004 年

稲子恒夫『現代中国の法と政治』日中出版、1975 年

江藤名保子『中国ナショナリズムのなかの日本：「愛国主義」の変容と歴史認識問題』勁草書房、2014 年

木本幸造編『社会科学概論［改訂第二版］』日本評論社、1989 年

木間正道「戦後日本における中国法研究」『季刊中国研究』9 号、1988 年

―――「日本における中国法研究：その歴史・現状・課題」『明大法科大学院』1 号、2006 年

小森田秋夫「社会主義法研究の課題」『比較法研究』42 号、1980 年

坂口一成『現代中国刑事裁判論：裁判をめぐる政治と法』北海道大学出版会、2009 年

佐々木衞＝松戸武彦 編著『地域研究入門（1）：中国社会研究の理論と技法』文化書房博文社、2004 年

笹倉秀夫『法解釈講義』東京大学出版会、2009 年

末川博『法学入門〔第 6 版〕』有斐閣、2009 年

ソースティン・ヴェブレン／高哲男訳『有閑階級の理論：制度の深化に関する経済学的研究』筑摩書房、1998 年

高見澤磨『現代中国の紛争と法』東京大学出版会、1998 年

高見澤磨＝鈴木賢『中国にとって法とは何か：統治の道具から市民の権利へ』岩波書店、2010 年

田中信行「問い直される中国法理論とその新方向」『中国研究月報』379 号、1979 年

―――――「中国の司法改革に立ちはだかる厚い壁」『中国研究月報』710 号、2007 年

田中英夫「外国法」『法律時報』29 巻 12 号、1957 年

土岐茂「中国社会主義法」社会主義法研究会編『アジアの社会主義法』法律文化社、1989 年

ドナルド・C・クラーク／長谷川成海訳「中国法研究のアプローチ：「法の支配」パラダイムを超えて」『比較法学』66 号、2000 年

西本紫乃『モノ言う中国人』集英社、2011 年

任哲『中国の土地政治：中央の政策と地方政府』勁草書房、2012 年

針生誠吉『中国の国家と法：過渡期理論を中心として』東京大学出版会、1970 年

福島正夫＝幼方直吉＝長谷川良一『中国の裁判』東洋経済新報社、1957 年

福島正夫『社会主義国家の裁判制度』東京大学出版会、1965 年

湯川秀樹＝梅棹忠夫『人間にとって科学とはなにか』中央公論社、1967 年

【注】

（1）湯川秀樹＝梅棹忠夫『人間にとって科学とはなにか』中央公論社、1967 年、128 頁参照。

（2）木本幸造編『社会科学概論［改訂第二版］』日本評論社、1989 年参照。

（3）猪口孝『社会科学入門：知的武装のすすめ』中央公論社、1985 年、74 頁参照。

（4）木間正道「日本における中国法研究：その歴史・現状・課題」『明大法科大学院』1 号、2006 年、165 頁参照。

（5）ソースティン・ヴェブレン／高哲男訳『有閑階級の理論：制度の深化に関する経済学的研究』筑摩書房、1998 年、高哲男『ヴェブレン研究：進化論的経済学の世界』ミネルヴァ書房、1991 年等。

（6）笹倉秀夫『法解釈講義』東京大学出版会、2009 年、154 頁参照。

（7）末川博『法学入門〔第6版〕』有斐閣、2009年、17頁参照。
（8）日本の民事裁判における法源については、広中俊雄『新版民法綱要』創文社、2006年、特に43頁以下を参照のこと。
（9）現代中国の司法の独立をめぐる問題を整理した初期のものとして杜鋼建「中国における司法の独立をめぐる諸問題」『立命館法学』201・202号、1988年がある。
（10）浅井敦「日本における社会主義法研究の課題」『法律時報』38巻12号、1966年参照。
（11）田中信行「問い直される中国法理論とその新方向」『中国研究月報』379号、1979年参照。
（12）小森田秋夫「社会主義法研究の課題」『比較法研究』42号、1980年参照。
（13）木間正道「戦後日本における中国法研究」『季刊中国研究』9号、1988年参照。
（14）ドナルド・C・クラーク／長谷川成海訳「中国法研究のアプローチ：「法の支配」パラダイムを超えて」『比較法学』66号、2000年参照。
（15）田中英夫「外国法」『法律時報』29巻12号、1957年、35頁参照。
（16）福島正夫＝幼方直吉＝長谷川良一『中国の裁判』東洋経済新報社、1957年。
（17）福島正夫『社会主義国家の裁判制度』東京大学出版会、1965年。
（18）高橋勇治＝浅井敦訳『中華人民共和国憲法講義』弘文堂、1960年。
（19）谷口論文とは、Yasuhei Taniguchi, *Some Characteristics of Japanese Studies on Contemporary Chinese Law*, Jerrome Alan Cohen (ed), Contemporary Chinese Law : Research Problems and Perspectives, Harvard University Press, 1970 である。
（20）浅井敦「日本における現代中国法研究」『法律時報』43巻12号、1971年。
（21）針生誠吉『中国の国家と法：過渡期理論を中心として』東京大学出版会、1970年。
（22）稲子恒夫『現代中国の法と政治』日中出版、1975年。
（23）土岐茂「中国社会主義法」社会主義法研究会編『アジアの社会主義法』法律文化社、1989年等。

第Ⅰ部　中国的権利論の基本

　現代中国に法はあるのかという問いが今日でも通用する原因は、現代中国法を私たちが十分に捉えていないからである。序章で考察したように、私たちが不変の論理と考える法的論理は現代中国に通用しないのではないか。

　第Ⅰ部では、個人対個人の権利関係を現代中国の法秩序から明らかにすることによって、中国的権利の基本を論証する。本書は現代中国法における個人的権利の基本が「労働権」にあると仮説を立てる。とはいえ、当該概念を形成する論理は、私たちの用いるそれとは違う。そのため、異なる概念として捉える必要がある。

　第Ⅰ部では、「労働権」を基礎にして現代中国法の法的論理を抽出し、それを一般化することによって、中国的権利論の基本を提示する。

第1章　研究課題と方法論

第1節　理論研究の再考

第1項　先行研究の整理

　現代中国法の本質は何か。この問いは、日本における外国法研究の第一の意義とされた、特定の外国法の法秩序全体の形態学的特性を解明することを目的とする内容をもつ。そして、この問いに理論研究として答えた日本の先行研究には、「党規国法体系」理論と「中国的関係構造」理論がある。

　党規国法体系とは、田中が明らかにした理論である。それは、党規が国法に優先する法体系を指す。民主主義国において主権が国民の側にあると主張するものである一方で、「党による一元的支配」の原則においてその主権をも党が管理できると主張することを現代中国法の本質として位置づけ、これを理論化したものが党規国法体系理論である。

　中国的関係構造とは、季が明らかにした理論である。それは、実践の文脈における事実に注目して、関係を個人の間に存在する特殊で持続的な絆であると解釈し、この関係を規定する規範が極めて重要な役割を果たす「関係本位」（梁漱溟）の社会が中国社会であるとするものである。これを理論化し、中国的関係構造理論に基づき法文と経済発展の関係を捉え直した。そして、関係構造の規範性の基礎となる状況的倫理というインフォーマルな要素を、普遍的に適用すべきフォーマルな法文の中へ組み込んで取り扱わざるをえない点に現代中国法の本質があるとした。

　そうすると、党規国法体系理論は、現代中国を、中国共産党の党員を通じた啓蒙活動によって大衆の民意をくみ取り、体制の改善に取り組み、これを反復することで維持される社会として捉えることになる。また、中国的関係

構造理論は、人間関係の中で、経済交換や社会交換の複雑な換算規則による個人間の自覚的な微調整と社会の合理性または公平性という視点からの国家による調整を受ける過程で、権利を拡大または縮小させて関係を法的枠組みの中に組み込み、維持する社会として捉えることになる。

　要するに、党規国法体系理論であれ、中国的関係構造理論であれいずれも現代中国法の基本構造を明らかにしていることは間違いないし、その分析は、国家が社会、個人を調整する手段として現代中国法を位置づけ、その特性の解明に取り組んでいると言える。留意すべきは、両者とも国家から個人を見る視点で現代中国法の本質的解明を行なっている点である（図5）。

　このような視点は、中国共産党の一党独裁といった既存の研究上のコンセンサスを拒絶するものではなかった。むしろ一党独裁体制こそが現代中国法の前提であり、この点またはこの問題を、体制の転換を経ずに、どのように改善するかが課題として導かれることになる。

　改革開放政策を採択した後に、現代中国は市場原理を受容していく。確かにそれは、ソ連崩壊の原因を政治改革（ペレストロイカ）の優先にあると結論づけて、経済改革の優先を選択したからでもあろう。そして、経済発展や外

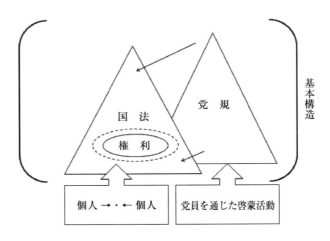

図5：党規国法体系と中国的関係構造の整合図

貨獲得を目指して法整備を進展させる一方で、党の既得権を活用した不法・脱法行為や政治・経済腐敗等が顕在化してきた。

このように、法文と矛盾する現実の諸現象については、一党独裁からある程度説明できる。例えば、党にすべての権限が集中しているため、経済建設を迅速に進める保証は、権限を有する党幹部との関係を獲得することにある。故に「コネの獲得」が最優先の課題であるとされたように、である。

しかし、現代中国が法治国家化に加えて調和のとれた社会［和諧社会］を志向し始める頃から、これらのコンセンサスでは十分に答えられなくなった。腐敗や脱法行為の横行は、法に基づく行動を提唱する為政者の矛盾した言行不一致の行為にほかならず、このこと自体が統治の支持基盤を失うことになるからである。

法学のディシプリンからみると、現代中国法の動向を一党独裁から解明し難くなった原因は、その基本構造の変化にあるのではないか。すなわち、現代中国法の基本構造が、国家から個人を見る視点＝国家権力と個人の権利の関係（国家対個人）から、個人から国家を見る視点＝個人の権利と個人の権利の関係（個人対個人）へと重点移動したからであると筆者は考える。

先行研究の整理から確認できることは、現代中国の様々な現象を構成する原因と結果から、「一党独裁」という因果関係を抽出し、この論理を法の階級性や民主集中制等の概念によって構成し、そして、党規国法体系理論と中国的関係構造理論を得たことである。しかし、これらの理論では変化する現代中国法の基本構造を捕捉し難くなっている。個人対個人の関係について、法学のディシプリンに基づき法解釈的探究を行ない、現代中国法の本質を再び問う必要がある。

第2項　基本構造の再構築

現代中国が市場原理を取り入れたことは、言い換えれば、市場原理の前提である市場における個々のプレイヤーの平等性をできる限り保障する要求に直面するようになったことを意味する。これは、法の階級性を構成概念とす

る現代中国法のこれまでの基本構造に適合しない要求である。その一方で、現代中国法は、その後の立法において、このような社会の秩序を調整する役割を担うことを言明している。つまり、法の階級性と平等性という一見すると矛盾する要求の併存を承認しているのである。基本構造が変化していると考えなければならない。少なくとも、現代中国法の重点は、国家対個人から個人対個人の関係へと移行する流れの中にある。

　現代中国法の基本構造に対する分析視点を個人対個人の関係から再構築することは、研究方法として間違ったものとは言えない。むしろ積極的に探究しなければならない。この探究がなければ、例えば合法と思われる労働者のストライキを法的に処理できない原因または規定のない権利の法的保護（例えば損失賠償等）を請求できる理由を法的に説明することができないからである。

　要するに、現代中国法学は、現代中国法の基本構造を、個人対個人の関係から再構築する必要がある。再構築するためには、個人対個人の法的関係を論理的に説明できる権利構造とそのメカニズムすなわち現代中国法の権利論を解明しなければならない。日本の現代中国法学は、国家対個人の関係から、現代中国法の基本構造を明らかにしてきた貴重な成果を有している。それに加えて、個人対個人の関係から再構築することによって、現代中国法の本質を双方向的に解明できることが期待される。

第3項　研究方法の確認

　現代中国法学は、法解釈の本質的探究を含み、法文を構成する論理の抽出を通じて現代中国の国家―法―個人の本質を明らかにする研究である。故に、この枠組みを研究方法の基礎に置くことになる。その一方で、既に確認したように、日本の現代中国法研究は、個人対個人の法的関係を論理的に説明できる権利論の解明を課題として抱えている。では基本構造の再構築を実現するために、どのような研究方法を採るべきか。

　筆者は、個人対個人の法的関係を科学するには「所有権法の理論」[3]が有用であると考える。所有権は、実質的に、人間と物との関係の側面に現れる個

第 1 章 研究課題と方法論

人対個人の関係であって、所有権を個人と物との関係として考えることは観念的な錯覚にすぎない。いわゆる生産手段を所有する個人は、その生産手段に集散する個人の労働力を支配することで使用者対労働者という個人対個人の関係となる。この意味で所有権は人間に対する管理作用をもつと言える。したがって、所有権構造とくにその管理作用の分析が、個人対個人の法的関係を明らかにすることになる。それ故に、個人対個人の関係に基づく権利論の解明につながることが期待できる。

川島が示す所有権法理論は、社会的個人を前提とし、商品の交換について、個人の意思の支配に服する私的な存在としての私的所有権と、商品の交換というプロセスにおいて私的な意思を媒介とする契約の三者関係から所有権の構造に迫るものであった（図6）。これを展開してゆくと、社会的個人同士の法的関係を説明できるので、結果として個人対個人というその秩序下の権利構造を解明することになる。

例えば、川島は、この三者関係の分析を通じて明治の改革における労働契約および労働関係を解明している。そこでは、労働契約は低賃金労働力（cheap labor）の非等価交換契約であること、そして、この非等価交換性が、労働力再生産の特殊な家族制度的構造によって規定されることを論証した。また、その労働関係は、紡績・製糸業における極貧農出身者の女性労働者の前借金、寄宿舎制度による直接的拘置および間接的拘置の使い分け、ならびに、価値法則の貫徹不足に基づくことを論証したのである。

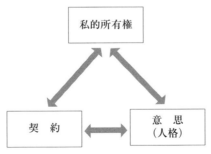

図6：所有権―意思―契約の三者関係

ところで、先行研究の整理で確認したように、現代中国法の重点は、国家対個人の関係から個人対個人の関係へと移行している最中である。そして、これもまた先行研究が明らかにしたように、現代中国は、党規・党員に優越的地位を与える場合がある。したがって、社会的個人のような人間一般を前提とした所有権法理論の直接的な当てはめは困難である。

要するにここで確認しておきたいことは、所有権法理論を組み込んで研究方法論を確立する場合は、このような変化の歴史に通底し、存在する社会的個人に代替する個人を抽出する過程と、それを整合性の有する法的論理として論証する作業を組み込む過程が不可欠であるという点である。

第4項　小括

日本における現代中国法学の先行研究は、現代中国法の本質について党規国法体系理論と中国的関係構造理論から明らかにした。これらの分析視点は国家対個人を権利論の前提とした分析であり、個人対個人を権利論の前提とするものではなかった。この空間を科学する余地は十分に残されている。

同時に留意すべきは、現代中国法が、国家対個人を前提とする権利論から個人対個人を前提とする権利論へと変化する歴史を有することである。この変化に通底し存在する、変わらなかった論理を抽出することが課題とされなければならない。確かにこの変化自体は、結果として、所有の私的性質が存在しない封建制下の土地所有から交換価値そのものの表現にすぎない貨幣所有へ、そして、所有主体を相互に承認し合うことにより成立する資本所有へと変化した日本法の歴史と重複するかもしれない。しかし、現時点で現代中国法は法の平等性と階級性の併存を承認しているので社会的個人を前提としていないと言わざるを得ない。故に、所有権法理論を直接適用できる前提はない。

川島の所有権法理論は、日本法における所有権の抽象的な諸形態の不透明性によって遮られた内在的諸要素、諸矛盾および諸発展のベールを取り除く試みであった。この意味では、現代中国法に対して所有権法理論を適用することによって、法文が規定する所有権の諸形態の不透明性を解明することに

つながるであろう。しかし、前提が一致しないのであるから直接適用が却って不透明性を増大させる可能性がないとも言えない。

要するに、理論研究の再考にあたって個人の行為が物の所有を通じて他人との関係を成立させ、それが社会基盤の核心部分になるという所有権法理論の視点は、個人対個人の法的論理を科学するうえで有用な研究方法と言える。ただし、現代中国法の権利論を解明するうえでは前提の不一致という避けられない事実と整合させる形で研究方法を用意しなければならない。川島が前提とした社会的個人に代替する個人の抽出と、それを基にした不変の法的論理の論証とを、研究方法の内容に組み込む必要がある。

第2節　研究課題の設定

第1項　法的論理の開始時期と法体系の根本

個人対個人の関係における現代中国法の権利論を構成する個人と、その個人が有する所有権の管理作用を反映する不変の法的論理を探究することが課題である。しかし、この探究を可能とする前提として、現代中国法の法的論理の開始時期とその法的論理を生成する現代中国の法体系の根本を確認しておかなければならない。なぜなら、現代中国法は、自ら過去の法との継承を拒否しているからである。

そこでまず現代中国法の法的論理の開始時期、すなわち現代中国法の論理がいつから始まったかを確認しておこう。この問いは、中華人民共和国が成立する以前の法を、現代中国法は継受したか否かという重要な問題を含んでおり、これまで「法継承性論争」として議論されてきた。この議論は、法という概念を法の階級的本質に照らしてどのように認識するかという側面と、法学研究の方法論的側面を有している。以前は継承性を認めない論調が主流だったが、今日では継承性を認める論調が主流である。

事実の問題としては、1949年2月に中国共産党中央委員会（中共中央）が

公布した「国民党の六法全書を廃棄し、解放区の司法原則を確立することについての指示［中央関於廃除国民党《六法全書》和確定解放区司法原則的指示］」によって、現代中国の建設にあたって国民党の法を継受せず、解放区の制度を継承して発展させることが明らかにされた。そして、1949 年 4 月に華北人民政府が公布した「国民党の六法全書及び一切の反動的な法律の廃止に関する訓令［華北人民政府為廃除国民党六法全書及一切反動法律的訓令］」によって、この内容を政権（この当時は暫定政権）として確認している。したがって、現代中国法の論理は、中華人民共和国が成立する以前の法を継受せず、その成立とともに始まったことになる。

次に現代中国の法体系の根本すなわち根本法の所在と変遷を確認しよう。比較法的に見て一国の法体系の根本は憲法に置かれている。この点について、現代中国法も憲法を有している。問題は、憲法を制定する以前に施行されていた中華人民共和国共同綱領（以下、共同綱領とする）を憲法的法文とするか否かである。

共同綱領を作成した母体は、中国人民政治協商会議である。この組織は、中国共産党、各民主党派、各団体および各界の代表で構成する統一戦線組織であり、中華人民共和国が成立する以前は、国家の最高権力機関とされた。この中国人民政治協商会議が 1949 年 9 月に臨時憲法として共同綱領を採択した。因みに現代中国はこんにちに至るまでに 4 つの憲法を制定している。古いものから順に、第 1 期全国人民代表大会が 1954 年 9 月に採択した憲法（以下、54 年憲法とする）、第 4 期全国人民代表大会が 1975 年 1 月に採択した憲法（以下、75 年憲法とする）、第 5 期全国人民代表大会第 1 回会議が採択した憲法（以下、78 年憲法とする）、そして同大会第 5 回会議が採択した憲法（以下、82 年憲法）である。したがって、現代中国の法体系の根本は、共同綱領にはじまり、歴代の憲法にあると言える。

　第 2 項　権利主体の抽出

現代中国法の法的論理は、ほぼ中華人民共和国の成立とともにはじまり、かつ、その根本法は共同綱領から歴代の憲法にある。そこで、これらの法文

から不変の論理を抽出することが、権利主体を抽出することになる。

　中華人民共和国が当初から社会主義社会を目指していたわけではないことは、法文から明らかである。共同綱領は「労働者階級の指導を実行し、労農同盟を基礎とする」国家を目指す（1条）としており、そこに社会主義の文言はない。54年憲法も、中華人民共和国を「労働者階級が指導し、労農同盟を基礎とする」国家である（1条）と規定するだけであった。

　社会主義の文言が根本法において確認できるのは75年憲法からである。そこでは「無産階級独裁の社会主義国家」（1条）との文言が存在した。現行憲法である82年憲法にも継承されている。したがって、不変の論理として社会主義社会における社会的個人を抽出することは現時点では難しいと言わざるを得ない。また、日本国憲法のように国民を権利主体として評価することも難しい。公民［公民］を権利主体として抽出できないからである。

　変わらない文言としては、労働者階級が指導することと労農同盟を基礎とすることが確認できる。このうち、労農同盟とは、労働者階級が農民階級と協同して権力に対して闘争するための組織をいう。両者に共通する労働者階級が抽出できる。とはいえ、労働者階級という集団としての主体では、個人対個人の対立に公共善といった集団の論理が自然と加味されることになり、川島の言う「社会的個人」を見誤る可能性がある。したがって、集団を構成する個々の労働者を権利主体として抽出、措定し、その権利客体との整合性によって、「社会的個人」と代替可能かを判断することにする。

第3項　権利客体の抽出

　共同綱領には労働者を名宛人とした所有権は存在しない。共同綱領3条で国家所有や農民個人の土地所有制が規定されたにすぎない。しかし、同条で労働者の私有財産は保護されると言及されていた。

　労働者の所有権については、54年憲法5条において個人労働者［個体労働者］所有制として規定されたことがある。それは、当時の現代中国に存在する生産手段の1つとして現状を確認したものであった。この立法意義は、同

9条において手工業者と非農業部門の個人労働者の生産手段の所有権を法律に照らして保護すると規定されたことからも明らかであろう。尚、同11条で公民の合法な収入、貯蓄、家屋および各種の生活手段にかかわる所有権を国家は保護すると規定された。

しかし、この労働者の所有権について75年憲法では確認できない。上記の個人労働者所有制は文言さえ削除された。それは、当時の現代中国に存在する生産手段としては主に全人民所有制と集団所有制の2つしか存在しないとされたからであろう（同5条）。ただし、同9条では公民の労働収入、貯蓄、家屋および各種の生活手段のかかわる所有権を国家は保護するとの法文は、継承されている。

78年憲法の関連規定は、基本的に75年憲法と同じである。唯一異なる点は、生活手段にかかわる所有権について54年憲法の法文に戻ったことである。すなわち、労働収入から合法な収入へと改められた。

82年憲法の関連規定も基本的に75年憲法と同じである。ただし、生産手段にかかわる所有権については、同5条2項において法律が許可する範囲内で個人所有を容認するかのような法文を追加した。そして生活手段にかかわる所有権を規定した同13条は、「その他生活手段にかかわる所有権」を国家が保護すると範囲を拡大して改めた。

第4項　合法でない私有財産権に関する検討

ところで、82年憲法13条は2004年3月の第4修正によって、保護する対象を列挙する従来の形を改め、一般的抽象的な法文を置いた。この大胆な一部改正は、現代中国法の基本構造の転換点になり得る。

第13条1項　公民の合法な私有財産は侵害を受けない。
第13条2項　国家は法律の規定に照らして公民の私有財産権及び相続権を保護する。
第13条3項　国家は、公共の利益の必要のために、法律の規定に照らし

て公民の私有財産を徴収又は収用を実行できる。併せて補償を与える。

　そもそも所有権を、生産手段のそれと生活手段のそれに分離して取り扱うことに実際上は無理がある。この論理にしたがえば、自己の衣食住のために家屋を使用するならば、生活手段としての所有権の行使ということになり、それを他人に賃貸して賃借料を受領する、または、その家屋で商品を生産、販売する等のために使用するならば生産手段としての所有権の行使となる。

　しかし、実社会では、住宅兼賃貸、住宅兼事務所、住宅兼工場というように、生活手段としての所有権と生産手段としての所有権が混在している場合が少なくない。このような混在形態をどのように取り扱うかが、実務上とくに固定資産税等の税法上は重要な問題となる。

　ところで、現行憲法13条1項と2項の内容は、法解釈上に大きな問題を残している。1項において合法な私有財産は「侵害を受けない」とする一方で、2項において公民の私有財産権および相続権を「保護する」として保護の態様に差を設けているからである。

　究極の問題として、例えば公民の合法でない私有財産権が存在する場合、法律はこれを保護するのか、それとも保護しないのだろうか。2項は一般的抽象的概念として私有財産権を規定しているため、違法であろうと、あるいは法文の根拠がない私有財産権であろうと保護する義務が法律に課されるように思われる。しかし、法律が保護する最も基本的な態度は第三者による侵害を排除することであり、1項は合法な私有財産を対象としているので、このような場合に法律が関与する義務はない。

　合理的に解釈するならば、1項で合法な私有財産を保護対象としているので、2項の私有財産権と相続権も合法であることが前提ということになる。つまり、その所有する対象（例えば、私有財産）の中で合法なものを保護対象としているのである。したがって、合法な権利利益を権利客体として抽出できる。

　尚、現行憲法は、土地に対する所有とその他に対する所有とを分離している点も、法解釈上で大きな問題を残している。しかしながら、現代中国にお

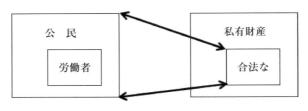

図7：権利主体と権利客体の整合性

いて土地の私有制は認められていないので、労働者個人が有する所有権の対象として、その対象が土地であるか否かを区別する必要は今のところ、認められない。尚、憲法の法文が調整する権利客体をみると、あくまで公民の合法な私有財産であり、労働者個人のそれとは言明していない。とはいえ、公民の中に労働者が含まれないわけではないので、権利主体として労働者個人を抽出できると考える（図7）。

第5項 「法律関係理論」の検討

現代中国法の不変の法的論理を探究する過程において、その権利主体として「労働者」を、その権利客体として「合法な権利利益」を抽出できる。これに所有権法理論を当てはめると、労働者が所有する合法な権利利益と、同じようにして別の主体が所有する合法な権利利益との交換から他者との関係を法的に保護する権利関係が描き出されることになる。

ここから明らかなように、現代中国法における権利関係の枠組みで特徴的なことは、権利一般を前提としないで、合法性の要求に限定しているところである。この法的論理を整合性の検証を経て論証し、理論化することが理論研究の基本となる。

現代中国における法学研究においても、本書と分析視点こそ異なるが、合法性の要求を前提にして権利関係の理論化を志向する理論すなわち「法律関係理論」が存在する。法律関係理論は、合法性の有無が判断基準となる。しかし、合法な権利、違法な権利および非法な権利を区分する基準に関する研

究は、法学的意義をもたないとされ、権利義務に関する研究が停滞していた。

　この停滞を打破する上で、理論的な貢献を果たしたのが、張文顕である。張は、権利義務の概念を法律関係理論の中へ組み込み、「法律関係とは、法律規範が人々の社会行為を指し示し、社会関係を調整する過程において形成する人々の権利と義務の関連であり、社会の内容と法の形式の統一である」と定義し直した。ここでは権利義務に関する研究への回帰を意図したためか、合法性の要求を反映していない。しかしながら、合法性の要求が現代中国の法体系の根本に根深く残っていることは、既に見てきたとおりであり、中国社会の秩序の中に、合法性の要求がどのように組み込まれてきたかは、法学的意義をもつ研究であると考える。

　法律関係理論に基づくと、合法性を認定できるのは立法による法文が唯一の根拠となる。言い換えれば、事実上の占有が合法の推定を原則受けない。しかしそれでは社会における交換が迅速に進まないので、50年代には早くも「個人の利益と社会公共の利益を結びつける」原則に反するか否かを、合法か否かを判断する第一の基準として提示していた。とはいえ、そこでは社会公共の利益や他者の利益を侵害しない場合のすべてを合法なものと推定する、または法律によって保護する、とまで言及することは決してなかった。

第6項　違法行為は法律行為であるか？

　この法律関係理論については、法整備事業が再開され80年代に賛否両論が生じた。この論争の要点は、違法行為も法律行為と言えるか否かであった。違法行為も法律行為であると考える賛成説は、法律行為を、法律が規定する行為であると定義し、法律行為には(1)法律が許可する行為であるもの、(2)法律が許可する行為でないもの＝違法行為、(3)法律が禁止する行為＝違法行為であるもの、および(4)法律が禁止する行為でないもの＝非法行為があると主張した。

　これに対して違法行為は法律行為でないと考える反対説は、法律行為を個人の意識下の行為とみなし、たとえ行為者が追求する目的が合法であっても、方法が違法であれば、その行為は無効となるので、法律行為の本質的属性が

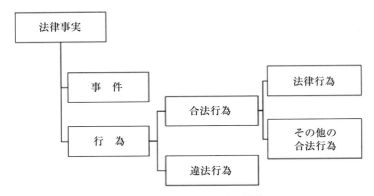

図 8：法律事実と法律行為の関係

合法性にあることは明らかであるとする。そのうえで、違法行為は法律事実として権利関係（例えば、損害賠償の関係）を発生させることがあるが、正常な個人ならば自己の財産を損害賠償に費やすために違法行為を行なうことはないだろうから、違法行為によって生じる法律結果と合法行為を法律行為とすることに必然的なつながりはないと主張した。

　この論争の結果は、反対説が有力とされてこんにちに至っている。反対説は、法律事実として合法行為と違法行為という相対立する概念を併存させて、その統一体を法律事実として理解している。この説の興味深い所は、法律事実と行為の関係そのものが、50 年代の現代中国の民法理論と一致する点である[9]。尚、事件［事件］と評価する事実は、個人の意思が存在しない過失の状況または法律が調整しないものを想定しており、行為の区分に基づけば、その現実の行為は「非法行為」ということになる（図 8）。

第 7 項　権利関係の枠組み

　現代中国法の権利関係の枠組みは、法律関係理論に基本的に基づいている。まず、法律関係理論は、法律事実を原因とし、法律関係の発生、変更および消滅を結果として想定する。次に、この法律事実を個人の意思の有無によって事件と行為に分類する。個人の意思が存在する場合が行為である。その中

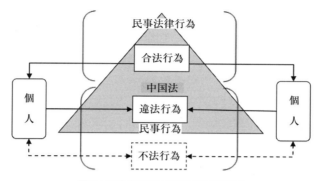

図9：現代中国法の権利関係の枠組み

で、法文に照らして合法と判断できる行為が合法行為、すなわち狭義の法律行為となる。権利化していない利益のたぐいがその他の合法行為として想定される。法文に照らして違法と判断できる行為が違法行為である。最後に、法文が規定しない行為が不法行為［非法行為］ということになる。

　法律関係理論を徹底すると、法文が合法と規定する合法行為のみを保護すれば足りることになる。しかし、1986年4月に民法通則［中華人民共和国民法通則］が採択された当時、合法行為を保護するだけでは十分でないとの共通理解が形成され、民事法律行為と民事行為という2つの概念を法文として規定するに至った事実がある。(10)

　現行法においては、民事法律行為が合法行為に該当し、民事行為は合法行為以外を含む広い概念として用いられている。したがって、この2つの概念を加えて合法行為、違法行為、不法行為を関係づけると図9のようになる。

第8項　小括

　現代中国法の基本構造の始まりは、中華人民共和国が成立する以前の法を継受せず、その成立とともに始まった。そして、根本法の変遷から所有権法理論の前提となる社会的個人に代わる権利主体を抽出すると、労働者を抽出できる。そして、権利客体については合法な権利利益を抽出できる。

　労働者が所有する客体と他者との関係を確認していくと、現代中国法は、

諸々の権利に「合法な［合法的］」と形容する法律関係理論に基づいて秩序立てていることが分かる。これが、現代中国法の権利関係の枠組みである。

したがって、この権利関係の枠組みの中で、労働者の権利すなわち労働権の権利構造とそのメカニズムの変遷を分析することによって、中国的権利論の解明が期待できる。

第3節　採択課題と本書の関係

本書は科学研究費補助金（科研費）の採択課題「現代中国における労働権の権利構造とそのメカニズムに関する研究」の最終成果物でもある。この科研費に基づく調査研究は、本書が論証する中国的権利論の基礎をなすものである。ただし、5年間の研究遂行を経てもある事情から一部で十分な検証ができなかった。そこで、以上に述べた筆者の研究課題との位置づけを確認し、今後の研究の方向性を展望しておきたい。

第1項　研究期間内に明らかにすること

この採択課題において明らかにする点は次の2点であった。

1つは、現代中国法における労働者のもつ権利（労働権）の構造とそのメカニズムの解明である（第1のテーマ）。この点については、既に中国労働法制の変遷をめぐって先行研究が存在する。主なものに、中国労働法の発展と特徴を明らかにするもの（代表的な論者として向山寛夫）と90年代以降の労働法および労働契約法等の立法によって、雇用法制から解雇法制へとそのメカニズムが転換したと解明するもの（代表的な論者として山下昇）がある。これらの研究は、国家対個人の権利関係における現代中国法の基本構造と合致する。本研究において個人対個人の権利関係における基本構造を明らかにすることによって、昨今の労使関係を法的に説明できることが期待される。

もう1つは国家対個人の権利関係における現代中国法の基本構造が機能していた時期の、労働権の権利構造とそのメカニズムの解明である（第2のテー

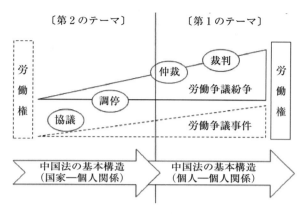

図10：採択課題内の研究枠組み

マ)。この解明によって、基本構造が国家対個人から個人対個人へ転換したことによる影響を明らかにでき、第1のテーマとの間に共通する法的論理の探究が可能となる。

　この点については、中華人民共和国が成立した後に、社会主義法における権利をどのように規定するかについて論争があった。そこでは、個人の行為が物の所有を通して他人との関係を成立させるというコンセンサスが存在した。中国労働法制の制定・改廃は、その当時から活発に行なわれてきた。当時の労働権の権利構造とそのメカニズムを解明する必要がある。

　第1のテーマの結果と第2のテーマの結果を比較することによって、不変の法的論理を確認できると言える。それは、結果として、現代中国法の権利構造およびメカニズムとその転換の原因を解明することにもつながる。更にこの2つのテーマは、労働権をキーワードにして相互に補完し合う可能性が非常に高いので、同時並行的に研究を進めることもできると思われる。

　第2項　本研究の学術的な特色・独創的な点及び予想される結果と意義

　本研究の学術的特色は、現代中国法の基本構造が転換した原因を、労働権の構造とそのメカニズムの変遷から解明し、この研究を通して現代中国法の本質を

より深く明らかにする点にある。独創的な点としては、現代中国法研究における政治学的なコンセンサスを除去し、法学的コンセンサスの形成が挙げられる。

本研究によって労働権の権利構造とそのメカニズムを個人の視点から説明できるようになることが予想される。例えば、ストライキのような不法行為を法的に処理できない原因や、法文の根拠をもたない権利利益の損失賠償を要求できる理由も、抽出する法的論理から明らかにできる。また、結果として、少なくとも日本法から見て異質な現代中国法の権利構造とそのメカニズムを解明する重要な契機を提供することが期待される。

これらの予想される結果が政治学的コンセンサスから脱却し、純粋に法学的コンセンサスの形成を促進させることに寄与することは明らかであるし、日本の現代中国法研究をより高次の次元へ深化させることにもなるであろう。この点に学術上の大きな意義を見い出すことができる。

第3項　研究計画・方法について

平成23年度は、本研究の前提となる現代中国法の権利構造とそのメカニズムの解明に重点を置いて実施する（Ⅰ）。時間的に余裕があれば、Ⅰで素描した権利構造とそのメカニズムを、労働権のそれに当てはめて、転換前後の労働権の内実を明らかにするところまで実施する（Ⅱ）。

平成24年度以降は、労働権の権利構造とそのメカニズムの解明に重点をおいて実施する（後述Ⅲ以降の内容）。平成22年度にⅢおよびⅣについて、初歩的な考察を終える予定である。事前に初歩的考察を終えることによってⅠとの相関性を絶えず検討できるし、より精緻な研究成果を期待できる。

Ⅰ　現代中国法の権利構造とそのメカニズムについて

人の行為が物の所有を通じて他人との関係を成立させ、それが社会基盤の核心部分であるというのが所有権法理論である。中国法における個人の所有については、共同綱領から現在に至るまでの、法制度の長い変遷を確認できる。中国所有権法制における転換点は、1956年1月に公布した「都市私有

家屋の改造実施意見［関於目前城市私有房産基本情況及進行社会主義改造的意見］」（以下、私有不動産改造意見）にあると考えられる。

　そこで1956年前後に中国社会において何を問題視したかを明らかにする必要がある。そのためには、法制度以外に当時の中国の状況を知る必要があるので、北京・上海の檔案館を中心に関係史料を収集する。この分析を通して中国的所有権法理論を明らかにする。

　権利構造については、その理論として、法律関係理論が建国初期から提示されており、法制度の方向性を規定してきた。法律関係理論の特徴は諸々の権利に合法的と形容する点にある。2007年3月に公布した物権法［中華人民共和国物権法］についても法文の権利は合法的と形容されている。つまり、合法的と形容する背景を明らかにすることが、権利構造のメカニズムを解明することにつながると考えられる。

　尚、檔案館での資料収集が計画通りに進まない場合、二次資料になるが、既に当時の社会状況を分析した多数の書籍が出版されているので、これらを収集することによって代替できると考える。

Ⅱ　転換前後の労働権の内実

　Ⅰで素描する権利構造とそのメカニズムを労働権に当てはめる。建国初期から今日に至るまでの労働法制に関する史料については、既に紙媒体・電子媒体の形で収集してある。現時点で素読を完了している。労働権を中心に労働法制の変遷を再検討すると、労働権を享受できる労働者とできない労働者に厳然と分離されてきたことがわかる。つまり、労働権の権利構造を考えるとき、その客体の身分関係が強く影響したと推測される。

　問題は、労働権を享受できる者と享受できない者とを区分けした「身分」の内実である。これを法的論理から明らかにする。先行研究者である山下昇も1994年の労働法の制定前後を境として雇用法制から解雇法制へと中国労働法理論の転換が見られるとしている。筆者も1994年前後という時期に、第2の変化が生じたと推測する。したがって、法制度以外に当時の中国社会

において何を問題視していたかを再度確認する必要がある。

『人民日報』をはじめとする当時のメディアの報道内容等も収集して分析中であり、引き続き分析作業を進める。尚、当時の中国社会の状況を示す統計データが国内外で報告されている。そのため、これらを収集することによって適宜補充したい。以上の分析を通して労働権の権利構造とそのメカニズムを明らかにする。

Ⅲ 労働契約法・労働争議調停仲裁法による影響

労働契約法の立法に関与した常凱によれば、労働契約法は、労働権を強化し、調和のとれた社会［和諧社会］の実現を促進する法文であるという。一方、労働法の立法に関与した董保華によれば、同法は、必ずしも労働権の強化につながらないという。その後、2007年12月に公布された労働争議調停仲裁法［中華人民共和国労働争議調解仲裁法］が施行された。しかし、2010年の当初より関連法文の修正が相次いでいる状況にある。

関係資料については既に紙媒体・電子媒体の形で収集してある。労働契約法については、拙稿「中国労働契約法制の限界」および「新労働契約法が労使関係に与える影響と直面する課題」において初歩的な考察を終えている。現在、労働争議調停仲裁法について検討している段階にある。この間、拙稿「現代中国民事訴訟法における起訴受理制度」において、日本民事訴訟法との比較分析から中国民事訴訟法について行なった初歩的な考察が活用できている。労働争議調停仲裁法については2010年末を目処に、初歩的な考察を終える予定である。

転換後の労働権の内実をⅡにおいて明らかにした後に、それを、労働契約法・労働争議調停仲裁法の実施状況に当てはめる。こうすることによって、労働権がどのように変化したかを証明できる。以上の分析を通して、労働権の質的変化について理論的な考察を行なう。

Ⅳ 社会保障制度改革と労働権の関連性

社会保障制度改革は、喫緊の課題として現在、俎上に載せられている。労

働権との関係で言えば、とくに失業保険制度が重要である。既に社会保険法草案が公開されている(審議中)。失業保険に関する法制度については紙媒体・電子媒体の形で既に収集し、初歩的な分析を終えている。拙稿「中国における労働者について」は、その一部成果である。

また、2010年冬季に早稲田大学特定課題研究助成費を使用して、中国保険法の専門家である李偉群教授（華東政法大学）と意見交換するとともに、これまで調査訪問してきた上海市、湖北省武漢市および北京市の日系企業を中心に現地調査を行ない、現時点での労働権との関連性を分析中である（今後の定点観測も予定している）。

今後の社会保険法の審議、制定・実施状況と同時進行的に実態把握と労働権に対する影響を検討する。調査先の日系企業関係者らとは過去に訪問調査した時から協力関係を維持している。そのため、必要に応じて過不足を補うことを期待できる。

V　現行労働権の限界

急増する労働争議紛争で社会問題化したことによって、関連する裁判例の紹介や案例集の出版が相次いでいる。また、社会保険制度全般に言える特徴は、地方ごとに同じ制度でも手続や費用徴収基準等が異なる点にある。労働者の生活に直結していることもあって、社会保険費用の負担や給付をめぐる労使の対立は深刻で、労働争議紛争になり易いと考えられる。

Ⅳにおいて現地調査を行なう3つの都市の選定理由もこの点と関連している。上海市は社会保険制度改革の推進役を担っているところがある。武漢市は、後発的な地域と言える。首都である北京市は社会保障制度を徹底すべき都市として想定できる。したがって、少なくともこの3つの都市の社会保障制度状況を定点観測する必要があると考える。

社会保険制度に関係する資料については既にある程度収集しているが、十分とは言えない。引き続き収集に努める。Ⅳの進捗状況に依存するところが少なくないが、労働権の限界を見定めるうえで、失業保険が重要な位置を占

めていると筆者は推測している。関係資料の収集に当たっても、失業保険関係のものを重点的に収集したい。

Ⅵ　現代中国法研究へのフィードバック

Ⅰ～Ⅴまでの各個別の研究はすべて労働者個人の視点が何らかの形で関係する。厳密に言えば、Ⅱ～Ⅴは労働権に関係する分析であり、労働権の権利構造とそのメカニズムを明らかにするものと位置づけられる。その一方で、Ⅰは中国法の権利構造とそのメカニズムを素描するものである。

したがって、これらの個別の研究を遂行することによって個人の視点すなわち個人対個人の関係から現代中国法を研究する有用性が検討され、各過程が有機的に結びついていくことになる。そこでは、一党独裁こそが中国法の根本問題であるという政治学的コンセンサスを用いる余地はなく、法学的コンセンサスを提示することになろう。

第4節　本書による補充と課題の確認

このように、科研費の採択課題は、国家対個人を前提とした時期の労働権の権利構造とそのメカニズムの解明および、個人対個人を前提とする時期の労働権のそれの解明を目標とする解明作業である。

この解明作業の前提として、現代中国法の権利構造を改めて確認し（Ⅰ）、現行法における労働権の諸現象（Ⅱ～Ⅳ）を考察する。そしてこれらの整合性を通じて現行法における労働権の限界を明らかにし（Ⅴ）、現代中国法学につなげること（Ⅵ）を目的とするものであった。

したがって、科研費の採択課題は、本書が設定する研究課題と大部分において重複すると言える。ただし、科研費の研究枠組みの中では労働権の権利構造に分析対象を限定したので、それを基礎づける合法性の要求に基づいて権利を限定する法的論理の解明やそれに伴う裁判観の特殊性との整合性を論じる空間を組み込む余地がなかった。

表 1：科研費による主な研究成果と研究計画の対応関係

題　名	書誌・書名	研究計画上の分類
日本における現代中国法学について	『比較法学』45 巻 2 号 2011 年	Ⅵ
第 5 章　労使紛争からみた陳情	『陳情：中国社会の底辺から』2012 年	Ⅲ、Ⅴ
指導制案例の公表についての一、二の考察	『早稲田法学』87 巻 4 号 2012 年	Ⅵ
第 1 章　労働者概念の転換と現代中国法	『転換期中国の政治と社会集団』2013 年	Ⅱ、Ⅳ
中国失業保障の法的構造とその限界に関する研究	『東北アジア研究』17 号 2013 年	Ⅳ

　また、実際に檔案館利用を試みる中で、転換の背景にあると特定した史料の収集が予想以上に困難で、かつ、期待した結果を得られなかった。そのため成果物の上梓計画が前後する等、支障が出ることになった。

　最も致命的な支障は、Ⅰの分析対象とした 1956 年の私有不動産改造意見に関する制定過程について、各地の檔案館が所蔵する史料からは十分に裏付けられなかったことである。これは、同意見の制定にあたり元となった各地の調査報告書の入手が、一部を除き研究期間内に実現できなかったからである。以上の状況を鑑みて、本書では各地の調査報告書と制定過程の対応関係から同意見の正統性を検証する作業については保留する。

　この部分については、法律関係理論に関する当時の学術論文や教科書等の整理および当時の社会状況に関する各種資料等を活用し、労働権の権利構造を形成する背景を明らかにすることによって代替する。そして、本書においては、同意見が、労働権を基礎づける法的論理と整合するか否かを検証しておくことにする。正統性の問題については、今後の研究動向を見極めながら、慎重に行ないたい。

　本章で明らかにしたように、法律関係理論の枠組みの中で労働権の権利構造を分析することによって、中国的権利論の解明を期待できる。そこで科研費の課題の中で論じきれなかった不足分も本書で補い、より広く現代中国法全般に適用可能な「中国的権利論」として提示する。

〔主要文献〕

ヴラジーミル・ペトロヴィッチ・シュクレドフ／岡稔＝西村可明訳『社会主義的所有の基本問題：経済と法』御茶の水書房、1973 年

岡部達味＝安藤正士『中国研究ハンドブック』岩波書店、1996 年

川島武宜『新版所有権法の理論』岩波書店、2009 年

北村一郎編『アクセスガイド外国法』東京大学出版会、2004 年

季衛東「中国の市場秩序における関係と法律」『比較法学』30 巻 2 号、1997 年

江平総主編『共和国六十年法学論争実録：民商法巻』廈門大学出版社、2009 年

国家統計局国民経済総合統計司編『新中国六十年統計資料滙編』中国統計出版社、2009 年

朱景文＝韓大元編『中国特色社会主義法律体系研究報告』中国人民大学出版社、2010 年

石文龍『法律変革与"中国法"的生成』中国法制出版社、2013 年

中央政法幹部学校民法教研室編著『中華人民共和国民法基本問題』法律出版社、1958 年

中共中央文献研究室『中国特色社会主義理論体系形成与発展大事記』中央文献出版社、2011 年

張文顕『法哲学範疇研究（修訂版）』中国政法大学出版社、2001 年

趙春燕『最初的理想：新中国初期的法制話語与実践』法律出版社、2012 年

董志凱＝武力『中華人民共和国経済史 1953—1957』社会科学文献出版社、2011 年

土岐茂「五〇年代中国における法の継承性論争の展開過程：法の論理と政治の論理の交錯」『早稲田法学会誌』第 35 巻、1984 年

藤田勇『社会主義的所有と契約』東京大学出版会、1957 年

鮑金橋「違法行為不是法律行為：与兪宏武、鮑遂献両同志商権」『政治与法律』1986 年第 2 期

《法治与人治問題討論集》編輯組編『法治与人治問題討論集』社会科学文献出版社、2003 年

向山寛夫『中国労働法の研究』中央経済研究所、1968 年

山下昇『中国労働契約法の形成』信山社、2003 年

―――「研究ノート：現代中国労働法の基礎的考察――中国労働法の展開と労働契約法総論」『久留米大学法学』第 51・52 合併号、2005 年

兪宏武＝鮑遂献「違法行為也是法律行為」『政治与法律』1985 年第 5 期

劉穎『法概念的跨語際実践：蘇聯法在中国 1949—1958』法律出版社、2011 年

【注】

（1）小口彦太＝田中信行『現代中国法』成文堂、2004年。特に28頁以下を参照されたい。

（2）季衛東「中国の市場秩序における関係と法律」『比較法学』30巻2号、1997年。特に128頁以下を参照されたい。

（3）川島武宜『新版所有権法の理論』岩波書店、2009年。

（4）法の継承性論争については、例えば土岐茂「五〇年代中国における法の継承性論争の展開過程：法の論理と政治の論理の交錯」『早稲田法学会誌』第35巻、1984年等。

（5）張文顕『法哲学範疇研究（修訂版）』中国政法大学出版社、2001年、96頁。

（6）中央政法幹部学校民法教研室編著『中華人民共和国民法基本問題』法律出版社、1958年、162頁参照。

（7）俞宏武＝鮑遂献「違法行為也是法律行為」『政治与法律』1985年第5期参照。

（8）鮑金橋「違法行為不是法律行為：与俞宏武、鮑遂献両同志商権」『政治与法律』1986年第2期参照。

（9）中央政法幹部学校民法教研室編著『中華人民共和国民法基本問題』法律出版社、1958年。特に56頁を参照されたい。

（10）江平総主編『共和国六十年法学論争実録：民商法巻』廈門大学出版社、2009年、106頁参照。

（11）中華人民共和国社会保険法は、2010年10月29日に公布され、2011年7月1日に施行された。

第2章　労働権の形成とその特殊性

第1節　ソ連法の影響について

第1項　ソ連法と現代中国法

　現代中国法に対するソ連法の影響については懐疑的な見解も存在する。夏勇はその代表的な論者である。夏は、法の継受過程における阻害要因を文化的伝統の自然的な展開によらず、固有の法律の伝統における人文の伝統の廃棄を代価とした西欧の権利の観念、専門用語および規範の移植を強行した点に求めた。そして現代中国の法を「速成法」と呼んだ。[1]

　また、ソ連法の特徴については森下敏男が指摘するように、資本主義社会を部分的法社会とすれば、社会主義社会は全体的法社会と把握できる。そして森下は、ソ連の市民が「法律を積極的に実現すべく法律のなかで生きなければならない」点にソ連法の特徴を求めた。[2] 曰く、ソ連法において法律を実現するという表現が頻繁に登場するのは「法律をポジティブに実現することが求められる」ことの裏返しである、というのである。

　その一方で、現代中国の法は、事実として、「国民党の六法全書及び一切の反動的な法律の廃止に関する訓令」（1949年）が、中華人民共和国成立以前の法を継受しないことを宣言している。同時に、当時ソ連から招聘した法学者による講演等が、最新の社会主義法制を学ぶ機会であったことも間違いない。当時の状況は、まさしく法の継受過程における文化的伝統の自然的な展開を待たず、ソ連法から学ぼうとしていた。少なくとも当時の状況が速成法であろうとなかろうと、現代中国法が旧法を否定した穴埋めを必要としていたことは、確かであろう。

　問題は、何を継受したかである。中華人民共和国が成立した当時に、ソ連

法とその理論から何を継受したかを検討するにあたって、当時の教科書や雑誌を通覧すると、現代中国法における一般理論が、ソ連法のそれと同様に「国家と法の理論」を前提に、形成されていることが分かる。その内容は、国家対個人の視点で展開したものであり、本書の分析視点とは真逆のものであった。

第2項　「ソビエト国家と法律の基礎講座」の検討

ここでは政法幹部を養成するために招聘したソ連法学者による講義録「ソビエト国家と法律の基礎講座［蘇維埃国家和法律底基礎講座］」を検討したい。この講座の内容は『中央政法公報』の第2期（1949年）から第22期（1950年）までに収録してある。計15回の講義で、憲法に関する講義から始まり、いわゆる六法のそれぞれを講義し、その後に、国家制度やソ連の状況を紹介する内容であった。講義の演題については次のとおりである。

第1講　勝利する社会主義の憲法［勝利的社会主義底憲法］、1949年12月5日。
第2講　マルクス・レーニン主義が論じる国家と法律の本質に係わる学説［馬列主義論国家和法律底本質的学説］、1949年12月15日。
第3講　国家の歴史類型［国家底歴史類型］、1950年1月12日。
第4講　ソビエト国家――新しい類型の国家［蘇維埃国家――新類型底国家］、講義日不明。
第5講　国家政権の形式としてのソビエト［作為国家政権形式的蘇維埃］、講義日不明
第6講　ソビエト社会主義法律の基本原則［蘇維埃社会主義法律底基本原則］、講義日不明。
第7講　ソビエト国家と法律の基本的発展及び機能［蘇維埃国家与法律底基本的発展階段和職能］、講義日不明。
第8講　ソビエト民法［蘇維埃民法］、講義日不明。

第9講　ソビエト刑法［蘇維埃刑法］、講義日不明。
第10講　ソビエトに係わる国家管理［蘇維埃的国家管理］、講義日不明。
第11講　ソ連国家権力と国家管理に係わる最高機関［蘇聯国家権力和国家管理的最高機関］、講義日不明。
第12講　ソ連国家権力に係わる地方機関［蘇聯国家権力的地方機関］、講義日不明。
第13講　ソビエト刑事訴訟［蘇維埃刑事訴訟］、講義日不明。
第14講　ソビエト民事訴訟手続［蘇維埃民事訴訟程序］、講義日不明。
第15講　共産主義社会建設中におけるソビエト社会主義国家と法律の作用［蘇維埃社会主義国家与法律在建設共産主義社会中的作用］、講義日不明。

　個人の権利に関する主な叙述を整理しておこう。まず第1講において、憲法秩序下の個人の存在が解説されている。そこでは、個人が国家によって制度的に保護される理由を、社会のための、同時に個人が生存するための労働の提供に伴う私人財産に求められるとされた。この論理的帰結として、国家所有制や集団所有制を、個人の私有財産の発展可能性を排除する制度として考えるのは誤りであるとしている(3)。

　次に、第8講において、ソビエト民法下の権利の保護は、権利主体の事情によらないと説明される。これは資本主義国家における権利保護と違い、ソ連法の前提であるとされる。この論理的帰結として、すべての国家機関は被害者の要請を必要とせず、ただちにその侵害された権利を自動的に保護するよう作用することになるとされる。その例として、国家を代表して検察長がすべての民事事件に対して参加する責任を負うことを紹介している(4)。

　最後に、第14講において、ソ連の民事訴訟が職権主義的で、訴訟指揮権を裁判所に付与したことを説明する。ソ連の民事訴訟においては、当事者からの訴えを受理した後の、当事者による訴えの取下げを認めていない。裁判所の積極性を引き出すためおよび訴訟の乱用を防止するために、その処分権限を裁判所に付与したとされる。この制度的保障が、裁判所の独立を実現し、

また法律にのみ基づいて事案を解決する自主的な国家機関としての裁判所を実現することになる、とされる。
(5)

　以上より明らかなことは、次の２点である。第１に、個人の権利を法律が保護する理由は、個人が労働力を提供して獲得する私人財産だからであるということ、かつ、それが公有制を基礎にして法制を確立するとしても、私人財産の発展を排除してはならないとされていること、である。第２に、侵害された権利を保護する過程において、その権利の主体の事情がいっさい影響しないものとされていること、である。

第３項　ソ連法的論理の継受

　このようにして継受したソ連法的論理は、当時の現代中国にどのように影響したのか。まず第１の点、すなわち個人の権利と公有制の関係について確認しておこう。ここでは、労働によって得た私人財産の合法性について解釈した法文「抵当権をどのように解釈するかの問題に関する伺い立て［最高人民法院東北分院関於如何解釈抵押権問題的請示］」（総発字第25号）を検討する。

　この伺い立ては、工場内に設置してある機械に抵当権を設定できるかどうか。設定できるとして、債権者は、その抵当物について、その他すべての無担保債権に対して優先権をもつかどうか。そして、無担保債権である賃金債権についてはどうなるか、であった。最も重要な問いは第３の問題、すなわち工場で労働を提供した個人が対価として得る賃金債権と、その一方で設定される抵当権の優劣関係に関する法解釈の問題であった。

　最高人民法院による回答は次のとおりである（傍点は筆者が付した）。

　　　工場内に設置してある機械に抵当権を設定してよい。当該抵当権は、原則上、無担保債権一般に優先すべきである。ただし、具体的な事情に応じて例外があってよい。無担保の賃金債権に優先してはならない。無担保の賃金債権については抵当権債権に優先すべきである。なぜなら、賃金債権は、労働者らの労働生産によって発生し、この労働生産の結果

は抵当物所有者の財を増加させるにすぎないので、賃金債権を優先的に
清算しても、抵当権者の利益を侵害しないからである。

　この回答から確認できる論理は、個人が労働力を提供することによって、その抵当物を所有する個人の財産を増加させるので、提供する労働力の対価としての賃金債権に優先権を与えたとしても抵当権者の利益を加害するものではないというところである。そこでは、抵当権者と労働債権者それぞれの私人財産の発展が公有制によって排除されるものではないとしつつ、それぞれの所有権が生み出す管理作用を労働権優位で調整していると言える。

　次に第2の点、すなわち訴訟実施権の所在について確認しておこう。現代中国法は、侵害された権利を保護する過程において、その権利の主体の事情がいっさい影響しない制度を「訴訟手続き試行通則草案［中華人民共和国訴訟程序試行通則（草案）］」で採用した。民事訴訟手続き施行通則草案は、1950年冬から1951年初めにかけて招集した第1回全国司法工作会議において討議された法文であり、かつ革命根拠地の人民司法業務［人民司法工作］の経験を総括し、各地で制定された民事訴訟規則を参考にしたものと言われている。

　同通則草案51条は、民事事件および軽微な刑事事件に関する訴訟実施権を人民法院に付与しなかった。しかし、最高人民法院刑・民訴訟経験総結弁公室が1957年に作成した民事審判手続き草案［民事案件審判程序（草稿）］37条に至ると、原告が権利を放棄するときは、法廷の審査を経た後に案件を取り消してよいとの規定が加わり、訴訟実施権は人民法院へ完全に付与された。これは、権利の保護は権利主体の事情によらないとされ、訴訟指揮権を裁判所に付与したソ連の民事訴訟と類似する。

第4項　小括

　現代中国法に対するソ連法の影響についてみると、そこでは、個人の権利を法律が保護する理由を、個人が自ら提供する労働力の対価として得る私人財産だからであるという点に求め、また、権利の保護過程において権利主体

の事情を考慮しないことを資本主義法との違いとして強調していることが分かる。

そして、当時の現代中国法は、労働債権について同様の論理を司法の解釈において展開していたし、民事訴訟において職権主義的な設計を強めていったことも確認できた。言い換えれば、労働者の権利は独立して保護されるものとして想定されたし、侵害された権利の保護を国家＝法律に委ねることが肯定されていた。

ところで、この２つの論理は、将来的に整合しなくなるだろう問題を内在している。それは、労働者の権利そのものは独立して保護されたとしても、そこに第三者が加わって三者間の法的関係になった場合における独立保護の取扱いの問題である。この２つの論理を承認するためには複数人の間の紛争を当事者の事情によらずに法律で対応できる法的論理を提示する必要がある。

第２節　法律関係理論の限界について

第１項　当時の議論

前章で確認したように、現代中国法の権利関係の枠組みにおいて特徴的なことは、権利概念が権利一般を意味しない点にある。そして、この枠組みに理論的な根拠を与えたのが法律関係理論であった。法律関係理論は、個人対個人の二当事者間の権利関係において解釈の余地を不要とする絶対の論理を展開できる。しかしながら、第三者が加わる三当事者間の権利関係においては、その限界を露呈するものであった。

ここでは、第三者譲渡に伴う法律関係として、所有者が所有する物を占有する占有者が、その物を第三者へ譲渡する場合において、所有者に付与される請求権の確認を通じて検討してみよう（図11）。この場合、占有者の占有が合法か違法かによって、および第三者が善意か悪意か、ならびに、占有者から第三者への譲渡行為が有償か無償かによって変化する。

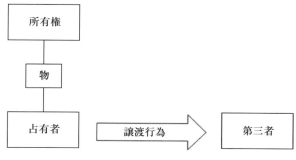

図11：法律関係理論における所有者請求権について

　まず、第三者が善意である場合すなわち、譲渡を受けた物の所有者が占有者であると認識していた場合、その譲渡行為は違法によって無効だが、第三者には合法な所有権の移転が認められる。したがって、所有者には占有者に対する賠償請求権が認められるだけとなる。この三者関係において合法な存在でないのが占有者だけになるからである。

　尚、その譲渡行為が無償で行なわれた場合、第三者が獲得する合法な権利利益は存在しないことになる。また、その譲渡行為によって占有者が何らかの利得を得たわけでもない場合、所有者に占有者に対する賠償請求権は認められない。したがって、所有者には第三者に対する返還請求権が認められるだけとなる。確かに所有者と第三者はいずれも合法な存在であるが、この場合、第三者は無償の譲渡により物の所有を得ているので、所有者に返還したところで損失を受けるわけではないからである。

　次に、第三者が悪意である場合すなわち、譲渡を受けた物の所有者が占有者でないと認識していた場合は、その譲渡行為も違法で無効な行為であると評価される。そのため、第三者に合法な所有権の移転は認められない。したがって、所有者には第三者に対する返還請求権が認められる。この三者関係において合法な存在は、所有者だけであるので、占有者および第三者の違法な権利を法律が保護する必要はまったくないからである。

　しかしながら、実際には、占有者と第三者の間の求償関係が問題となる。

例えば、その譲渡行為が有償である場合、第三者は所有者の返還請求に応じると同時にその損失を占有者へ請求するのではなかろうか。この問題について当時の民法理論において正面から答えたものは、管見の限りない。現代中国の法は、合法な権利しか保護しないと明示するので、それ以上の深入りを避け、当事者間の協議に委ねたように思われる。このような場合、法律をポジティブに実現する要求はすべて充足している状態であるので、民法理論が立ち入らない問題であったかもしれない。

　最後に、占有者の占有が違法である場合は、第三者に対する譲渡行為も当然に無効な行為となる。そのため、所有者には第三者に対する返還請求権が認められる。このとき、善意の第三者が割を食うように見えるが、第三者の合法な権利は、占有者の違法行為によって損害を受けたわけであるから、占有者に対する求償関係は、法律による保護を受けることになる。したがって、第三者には占有者に対する賠償請求権が認められる。

　このように、法律関係理論に基づくと、合法な権利は絶対的な保護を保証されることになるが、違法な権利や法が定めていない「権利」等の合法でない権利は、法的保護の蚊帳の外に置かれる。この意味で、法律関係理論は無法空間の存在を内在的に承認していることになる。実際には無法空間に対する法的処理はどのような社会でも不可欠なので、これを内在的に放棄することは、法の尊厳に係わる重要な問題になりかねない。よって、これが法律関係理論の限界と言える。

　第２項　最近の議論

　ところで、このような法律関係理論の限界は、現行法においても引き継がれている。例えば、鮮魚売買契約を締結した後に、引渡し期日に買主側が受取りの延期を申し出て、その申し出の後に例を見ない集中豪雨によって、商品を保管していた池から水があふれ出して商品の魚が逃げ出してしまったという事例を検討してみよう。[6]

　この事例について、王利明は「魚が川に流れ出た原因は集中豪雨にあると

はいえ、これに対して一方の当事者である被告（追補：買主側）に故意又は過失がある。この種の損失の発生に対して被告に故意又は過失があれば、危険負担の原則を適用すべきではない」とし、「被告は、目的物の引取を遅延しており、違約を構成するのは明らかである」とする。これは、法律関係理論によって裏付けられていると考えられる。

　法律関係理論に基づけば、買主が約定に違反した日より、その遅延行為に違法性を認めることができる。つまり、買主の遅延行為という違法と売主の引渡し行為という合法とが天秤に掛けられているのである。尚、この売買契約の背後に、例えば、買主へ受取りの延期を要請した第三者が存在するとき等は、法律関係をさらに慎重に吟味する必要が生じるが、合法な権利を保護しさえすれば足りることとなり、余計な法解釈を必要としない。

　この事例の意義は、危険負担の可否の問題ではなく、法廷審理の質の問題にある。既に述べたように、法律関係理論に基づけば、契約締結時に定めた引渡し期日に引渡しを拒み、受取りの延期を申し出た時点で買主に違約責任が認められる。しかし、そこで売主が買主の受取り延期の申し出を承諾し、引渡し期日を改めて設定したかどうかを確認しておく必要があった。売主の承諾によって違約責任が発生しない可能性があるからである。

　いずれにせよ、近年の裁判例をみても法律関係理論が通用していると言える。そこでは、合法な権利を確定し、その対となる違法な行為を認定することによって、法律関係理論の限界が顕在化しないよう解釈されている。

第3項　小括

　法律関係理論の限界は、合法でない権利者同士の間の処理に法が介入しないとする点にある。その一方で、合法な権利者については、法が絶対的に保護することを明らかにしている。そのため、個人対個人の二当事者間の権利関係においても、第三者が加わる三当事者間の権利関係においても、法による保護の可否は合法性の存否にかかわらせることによって、理論の限界を回避している。

　最近の議論において、このような限界は再認識されている。しかしながら、

上記の裁判例のような場合に、合法な権利同士の利益考量を認めることになる危険負担の原則を容易に適用することになれば、社会が混乱するだけでなく、従前から現代中国法を支えてきた理論構成を破壊しかねない危険を孕むことになる。法律関係理論と異なる別の理論に照らして法解釈を通じて処理する必要を敢えて認める必要はないのではなかろうか。

第3節 「労働権」の形成

それでは、労働者の権利すなわち労働権は、法律関係理論に基づくと、どのように形成されてきたと論証できるのか。現代中国法の権利概念の基礎を労働権に置くと、現代中国で個人が有する利益ないし権利とその交換は、労働権（から生じるもの）との換算規則として説明できる。そして、実社会の諸々の権利関係は、労働権の交換に関する法的論理を理論化した「中国的権利論」を前提に解釈されることになる。

第1項　土地所有に対する規律について

中国都市部の土地を国有とし、農村部の土地を集団所有とする。この土地所有に対する規律は82年憲法10条が初めて規定した。李国華は、この論理を立法できた根拠として、1956年1月に公布した「最近の都市の私有不動産の使用状況及び社会主義改造の進行に関する意見［関於目前城市私有房産基本情況及進行社会主義改造的意見］」（以下、私有不動産改造意見）の歴史的意義を指摘する（以下、李論文）[7]。李は、私有不動産改造意見の作成が、社会主義改造の一環として土地所有に対する規律の変更を決定づけ、その結実が82年憲法10条だったというのである。

私有不動産改造意見を所有に基づいて権利関係を決定する法的論理としてみると、同意見は、中国的権利論について、私たちが考える権利論と異なる亜種の権利論の形成を決定づけたと言える。同意見が提案した「権利の客体としての物（土地）」に対する所有の規律は、権利者が権利をどのように取

第 2 章　労働権の形成とその特殊性

得し、その利用と処分をどのように保障し、さらに権利者間の関係をどのように保護するのかに至るまで一貫した法的論理の形成を促したからである（後述）。

　尚、私有不動産改造意見は、『中共中央文件選集1949年10月―1966年5月』に収録されている(8)。しかし、同書は、元々添付してあった各地の調査報告書の概要を割愛しているほか(9)、各地から提出された調査報告書自体も割愛している。分析史料としては不十分であることを申し添えておく。

第 2 項　私有不動産改造意見の検討

　私有不動産改造意見は、中央書記処第二弁公室が、1955年12月に提出した意見を、中共中央が転送公布した法文である。同意見は、北京、天津、上海、南京（無錫と蘇州を含む）、済南、青島、瀋陽および哈爾浜における不動産の使用状況に関する調査報告書を基に作成したことを言明している。各地が提出した調査報告書には、所有主体別の割合、使用状況、賃貸方法、賃料および不動産の衛生管理状況等が記載してあった。

　因みに、私有不動産改造意見の本文において、社会主義改造の方法について、賃貸借関係を国家が何らかの形で代行する方法と、公私合営の会社を設立し、そこへ賃貸人を吸収する方法が提案されていた。その後、敷地面積の広いものから順に、私有不動産に対する社会主義改造が全国で進められた。そして、同意見を起点に土地所有の新しい規律が普及した結実として、現行憲法10条の規定に至ることは、李論文が既に指摘するとおりである。

　私有不動産改造意見の最も興味深い点は、同意見に添付された各地の調査報告書の概要と、中央書記処第二弁公室が、中共中央に提案した概要との「ずれ」にある。調査報告の概要を無視したもの、および調査報告の概要に記載を確認できないものの両者を含む。後者の代表は、土地について「一切の私人が占有する都市の空き地及び通路等の不動産は、適当な方法を経て、一律国有に帰する」という一文である。この一文は、都市に存在する不動産すべての私有を否定している。故に、この一文が、土地所有に対する新しい規律

を決定づけたと言える。

前者の「ずれ」は、私有不動産改造意見を公布した目的の確認につながる。例えば、各地の調査報告書は、労働者が所有する不動産を他人へ賃貸して不労所得を得ている場合や、公営住宅の賃料が私営住宅の倍以上である場合等も報告していた。しかし、同意見は、労働者の賃貸不動産による不労所得や公営住宅の賃料問題について言及していなかった。[10]

第3項　私有不動産改造意見の目的と「労働権」

私有不動産改造意見の検討を通じて明らかなことは、同意見の目的が、不動産賃貸による不労所得のみで生計を立てる賃貸人の存在がもたらす弊害を解消するためであったことである。調査報告書の概要を無視した箇所すなわち、労働者の賃貸不動産による不労所得については、労働所得の有無によって形式的に区別できた。賃金表は公表されることが原則とされたので、労働所得の有る場合は賃金表に照らして全所得から差し引くことによって算出できたからである。また、公営住宅の賃料問題については、政府の公的サービスの問題として対処できたので、「労働権」の問題として取り扱う必要はなかったと推測される。

社会主義改造の対象となった賃貸人からすれば、不労所得による生存の禁止は、労働しない自由を奪われたに等しい。つまり、私有不動産改造意見は、「働くしかない労働権」を立法したのである。

浅井は、「社会主義における労働権は、すべての市民にとって他人のために働くことが自分のためにもなるのだという関係を表現している[11]」とし、この労働権を、社会主義的基本権の体系の中でもっとも枢要な位置にあると主張したことがある。これを土地所有に対する規律から再構築すると、労働しない自由を含まない「労働権」が、利他的な労働による利己的な権利を生成し、この「労働権」を現代中国法の思想体系の基軸に置くことになったと言える。

このようにして現代中国法の権利論を再構築してみると、少なくともそれは日本法の権利論とまったく異なるものになる。例えば、生存権を取り上げ

てみよう。日本法は生存権を、所有権、労働権および教育権によって具体化する。その一方で、中国法は、不労所得を認めず、働くしかない「労働権」および教育権によって具体化する。両者の生存権は一部が重複するにすぎないのであるから、生存権のあり方に差異が生じることは当然想定できることである。

したがって、労働権と「労働権」とを区別する必要があるし、同一の権利論のうえで論じることには無理がある。

第4節 「労働権」の特殊性

法律関係理論に基づいて、中国的権利論は「労働権」に基づく権利を保護するために、「労働権」の合法性の判断基準を求めることになる。この要求の中で、中国的権利論は、労働者が提供する労働力の対価として、賃金等の合法な権利を獲得し、この合法な権利の交換を通じて生存していくことを前提とした基準を実践していった。そしてこれが、合法な権利は、労働者の労働力から生成されるものであるとして、身分的な要素を重要な判断基準とする論理を確立していくことになった（後述）。次に紹介する裁判例「袁鋒が淮安郵政局を訴えた労働争議事件」もその一例である。

第1項 袁鋒事件の概要

原告（追補：袁鋒）は、1984年7月より被告（追補：淮安郵政局）のもとで配達業務に従事し始めた。1986年1月に、原告と被告は2年間の期限を定めた配達委託代理契約を締結した。当該契約によれば、(1)被告は原告に短期の業務訓練を行ない、業務委託を徹底し、原告へ制服と労働保護用品を支給する、(2)被告は原告に、報酬金33元を毎月支払う、(3)作業中の事故等については原告が責任を負うことになっていた。

その後、3度にわたり委託代理協議書を締結し、原告は被告の配達業務に従事した。当該協議書によれば、(1)被告は原告に、新聞及び手紙の配達業

務の代理を委託し、被告は原告の作業量に基づき代理業務手続費の基準に照らして原告に代理業務手続を支払う、(2)原告は、被告の業務訓練、管理指導、監督検査及び審査を受ける、(3)原告が社会保険への加入を希望する場合、保険費は原告が自己解決することになっていた。

　原告は2004年3月頃より配達業務を放棄するようになったうえ、現地の労働行政部門へ仲裁を申請した。その申請内容は、1984年7月からこんにちまでの養老、医療、失業等の社会保険費用を、被告が補填することを求めるものであった。淮安市淮陰区労働争議仲裁委員会が仲裁に適さないことを理由に裁定により不受理としたため、原告は淮安市淮陰区人民法院へ提訴した。

第2項　一審の弁論と判決

　一審の弁論において原告が主張したことは、法廷に提出された証拠に基づけば、原告は委託代行員にすぎないが、勤務態度等に鑑みれば、原告と被告の関係は事実上の労使関係［労動関係］にあるという点である。かつ、内部管理や勤務評定に基づけば、それは労働契約の長期性及び安定性に類似し、労使関係と合致すると言える。したがって、被告には1984年7月からこんにちまでの養老、医療等の社会保険費用を支払う義務がある、というのである。

　これに対して被告が主張したことは、原告との関係はあくまで委託代理関係にすぎず、原告が被告の労働者［職工］であることを証明する証拠はないという点である。原告の作業量に基づいて支払ってきた金銭は給料ではなく、業務手続費であり、作業証［工作証］の支給も原告の業務展開の利便の為にすぎない。したがって、原告の社会保険費用を支払う義務はない、というのである。

　一審の判決は、原告と被告の間の委託代理関係は郵政法［中華人民共和国郵政法］が調整しているので、特別法は一般法に優先するという原則に基づいて、本件については郵政法および契約法［中華人民共和国合同法］の関連規定を適用すると構成し、双方の関係は契約関係に属するものであって、労使関

係にあると認定すべきでないと判断。原告の請求は法律の規定に合致していないので支持しない、とした。

第3項　原告の上訴理由と判決

原審の判決を不服として原告は上訴し、次のように上訴理由を述べた。

(1)原審は被告が提出した4つの委託代理協議書に基づいて両者の関係を委託代理関係にあると認定したが、これは誤りである。1986年の委託代理協議書は公証処が公証した委託代理配達契約であるが、その契約主体は淮陰県王興郷政府すなわち村政府及び被告となっており、原告を拘束しない。その他3つの協議書は、公証手続きを経ておらず、未締結のものであるから無効である。

(2)原審は被告が提出した財務資料に基づいて、両者の関係を委託代理関係にあると認定しているが、これも誤りである。当該資料において原告が取得した金銭の名称については確かに報酬金または業務手続費とされているが、これによって、両者の間に労使関係が成立しないとは言えない。被告が原告に支給した作業証、給料預金通帳及び優秀労働賞状等は、双方の間に労使関係が形成していたことを証明するに足りる。かつ、月ベースで原告が報酬を得ていたことは（追補：労使関係と区別される）労務関係のもつ臨時性、短期性及び一回性の特徴と区別できる。したがって、本件は労働法を優先適用して調整すべきである。

以上が原告の上訴理由であったが、二審の判決は原審を維持した。ただし、その判決理由は原告の上訴理由に十分に応えたものとは言い難い。長文であるが、判決理由を全文紹介しよう（下線は筆者が付した）。

　　労働契約は、労働者と使用組織［用人単位］が労使関係を確立し、双方の権利義務を明確にする取り決めであり、労働法が調整する。労使関係を構成する主な特徴は、労使関係を形成すれば、使用者が、労働者を管理する指揮的な地位に置かれ、双方に指揮命令と被指揮命令という隷

属関係が形成されるところにある。これは、民事法律関係の主体間がもつ平等性と相対的に区別できる。労働者は、使用組織の構成員になることによって、使用組織が提供する生産手段と結びつき、その労働過程において労働者と使用組織の間に労使関係を形成する。

　本件において双方が1986年に締結した委託代理配達契約は、上訴人袁鋒が「乙方配達人一覧」に本人の印鑑を押印している。当該契約の内容を見ると、権利義務も上訴人袁鋒に関するものであり、公証を経ている。その他3つの契約は確かに公証を経ていない。とはいえ、双方は、契約に基づき実際に履行し、完遂しているのである。したがって上訴人が契約をいずれも無効な契約であると主張することは事実でないし、法律上の根拠もない。

　淮安郵政局は、関連規定に基づいて新聞手紙を上訴人に委託して配達させた。同時に、委託代理協議書を締結して双方の権利義務を明らかにした。当該内容は、委託代理配達の特徴と合致している。また、「袁鋒は、被上訴人（追補：淮安郵政局）の業務訓練、管理指導、監督検査及び審査を積極的に受ける」と約定していた。この内容を見ると、双方に指揮命令と被指揮命令という隷属関係は形成されていなかったというべきであり、上訴人は、業務の中で被上訴人の指導、管理、監督を受けたにすぎない。被上訴人が袁鋒に支給した作業証、銀行に開設した賃金預金通帳番号、業務に対する表彰等は、上訴人の業務の展開、報酬金の受取り及び業務の推進の利便のためであり、双方に労使関係が存在したとは確認できないし、双方の委託代理配達の性質を変更するものでもない。

　一審が本件の事実に基づいて郵政法の関連規定に基づいて行なった判決は不当でない。上訴人の上訴理由は成立しないので支持しない。

　袁鋒事件の要点は、袁鋒と淮安郵政局との間に指揮命令関係という隷属関係の存在を認めるか否かである。そのため上訴審も労使関係に関する一般論を述べているのであるが、双方の法律関係は委託代理関係と合致しているの

で労使関係ではないと一蹴し、隷属関係は形成されていなかったとした。尚、袁鋒が、業務の中で淮安郵政局の指導、管理、監督を受けていたことが、被指揮命令でない理由を説明していない点については問題であろう。

表２：原告と被告の法律関係について

	開始	終了	根拠	期間
1	1984年7月	N/A	なし	3年間
2	1986年1月	1987年	配達委託代理契約	2年間
3	1988年	1999年	財務資料	12年間
4	1999年9月	2000年8月	委託代理契約	1年間
5	2000年	2002年	財務資料	2年間
6	2002年9月	2004年8月	委託代理協議書	1年間
7	2003年9月	2004年9月	委託代理協議書	1年間
			小計	約22年間

　原告と被告の間の法律関係を整理した表２を参照すると、それは長期にわたって指示を受けていたことを十分に推測させるものである。契約名称が労働契約でなかったからといって、隷属関係の存在を認めないとする論理を展開するならば、相応の理由を言明する必要があるのではなかろうか。

　表２から明らかなように、原告が自己の労働力を提供した期間すなわち、郵便配達業務に従事してきた期間は、約22年間という長期に及んでいる。この事実を前にすると、財務資料に原告が取得した金銭が報酬金又は業務手続費と明記してあるとしても、それが労使関係ではないという証明にはならないという説明が、十分な説得力をもつとは言い難い。むしろ、原告側が主張するように、被告が原告に支給した作業証、預金通帳、優秀作業員称号から、両者の間に労使関係が成立していたことが十分に証明できるという上訴理由の方に合理性が認められるように思われる。

　法律関係理論は合法な権利を保護することを論理とする理論であるので、原告が提供した労働力に見合う対価を合法なものとして保護する必要がある。そうであるにもかかわらず、人民法院が前述した論理によって原告の請求を棄却したのである。そうすると、被指揮命令ではないと判断できる法的論理が、法律関係理論から当然に導かれていたとみるべきである。つまり、この事件の争点は、別のところに存在していたのである。

第4項　袁鋒事件の隠れた争点

　この袁鋒事件をよくよく見直してみると、被告である淮安郵政局のある主張が表出していないことが分かる。その主張とは、一審の弁論で指摘したところの「原告は被告の労働者でない」という主張である。労働者ではないために、原告が問題の委託代理配達契約について、それを村政府と被告の間の取決めであって自分は無関係であると主張することを正当な理由として認めず、逆に原告の業務の完遂を理由にして契約の無効を認めなかったのである。

　仮に、契約の無効を認める場合、袁鋒には労働対価を求める正当な理由が生まれることになると同時に、その対となる権利客体と権利関係を構成しなければならないことになる。これは、委託代理契約に基づく金銭債権を、契約無効によって否定しているために、労働者ではない袁鋒に労働対価が存在することを認めることになる。このように無から有を生み出すような論理構成は、法律関係理論においてはあってはならないことであった。要するに、袁鋒事件の隠れた要点は、袁鋒が労働者ではないこと、すなわち原告袁鋒の出自こそが、被指揮命令でないと判断できる法的論理の原因だったのである。

　袁鋒は判決文の中でこそ「元淮安郵政局淮陰分局配達員」とされている。しかし、彼は淮陰県王興郷渠北村の農民である。労働仲裁は、労働者と使用組織の間の紛争について、当事者間の調停協議の不調に伴う次の段階として用意される手続きである。故に、労働者でない袁鋒の仲裁申請は、当然に不適当な申請ということになる。そして、養老等の社会保険制度について、現代中国においては一般に、農村と都市とで二元的に形成していた。故に、委託代理協議書の中で原告が社会保険への加入を希望する場合に、その保険費を原告が自己解決することも、当然の規定であった。

　さらに袁鋒は労働法の適用を訴えている。しかし、労働者と使用組織が労使関係を確立し、双方の権利義務を明確にする取決めである労働契約について労働法が適用できることは人民法院が説示するとおりであり、労働契約でない以上、袁鋒が労働法の適用を訴えても法律上の根拠は当然にない。

このように見てくると、袁鋒と淮安郵政局の間の権利関係は明らかである。一審および二審の判決が敢えて法文を解釈し、袁鋒の金銭債権を労働債権として再評価すべく法律関係理論の枠組を犯す行動を行なう必要はない。そして「労働権」を基礎とする法律関係理論においては、権利者の出自が権利関係に影響する場合があることを確認できる。これを身分的要素と一概に言うのは精確ではないかもしれないが、長期の就労にもかかわらずそれを事実上の労使関係として認定できない理由は、まさしく彼が労働者でなかったからである。

第5節　労使関係の変遷

袁鋒事件の検討からも明らかなように、現代中国法の労使関係には身分的要素を確認できる。最近では、国有企業をはじめとする公有制企業の従業員が、国家の職員労働者から労働力市場の労働者へと変化したという指摘や、企業経営者が一般労働者から財産（権）の代表者へと変化したといった指摘がある。(15)これは、労使関係が変化していることを表わすものである。とはいえ、これまでの変化では、労働者階級を構成する労働者の中で、「労働者」しか守られなかったところ、それが拡大してきたという捉え方を前提としていることになる。これは国家対個人の関係から整理できるものであり、個人対個人の関係から整理したものではなかった。

建国以後の労使関係に限定してその変化をあらためて確認しておくことにしたい。

第1項　建国直後の労使関係について

建国直後の労使関係は、まず工場管理委員会への権限集中とその強化から始まる。例えば、政務院財経委員会が1950年2月に公表した「工場管理委員会建設に関する指示［関於国営、公営工場建立工場管理委員会的指示］」は、次のように述べて工場管理委員会の重要性を説明している。

現在、全国の大部分の地域において解放戦争は既に終結しており、1950年の中心的な任務は生産の回復と発展である。この任務を達成するには、国営及び公営工場企業の中で、官僚資本統治時代の残滓である様々に不合理な制度を段階的に改革しなければならない。この改革の中心は工場管理委員会の設立にある。工場管理の民主化を実行し、労働者自身に自らが企業の主人であることを実感させ、その労働態度を改めさせ、その生産の積極性と創造性を発揮させなければならない。

　工場管理委員会建設に関する指示に見るように、現代中国法はその後、工場管理委員会による民主的な工場管理を重視する姿勢を打ち出してゆく。とはいえ、工場管理委員会は、工場長、党組織（企業党委員会委員長ほか）、工会組織（工会書記ほか）等の個から構成することが同時に規定してあったので、工場管理委員会への権限集中とその強化が進むにつれて、それぞれの位置づけを明確にする必要性に迫られることになる。

　そして、企業の主人であるはずの「労働者」は、工場長や党書記等と同列に置かれ、複数の主人の間の権利関係は不明なままであった。例えば、中国共産党中央委員会東北局が1951年5月に公表した「党の国営企業に対する指導に関する決議［関於党対国営企業領導的決議］」は、この必要性に迫られて作成したものである。

　　（一）工場・鉱山の生産行政業務においては、工場長責任制を実行する。工場長は国家経済機関が人員を派遣し、必要な生産手段及び資金を国家から取得し、生産行政業務に専ら責任を負い、管理する。工場長指導下の管理委員会は、現在実行している労働者［工人］が生産管理に参加する制度である。工場長は、管理委員会を必ず招集し、経済計画及びその実現に関する経過、管理制度、生産組織、人事、賃金福利等の重大問題を討議するとともに、自らの業務を従業員代表大会［職工代表大会］へ定期的に報告しなければならない。

（二）党は労働者階級が組織する最高の形式であり、独立した政治組織である。工場・鉱山における政治思想の指導に対して責任を完全に負い、工場・鉱山の生産行政業務に対して保証と監督の責任を負う。工場・鉱山の党委員会は、国家の法令、上級の経済機関の計画並びに上級の党委員会の指示に基づいて、党の思想指導を強化する方法を用いて、経済計画の実現を中心に思想を統一し、党・政府・工会・青年団の思想上及び行動上の一致を保証する。

（三）労働組合［工会］は、工場・鉱山における労働者階級の大衆組織であり、その主な業務は、党及び上級の労働組合の指導下で、職員労働者［職工］並びに大衆を教育し、組織し、労働者階級の意識及び技術水準を向上させ、新たな労働態度を樹立し、生産競争を組織することによって、国家計画の完成を保証することである。また、職員労働者の労働及び生活条件の改善に留意し、労働者階級の日常の利益を保護することである。

（四）青年団は、工場・鉱山における青年職員労働者の政治的且つ大衆的な組織であり、その主な業務は党及び上級の青年団委員会の指導下で団員に毛沢東思想の教育を行ない、団員と青年労働者の政治・文化・技術学習を組織し、スポーツ活動を展開し、生産競争に積極的に参加させ、意識及び技術を向上させ、健全な肉体を育てさせて十分に生産させることである。

党の国営企業に対する指導に関する決議に見るように、工場管理委員会内の個々の位置づけが明らかになるにつれて、工場管理の仕組みが成熟してゆく。工場長は、生産行政業務に対して専らの責任と管理をするものと位置づけられた。また、党は、生産行政業務に対して保証と監督の責任を負うものと位置づけられるようになった。ところが、これらの中の労使関係には労働者と相対する使用者の概念を確認できず、それは工場長等に取って代わられているのである（図12）。

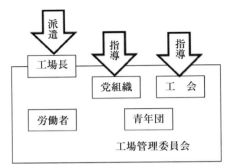

図 12：工場管理委員会と個人対個人の権利関係について

表 3：新旧国営工業企業工作条例の項目対照表

国営工業企業工作条例草案 1961年9月公布	国営工業企業条例修正草案 1965年7月公布
総則	総則
	第一章　党の企業に対する指導
第八章　党委員会指導下の工場長責任制	
第七章　責任制度	第二章　管理体制
	第三章　生産指導
第一章　計画管理	第四章　計画管理工作
第二章　技術管理	第五章　技術管理工作
第三章　労働管理	第六章　労働管理工作
第四章　賃金、奨励、生活福利	第七章　賃金、奨励、生活福利
第五章　経済計算及び財務管理	第八章　財務管理
第六章　協力	第九章　専門化、協力及び総合利用
	第十章　技術革新及び技術革命
	第十一章　社会主義競争
	第十二章　政治思想工作
	第十三章　幹部参加の肉体労働
	第十四章　幹部と工人の団結
	第十五章　幹部工作
第九章　工会及び職工代表大会	第十六章　職工代表大会及び工会
	第十七章　共産党青年団
	第十八章　民兵
	第十九章　党支部の建設
第十章　党の工作	第二十章　単位の建設、職工の養成

使用者不在の労使関係は、その後の工場管理委員会のあるべき姿をめぐる議論に発展した。すなわち、そこで議論されたことは、工場長責任制か、それとも党委員会責任制かのモデルの選択であり、その要点は、日常の工場管理を重視するか、それともその責任者である工場長の政治性を重視するかにあった。このことは、国営工業企業工作条例の変遷からも裏付けられる（表3）。

　ここでは党委員会指導下の工場長責任制に関する規定を検討しておこう。まず、国営工業企業工作条例草案は、その第八章で規定している。そこでは集団指導と個人責任を統合した制度を実行すると規定しながらも、企業内の下位に位置する作業場、その下部の職区、ならびに専門職機構において、それらの長を責任者とする責任制を実行してはならないとしている。また、重大な問題が発生したときは、企業党委員会がすべて関与して指示を与えることになっていた。故に、工場長麾下の各部門の長は、実際の活動の遂行に対して責任を負う立場にすぎない。まして使用者として位置づけ得るものでもなかった。

　次に、同総則において、企業党委員会は、一方で、工場長をはじめとする管理責任者の政治的属性に対する信用欠如を補填するための指導的役割を担い、他方で信用に足る政治的属性を取得させるための教育的役割を担う集団組織として志向されていることを見て取れる。該当する箇所を確認しておこう。

　　総　則
　六、中国共産党の企業内の組織は、企業工作の指導的核心である。

　　国営工業企業において党委員会指導下の行政管理上の工場長責任制を実行することが、わが国の企業管理の根本制度である。

　　国営工業企業内の党委員会は、企業の行政管理業務［工作］、政治思想工作［工作］、労働組合［工会］の業務［工作］、共産党青年団の業務［工作］、及び、企業内の生産、政治、文化面の大衆運動に対して、全面的で統一的な指導を実行する。企業内の一切の重大問題は、必ず党委員会の討論を経て決定しなければならない。

　　企業党委員会は、企業の職員労働者［職工］すべてを指導し、党によ

る仕事への意欲を十分に奮い立たせ、大いに意気込み常に高い目標を目指し、多く、早く、立派に、無駄なく建設する社会主義の総路線を徹底して執行し、党の方針及び政策を徹底して執行し、政治第一と物的奨励を結びつけて、大衆の積極性を動員する原則を実行し、科学を尊重して迷信を破り、思想を解放して、大衆の創造性を発揮する原則を実行し、国家計画を勝利のうちに、全面的に、それを超える形で完成させることを保証しなければならない。

　企業党委員会は、企業のなかで学習できるすべての職員労働者、とくに幹部を組織して、自ら進んで行なうことを基礎としたうえで、毛沢東同志の著作を真摯に学習させ、マルクス＝レーニン主義の理論を学習させなければならない。職員労働者すべてを継続して教育することで、彼らの政治思想の水準を高めなければならない。

　以上の法文に基づくと、当時の労使関係は図13のように予定されていたと言える。そこでは、使用者の概念は確認できない。企業党委員会か工場長が、その役割を代替していたことはわかるが、個人対個人の権利関係について、具体的に調整する法文を確認できない。

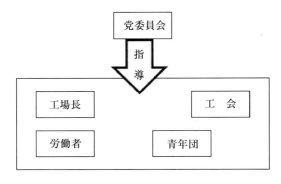

図13：使用者なき労使関係

第2項　80年代以降の労使関係について

　その後、中共中央弁公庁および国務院弁公庁が1984年5月に通知した「国営工業企業法草稿［国営工業企業法（草稿）］」から若干の変化が見られる。そこでは、工場長が前面に押し出され、場合によっては工場長が党委員会書記を兼任することも容認された。国営工業企業法草稿第四章は、工場長と党委員会の職責および権限を再定義している。

　第四十四条　工場長は、企業の生産経営及び行政管理業務に対して統一的に指導し、全面的に責任を負う。
　第四十五条　工場長は国家の委託を受けて、以下の職権を行使する。
　1. 企業の生産経営及び行政管理業務における重大な問題に対する決定権をもつ。
　2. 企業の生産経営及び行政管理業務に対して集中統一的に指揮する。
　3. 生産経営及び行政管理方面の規則制度の確立、修正及び廃止について決定又は建議を行なう。
　4. 副工場長等の工場レベルの幹部の任免リストを提出し、中間レベルの行政幹部を管理、審査、任免する。
　工場長は、生産経営及び行政管理業務における重大な問題を判断するとき、業務会議を開催して討論を行ない、意見を聴取しなければならない。
　第四十六条（略）
　第四十七条　企業党組織は政治思想方面における指導責任を負い、党グループ［党組］業務及び政治思想工作を統一指導し、生産経営及び行政管理業務に対して保証・監督の作用を発揮する。その職責及び権限は以下のとおりである。
　1. 党の路線、方針、政策及び国家の法律、法規の徹底執行を保証・監督し、企業の社会主義への方向性を堅持する。

2．副工場長等の工場レベルの幹部の任免リスト及び中間レベルの行政幹部の任免について意見及び建議を提出する。
　　3．党の建設を強化し、党員に対する教育と管理を徹底し、党支部の組織化の効果［戦闘要塞作用］と党員の前衛的で模範的な役割［先鋒模範作用］を発揮する。
　　4．職員労働者の政治思想工作に責任を負う。
　　5．労働組合［工会］、共産党青年団、民兵等の大衆組織及び従業員代表大会［職工代表大会］の業務を指導し、工場長と大衆組織の間の関係を協調する。
　　6．各級の指導幹部を監督する。

　ここから明らかなことは、第1に、企業党委員会が決定してきた問題の決定権ないし判断権を工場長へ移譲し、経済面における責任の所在を工場長に一元化したこと。同時に、党委員会は企業内における政治思想工作に対する責任を中心に、場合によっては工場長に助言するという形で両者を棲み分けさせたことである。第2に、党委員会書記に関する規定が見られなくなったことである。
　しかしながら、ここでも工場長に幹部の任免権を与えたにすぎず、解雇権を認めていないので、個人対個人の権利関係として評価できない。使用者不在の労使関係が変化するなかで、工場長が幹部の任免権という使用者の機能の一部を担うことになったことは、工場管理委員会等の組織体としての被用組織を労働者に相対させる枠組みが、個人対個人の権利関係に代替する権利関係として不変であったことの証左である。

第3項　「労使関係」の特殊性と労働法

　このように、現代中国法の「労使関係」は、労働者と使用者の間の法律関係でなく、労働者と被用組織すなわち使用組織との間の法律関係で調整されてきた。そこに「労働権」と対抗する使用者の解雇権は組み込まれず、それぞれの「労働権」を使用組織との間の法律関係で調整してきた。つまり、使

用組織がその意思表示として当該法律関係の解除を行なわない限り労働者との「労使関係」を解消できないし、労働者が辞職を願い出たとしても、それを以て「労使関係」が解消されるわけでもないのである。

国有企業改革に伴い社会へ大量に流出した失業労働者についても、失業を一時帰休［待業］と法文で規定したことは、国有企業の従業員が自らの作業場を失っても使用組織と法律関係が断たれないからであった。それは、国有企業改革の目標の実現と労働者の合法な権利を適当に配慮するやり方だったし、このような「労使関係」の特殊性からすれば、解雇の意思表示をし難い使用組織側の当然の義務であったとも言える。[16]

この特殊な「労使関係」を法文において一般化したのが、第8期全国人民代表大会常務委員会が1994年7月に採択した労働法、および労働部（現在の人力資源社会保障部）が1995年8月に公布した「労働法に関する若干意見［貫徹執行「中華人民共和国労働法」若干問題的意見］」である。労働法2条は次のようにさだめた。

> 第2条　中華人民共和国国内における企業、個人経済組織（以下、使用組織と統一して呼ぶ）及びそれと労使関係［労動関係］を形成する労働者［労動者］に、本法を適用する。
> 　国家機関、事業組織、社会団体及びそれと労使関係を確立する労働者は、本法に照らして執行する。

労働法に関する若干意見は、同条を次のように補足説明している。

一、適用範囲
1. 労働法2条の「個人経済組織」とは、雇用者が7人以下の個人事業者をいう。
2. 中国国内の企業、個人経済組織と労働者の間で労使関係を形成しさえすれば、労働者は事実上、企業乃至個人経済組織の構成員となり、

それに有償労働を提供すれば、労働法を適用する。

　3．国家機関、事業組織、社会団体が労働契約制度を実行する場合、及び、規定に基づいて労働契約制度を実行しなければならない勤務人員、企業化管理を実行する事業組織の人員、労働契約を通じて国家機関、事業組織、社会団体と労使関係を確立するその他の労働者に、労働法を適用する。

　4．公務員及び公務員制度を実行する事業組織並びに社会団体の従業員、及び農村労働者（郷鎮企業の従業員［職工］及び出稼ぎ就業者、商売をする農民を除く）、現役軍人、家庭内保母等には、労働法を適用しない。

　5．中国国内の企業、個人経済組織は、労働法において使用組織となる。国家機関、事業組織、社会団体及びそれと労働契約関係を確立する労働者は、労働法に照らして執行する。労働法の当該規定に基づいて、国家機関、事業組織、社会団体を使用組織とみなさなければならない。

　以上の規定から、現代中国法は使用組織を定義したと言える。すなわち、「労使関係」における使用組織とは、まず①企業である。この企業は、全人民所有制企業、集団所有制企業および私営企業を含む。個人経済組織は、7人以下の雇用者をもつ個人事業者であり、8人以上は私営企業となる[17]。次に、②個人経済組織である。民法通則［中華人民共和国民法通則］26条は、公民が法律の認める範囲内で許可を経て登記し、工商業経営に従事するときに、個人事業者にすると規定する。それ故に、公民個人とは別の人格で個人経済組織が想定してあると考えられる。そして③国家機関、④事業組織、⑤社会団体である。

　労働者を指揮命令する主体について、現代中国法は以上５つの分類に属するものしか認めていない。そしてこれら５つの分類はいずれも組織であり、個人ではない。そうすると、組織の意思表示は、個人のそれに比べて比較的認定し難いので、労働契約といった契約書の名称が重要な判断基準になり易くなると言える。袁鋒事件において人民法院が契約書の名称をもって一蹴したことも、このような背景が影響したのかもしれない。

尚、労働者については当時定義づけされなかった。つまり、元々労働者とされてきた個人の権利保護が労働法に基づき取り扱われたにすぎなかった。しかし、現在までに出稼ぎ農民〔農民工〕や外国人労働者等の権利保護の問題が取り扱われるようになっている。この点については後に検討する。

第6節　本章のまとめ

　本章においては、現代中国法における「労働権」の形成過程を検討した。まずその前提として、現代中国法におけるソ連法の影響を確認した。そこでは、労働債権について、ソ連法の論理を司法の解釈で展開したことを確認したし、民事訴訟において職権主義的な設計を強めていったことを確認した。そして、このような中で「労働権」が侵害される場合、その保護は権利主体の事情にかかわらず、法に委ねることが肯定されていた。
　次に、「労働権」を保護する法的論理を理論化した法律関係理論の限界を確認し、それがこんにちでも維持されていることを確認した。法律関係理論の限界は、違法な権利者同士の間の処理に法が介入しないとする点および合法な権利者について法が絶対的に保護することにある。そのため、個人対個人の二当事者間の権利関係においても、第三者が加わる三当事者間の権利関係においても、法による保護の可否は、合法性の存否にかかっている。最近の議論においても、このような限界は再認識されているが、法律関係理論と異なる別の理論に照らして法解釈を通じて処理する必要は、現在のところ認められない。
　以上をふまえて「労働権」の形成過程を論理的に見ていくと、私有不動産改造意見の立法が重要である。同意見は、労働しない自由を奪い取り、働くしかない労働権を確立させた。このような「労働権」は、少なくとも日本法の定める労働権と一部で重複するだけであり、同一の権利論のうえで論じることは難しい。
　そして、袁鋒事件を題材に現代中国における「労働権」の法による保護を

見ると、そこでは原告が農民であるという隠れた争点が、法的保護の可否における基準として確認できる。また、労働法によって法文上も一般化された使用者不在の「労使関係」という法律関係が、当事者間の契約の名称等の形式的な事実のみで法的保護の可否を判断させる傾向をもつことを確認できる。

要するに、現代中国法における「労働権」は労働者という身分を反映し、労働という本質から合法な権利を調整する一方で、その「労使関係」においては労働者に相対する主体として使用組織を置くことによって、使用者の雇用権等に代替させてきた。これは中華人民共和国が成立して以降、基本的には現在まで変わらない論理である。

「労働権」を枢要とする法律関係理論は、この「労働権」と「労使関係」が前提だったからこそ展開できたのであり、それは、個人対個人の権利関係を不必要とする特殊性を備えていたと言える。

〔主要文献〕
浅井敦『現代中国法の理論』東京大学出版会、1973 年
王衛国『中国土地権利研究』中国政法大学出版社、1997 年
王建国『列寧司法思想研究』法律出版社、2009 年
川島武宜『所有権法の理論』岩波書店、1949 年
夏勇『中国民権哲学』三聯書店、2004 年
関壊「論我国公民的労働権」『政法研究』4 号、1959 年
喬暁陽主編『中南海法制講座十四講』中共中央文献出版社、2007 年
小口彦太「ルビコンを渡った中国法―物権法制定をめぐって―」『比較法学』42 巻 1 号、2008 年
常凱主編『労働関係学』中国労動社会保障出版社、2005 年
孫国華『中国特色社会主義法律体系研究：概念、理論、結構』中国民主法制出版社、2009 年
田中信行＝渠涛編集『物権法を考える』商事法務、2008 年
谷口知平『ソヴィエト民法の理論：ストゥチュカ民法理論の概観』当代共同組合出版部、1950 年
中央政法幹部学校民法教研室編『中華人民共和国民法基本問題』法制出版社、1958 年

中央檔案館＝中共中央文件研究室編『中共中央文件選集　1949 年 10 月―1966 年 5 月』人民出版社、2013 年
中華全国総工会政策研究室編『全国企業領導制度歴史文献』経済管理出版社、1986 年
鄭功成『中国社会保障 30 年』人民出版社、2008 年
兵藤釗『日本における労資関係の展開』東京大学出版会、1971 年
森下敏男「社会主義的法治国家論の検討（上）（下）：ペレストロイカと法」『神戸法学雑誌』第 38 巻第 3 号・第 4 号、1988 年・1989 年
―――『ポスト社会主義社会における私的所有の復活』多賀出版、1997 年
楊宜勇＝楊河清＝張琪主編『回顧与展望：中国労動人事社会保障 30 年』中国労動社会保障出版社、2008 年
李金華『当代中国法律本質理論的歴史邏輯』法律出版社、2008 年
劉俊『中国土地法理論研究』法律出版社、2006 年
廖中洪『中国民事訴訟程序制度研究』中国検察出版社、2004 年

【注】

（1）夏勇『中国民権哲学』三聯書店、2004 年、195 頁参照。
（2）森下敏男「社会主義的法治国家論の検討（上）：ペレストロイカと法」『神戸法学雑誌』第 38 巻第 3 号、1988 年、528 頁参照。
（3）『中央政法公報』第 2 期、1949 年、29 頁参照。
（4）『中央政法公報』第 11 期、1950 年、48 頁参照。
（5）『中央政法公報』第 21 期、1950 年、47 頁参照。
（6）小口彦太「中国契約法における危険負担、違約責任及び契約解除の関係について」『比較法学』第 44 巻第 2 号、2010 年、1-24 頁所収。
（7）李国華「論建国后我国城市私有出租房屋的社会主義改造」『党史文苑』2004 年第 12 期参照。
（8）中央檔案館＝中共中央文件研究室編『中共中央文件選集　1949 年 10 月―1966 年 5 月』22 巻、2013 年、98-99 頁。
（9）法律法規庫等の電子データベースや各地の檔案館が保管する私有不動産改造意見を含む関連檔案を閲覧すれば、同意見に各地の調査報告書の概要が添付されていたことを確認できる。
（10）論理的に言うと、労働者が所有する不動産も公有化の対象になるはずである。しかし、この点についても同意見は言及しなかった。
（11）浅井敦『現代中国法の理論』東京大学出版会、1973 年、291 頁参照。
（12）日本国憲法は、社会権的人権の中で生存権（同 25 条）を筆頭に位置づけている。

この生存権を具体化する手段として、教育権（同26条）、労働権（同27条）および所有権（同29条）を規定している。
(13) 82年憲法は、公民の基本的な権利及び義務の中で、労働する権利及び義務（同42条）、教育を受ける権利及び義務（同46条）を規定する。
(14) 国家法官学院＝中国人民大学法学院編『中国審判案例要覧：2006年民事審判案例巻』中国人民大学出版社＝人民法院出版社、2007年、530-534頁所収。
(15) 楊宜勇＝楊河清＝張琪主編『回顧与展望：中国労働人事社会保障30年』中国労動社会保障出版社、2008年、347頁参照。
(16) 鄭功成『中国社会保障30年』人民出版社2008年、261頁参照。
(17) 中華人民共和国私営企業暫行条例2条、6条参照。

第3章 「労働権」と労働契約、労働者

第1節 労働契約制度の変遷

　「労働権」を基礎とする法律関係理論は、「労使関係」によって個人対個人の権利関係を調整していくことになる。この「労働権」は、労働という本質から合法な権利を形成していくので、そこで締結される労働契約の名宛人である労働者が、唯一の権利主体であるように思われがちである。

　確かに現代中国法が規定する「労使関係」は、労働者と使用組織が締結する労働契約［労動合同］に集約できる(1)。個人対個人でなく、個人対組織体であるところに大きな特徴をもつ。そして、この労働契約の変遷は、この労働者という身分的要素を維持強化する法文の展開として確認できる。

　しかしその一方で、昨今の通説的な見解は、これを使用者概念の復活として評価する(2)。使用者概念が復活すると、そこには労働者対使用者という私たちにも分かり易い対立構造、すなわち労使関係を前提に論じられることになる。

　果たして本当にそうなのか。また仮に「労使関係」から労使関係へ転換したとすれば、この転換の背後にどのような原因が存在したのか。

第1項　建国前の労働契約制度(3)

　労働契約に関する規定は、中国ソビエト区代表大会が1930年3月に制定したソビエト区労働保護法［中国蘇維埃区労動保護法］36条より確認できる(4)。当該規定は、労働者にとって不利な労働契約の解除を、労働組合［工会］が要求できると規定しただけであった。労働契約に関する具体的な内容が見られるようになるのは、翌年1931年11月に制定された中華ソビエト共和国労働法［中華蘇維埃共和国労動法］からである(5)。

中華ソビエト共和国労働法は、労働時間、賃金、女子労働者ならびに年少労働者および労働者の雇用方法、安全および衛生、社会保険、労働組合および労働保護、労働基準法の実施、および工場の検査に関する規定をもつ。以上の8章63条から構成された第一次中華ソビエト共和国労働法草案［第一次中華蘇維埃共和国労働法草案］を元に、中華ソビエト共和国労働法は制定されたとされる(6)。

　中華ソビエト共和国労働法4条は、いかなる労働協約［集体合同］および労働契約であろうと、同法が規定する条件よりも劣悪なものは無効であるとした。そして労働契約については次のように規定した。

> 第10条　労働協約は、職員労働者会［職工会］の代表労働者及び職員［職員］を一方とし、雇主を他方として締結する集団条約［集体条約］である。当該労働協約が規定する企業、機関、家庭及び私人雇主は、雇用労働者の労働条件について規定し、将来の被用者個人と雇主の間で締結する労働契約の内容を規定する。
> 第11条　労働協約の条件は、当該企業又は機関内のすべての就業員についてのものであり、職員労働者会に加入しているか否かにかかわらず効力が発生する。
> 第12条　労働部による登録を経た労働協約は、双方の締結した日か、又は、契約で規定する日より効力が発生する。
> 第13条　労働契約は、1人又は幾人かの労働者と雇主が締結する協定である。労働契約の条件が労働法、現行の労働法令及び労働協約の条件と比べて劣悪な場合、いずれも効力は発生しない。期限付きの労働協約及び労働契約の有効期間は1年を超えてはならない。労働組合は、契約が満了する前に契約の取消しを要求できる。

　以上の規定から明らかなように、労働契約は、労働者と雇主の間で締結する法律関係である。そして、その最低限の基準については、労働部の登録を経

た労働協約と労働法令が調整することになっており、労働者と雇主の間で自由に締結することを容認してはいなかった。留意すべきは、労働協約（11条）と労働契約の関係である。すなわち、労働協約はすべての就業者に適用するとされた一方で、労働契約は労働者のみに適用するとされている。それはなぜか。

　論理的に言えば、労働者が雇主と締結する労働契約は、労働協約が規定する条件を最低条件として必ず充足しなければならないので、労働契約の内容は、この最低条件を超える可能性しか法は認めないということになる。その一方で、労働契約を締結しないで就労する労働者の存在を否定したものではないので、そこには労働契約を所持する労働者と所持しない労働者が併存することになる。労働協約の条件は、その企業または機関のすべての就業者に適用されるので、労働契約を所持しない労働者は、労働協約によって調整することになる。言い換えれば、すべての就業者の中から、労働契約を所持する労働者だけを優遇したと言える。そして、この労働者が、現代中国法の規定する「労働権」の名宛人になっていく。

第2項　建国直後の労働契約制度

　中華人民共和国が成立した後、中華全国総工会が1949年11月に労資関係暫定処理弁法［労資関係暫行処理弁法］を公布した[7]。労資関係暫定処理弁法2条は、同弁法の対象を一切の私営商工企業と規定し、労働契約については次のように規定した。

> 第3条　私営企業主（以下、資本家側とよぶ）と被用者である労働者［工人］、職員、店員、学徒及び事務員（以下労働者側とよぶ）の間の関係で、凡そ本弁法が規定していないものは、労資双方が協議し、労働協約又は労働契約を締結してこれを規定できる。但し、労働協約又は労働契約は、本弁法の内容と抵触してはならない。
> 注：労働協約とは、労資双方の権利義務にかかわる一定の期間を規定する書面契約である。同一業界の労資双方において同一業界又は産業

全体の労働協約も締結できるし、一工場内の労資双方が単独の労働協約も締結できる。労働契約は、一工場企業内の一部の労働者又は一労働者と資本家側との具体的な労働条件を規定する契約である。

第4条　労働者側は労働組合及び一切の政治社会活動に参加する自由と権利を有し、資本家側は制限してはならない。労働者側は、被用及び解約の自由を有し、資本家側は労働者側の被用を脅迫してはならない。労働者側が中途退職するときで、労働協約乃至労働契約上に規定を有する場合、規定に基づき処理する。規定がない場合は、辞職する5日前までに、資本家側へ通知しなければならない。

第6条　資本家側は、生産上又は業務上の必要の為に、労働者及び職員を雇用及び解雇する権利を有する。資本家側が労働者及び職員を解雇する場合で、労働協約及び労働契約上の規定があるときは、その規定に基づき処理する。規定がないときは、解雇する10日前までに、労働者側へ通知し、併せて労働者側に若干の解雇費を支給しなければならない。解雇費の金額は、工場企業の営業状況と職員労働者の当該企業における就業時間の長短に基づき定めるが、半月分の実質賃金を下回ってはならないし、3ヶ月分の実質賃金を上回ってもならない。但し、季節労働者［季節工］、臨時労働者［臨時工］及び労働者職員の過失によって解雇する場合はこの例に当たらない。

以上の規定から明らかなように、労働者とされた個人は労働者、職員、店員、学徒および事務員であり、季節労働者や臨時労働者は含まれていない。このことは、解雇に伴う解雇費の支給金額に関する法文から確認できる。彼らは労働者とされなかった。また、労資関係暫定処理弁法では、私たちが用いるところの労使関係が前提とされていた。すなわち、労働者と使用者の法律関係を前提としていたのである。

ただし、中華全国総工会が労資関係暫定処理弁法と同時に公布した労働協約の締結に関する暫定弁法［関於私営工商企業労資双方訂立集体合同的暫行弁法］

4条および5条が、労働協約の効力発生について、労働部による承認や記録を必要と規定した点は注目されてよい。国家機関が何らかの形で関与して認めなければ、法による保護が開始されないということは、当事者間の合意をまず優先する意思自治の考え方を否定していると言えるからである。

> 第4条　労働協約はそれを締結し、現地の人民政府の労働局が承認した後に、その有効期間内において当該契約を締結する各産業及び業界に適用する。双方全員が遵守し、執行しなければならない。
> 第5条　契約期間が満了した後に、双方が引き続きその執行を望む場合、双方が推挙する代表者が契約延長協定を締結でき、労働局が記録した後に有効期限を延長する。有効期間内に、労資のいずれかが特別な理由から修正又は廃止の意見を提出するときは、双方が推挙する代表が協議して解決する。意見の一致を見ないときは、調停又は仲裁を労働局へ申請して解決できる。

第3項　労働契約の応用

既に確認したように、臨時労働者は労働者ではなかった。労使関係として見るとき、使用者は、生産調整に応じて投入する労働量を適正にできること、または、被用者に対する諸手当を適正にすることが、経営上重要な指標となる。例えば、「合理的な低賃金制」の導入であろうと「三人分の食事で五人が食べる」ことを実施しようと、根本の問題は人件費の抑制であった。

そうすると、労働者ほどには法による保護を受けない臨時労働者や季節労働者は、使用者にとって生産調整に対応し易い労働力として注目されるようになる。そこで法文によって立法されたのは、労働契約の締結を通じてその契約期間中のみ労働者扱いするという方法であった。国務院が1957年12月に公布した農村から採用する臨時労働者に関する暫定規定［関於各単位従農村中招用臨時工的暫行規定］は、その例である（下線は筆者が付記した）。尚、下記

の法文に現れる労働部門のように、「○○部門」と規定される場合が現代中国法では散見できる。例えば、下記の労働部門の場合、中央政府内の労働部（現、人力資源社会保障部）を頂点とするヒエラルヒーの中の、各レベルの地方政府内の労働行政を所管する組織全般を基本的には指している。

　一、企業、事業、機関、部隊、団体及び学校等の組織（以下、各組織とする）が必要とする臨時労働者は、まず、当該組織の余剰人員の中から調整して解決する。十分に調整できないときは、国家が承認する労働計画に基づいて四半期毎に必要な臨時労働者の計画を作成し、所在地の省、自治区及び直轄市の人民委員会に報告し、承認を得た後に、地方の労働部門［労動部門］が、現地（補：都市部）のその他の組織の余剰人員の中から調整して解決する。現地の余剰人員で十分に調整できないときは、労働部門が手配して採用できる。採用する臨時労働者は、できる限り現地の都市部で調整しなければならない。足りないときは農村から採用できる。仮に、現地の農村で調整任務を完成できず、隣接する省（又は区）近くから調整するのが適当なときは、労働部に報告し、労働部が関係する省（又は区）の人民委員会に通知して、その所属する組織の労働部門が手配して調整できる。

　　応急修理、応急対策等の緊急事態に直面して必要な臨時労働者は、関係組織が現地の人民委員会へ直接申請し、先行して採用することを認める。但し、事後に承認手続きを経なければならない。

　二、各組織が臨時労働者を農村から採用するときは、現地の労働部門の紹介状を持参しなければならない。そして、県又は郷の人民委員会の指導の下で、農業生産合作社と協議して採用する。郷の人民委員会の同意を経なければ、農民を採用してはならない。

　三、各組織が採用するときは、事実に基づいて必要な臨時労働者の習得技術、従事する業務内容、場所、従事する期間、生活環境及び賃金福利等の状況を、郷の人民委員会、農業社及び出稼ぎ労働する社員に説

明しなければならない。郷の人民委員会及び農業社は調整用任務を積極的に完成させなければならない。

四、各組織が労働計画に基づき農村から労働者［工人］を長期に採用するときは、上述する一、二、三の原則及び手順並びに手続きに照らして処理しなければならない。

五、<u>各組織が農業社から臨時労働者を採用するときは、農業社及び出稼ぎ労働する社員と一緒に労働契約を締結する</u>。労働契約には、臨時労働者の職務、期間、賃金福利及び農業社が規定する出稼ぎ労働者の社員と農業社の経済関係並びに三者のその他の権利義務等を記載しなければならない。契約を引き続き締結するか、又は、期間満了前に契約を解除する手続きについては、契約の中に記載する。契約を締結した後は、三者がいずれも厳格に遵守しなければならない。<u>契約書の様式</u>は、労働部が制定して公表する。

六、農業社の社員が外出して臨時労働者となる期間における農業社との経済関係は、農業社と出稼ぎ労働する社員の両方に利があるという原則及び出稼ぎ労働する社員の労働積極性を高めるのに有利であるという精神に基づき社内の民主的討論によって確定する。

七、各組織は勝手に農村から採用してはならないし、都市へ盲目的に流入する農民を勝手に登用してはならない。農業社及び農村の機関並びに団体も、農民を勝手に紹介し、又は、都市及び鉱工業地区において仕事を探してはならない。

八、本規定は、各級の監察部門及び労働部門がその執行を監督する。

九、本規定は公布する日より実行する。各省、自治区及び直轄市の人民委員会は、本規定に基づき実施弁法を制定し、当該省、区及び市の範囲内において統一執行する。

上記の法文から明らかなように、「各組織」とは企業、事業、機関、部隊、団体、学校等である。よって、ここにいう労働契約の締結主体の一方は使用

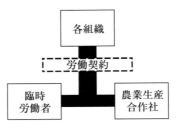

図14：臨時労働者をめぐる「労使関係」

組織であると言える。ただし、この労働契約は、臨時労働者の供給元である農業社ならびに農民および「各組織」の三者間の法律関係として規定されている。

　以上の法律関係をまとめると、次の図が得られる（図14）。この意味するところは、農民を臨時労働者として用いる際においても、彼・彼女らを一個の労働者として扱わなかったことにある。

　臨時労働者をめぐる「労使関係」のその後の展開は、労働者階級と農民階級を厳格に区別するものであった。ここでは、国務院が1962年10月に公布した国営企業の臨時職員労働者の使用に関する暫定規定［関於国営企業使用臨時職工的暫行規定］を、その例として紹介しておくことにする。

> 七、臨時職員労働者を採用する組織は、職員労働者又は職員労働者が所在する組織（補：合作社、公社、生産隊）と労働契約を締結する。労働契約の主な内容は、従事する任務、期間及び賃金・福利の待遇等を含まなければならない。季節的な臨時職員労働者については、業務が終了するときに、その基本的な組織集団を安定させる為に、予備契約を締結できる。その他の臨時職員労働者については、労働契約期間が満了したときに、速やかに辞職する。国営企業の間で臨時労働者を出向させるときは、出向契約を締結する。企業は、職員労働者又は職員労働者が所在する組織と労働契約を締結し、現地の労働部門に報告して記録する。労働部門は双方の契約執行の責任を監督する。

ここから明らかなように、労働契約の締結主体の双方が使用組織になっている。精確に言えば、一方の使用組織が国営企業で、他方の使用組織が合作社、公社または生産隊ということになる。言い換えれば、農民が締結主体から消えているのである。「労使関係」を集約する労働契約は、あくまで労働者対使用組織の法律関係を調整するものであり、このような労働契約を応用するにあたっても、この原則を維持したことが分かる。ここに、農民はあくまで農民であるという身分的影響を見て取れる。

　因みに、労働契約の締結によって、一時的に労働者として取り扱われる個人を労働者に転換することについて現代中国法が否定的であったことは、統計方針からも確認できる。例えば、1960年1月に、国家計画委員会、労働部および国家統計局が共同公布した職員労働者の範囲に関する説明［対職工人数範囲的説明］(12)は、このことを明らかにしている。

　同説明によれば、職員労働者とは、全人民所有制企業、事業ならびに機関で仕事をし、国家が賃金を支払うすべての人員とされた。そして企業生産に参加する軍需産業、各鉄道兵団、軍隊が開墾した農場の軍籍人員および建設事業のために農村人民公社に動員させる勤労な農民労働者［民工］等の7つの分類の人員は含まないと言明していた。

第4項　80年代以降の労働契約制度

　改革開放を打ち出した現代中国は、実際上その社会に国外からの使用者を受け入れざるを得なくなった。それは「労働権」の保障という意味では雇用の創出等が見込めるため歓迎できる一方で、「労使関係」を集約する労働契約にとっては様々な問題を抱えることになる。

　国家が計画に基づき労働力を完全に分配する計画経済の社会においても、現代中国に私的自治という私法の考え方は存在しなかった(13)。市場原理の導入は、私的自治を前提とするので、それは契約締結の自由が求められることになる。そうすると、論理的には農民にも労働契約の締結を認めなければならなくなるが、「労使関係」を維持してきた当時の現代中国法にとって、これ

は極めて重大な判断を迫るものであった。

　そこで法文によって立法されたのは、「労働権」の保護という一見すると正当に見える目的で、国家機関による関与を前提とする建国当初の方法の復活であった。すなわち、論理的整合性を担保でき、かつ、労働契約を自由に締結させない為に、「労働権」の保護を名目に、国家が締結される労働契約を審査評定する手続きを設定し、これを法律関係理論によって根拠づけたのである。

　労働部が1992年10月に公布した労働契約審査評定実施弁法［労動合同監証実施弁法］[14]は、その例である。労働契約審査評定実施弁法は、労働契約の審査評定を労働行政部門の業務であると規定し、これを雇う側と雇われる側の間に「労使関係」が書面上も実際上も存在することを検査監督する正当な業務であるかのように対外的に言明した。

> 第2条　労働契約の審査評定は、労働行政部門が労働契約の真実性及び合法性を法に基づき審査し、証明する行政監督乃至サービス措置の一つである。
> 第3条　労働行政部門は労働契約の審査評定機関である。各級の労働行政部門は専門人員を配置し、労働契約の審査評定業務に責任を負う。労働契約の審査評定に係わる具体的な業務は、契約締結地又は契約履行地の労働行政部門が請け負う。
> 第4条　本弁法にいう労働契約には以下のものを含む。
> 　（一）全人民所有制組織又は集団所有制企業組織で、都市及び農村から採用した労働契約労働者又は臨時労働者が締結する労働契約。
> 　（二）労働契約制を実行する企業組織と企業の職員労働者が締結する労働契約。
> 　（三）私営企業の雇主が採用する被用者又は個人事業者が採用するアシスタント［助手］が締結する労働契約。
> 　（四）外商投資企業と職員労働者が締結する労働契約。
> 　（五）当事者双方の協議合意を経て変更するか、又は、継続締結する

労働契約。

（六）その他の労働契約。

ここでは、労働契約を締結した個人を、労働者として扱う反面、労働者と使用者の間で自由に締結することを自制させるために、行政による審査評定を組み込んでいることを見て取れる。この論理は、建国直後の労働契約制度を支えたものであることは明らかであり、事実上の使用者と、建て前としての使用者なき「労使関係」という矛盾する要素の併存を、法的問題として抱えることになった。

第5項　小括

労働契約の変遷から確認できることは、建国前の労働契約制度から一貫して労働者優位の立法を行なってきたことである。建国の前後こそ労資関係を前提とした労使関係に対応していたが、「労働権」の確立に伴って、使用者なき「労使関係」へと変化していった。人件費の抑制の問題から本来の労働契約を応用した法文も確認できるが、そこでも労働者優位は維持されていたし、使用者概念が復活することはなかった。

この意味で、労働契約審査評定実施弁法の立法は、新たな法的問題を生むものであった。労働契約に対する審査評定の過程を設置したことは、労働者優位の確認であり、かつ、労働者以外の農民等が、自由に労働契約を締結することによる社会的混乱を回避する対策であったほか、事実上存在する使用者を、法律関係に取り込むという矛盾をも承認せざるを得なかったからである。

もっとも80年代以降の門戸開放すなわち国外からの使用者等の入国は、「労使関係」から労使関係への改善を求めることが予想されたし、その中で「労働権」の転換を実現する可能性がなかったわけでもない。同時に、この転換が、法律関係理論に基づいて構築できる可能性も十分にあったのである。言い換えれば、当時の状態は、どちらの方向にも進み易く、現代中国法の基本構造さえも総入れ替えできる可能性が大きかったと思われる。

第2節　転換期の労働者

第1項　労働者性と改革開放政策

　労働契約制度の変遷は、「労働権」を享受できる労働者の身分すなわち、労働者性に対して「労使関係」に基づく規制を加えてきた歴史であった。これが転換を迎えたのは、豊かさを求めて改革開放政策が現代中国の方針として打ち出されてからである。

　労働者性という規制を廃止することは、既存の「労使関係」に基づく社会の枠組みを崩し、社会混乱をもたらす可能性もあるが、働く個人の労働意欲を高めるという意味で、労働者にインセンティブを与え、社会発展を促進する可能性もある。先に紹介した袁鋒事件の原告袁鋒もその当時を生きた人物であり、希望をもって働いていただろうことは想像に難くない。

　このようにどちらに転んでもおかしくない状況のなかで、労働者性の規制廃止の動きは経済特区から始まった。

第2項　規制緩和か、規制廃止か

　法文から確認できる規制廃止の試みは、深圳市経済特区の試みからである。深圳市労働局は、1993年5月に、幹部及び労働者身分の限界を廃止して労働契約制の実行における若干の問題に関する意見［関於企業取消幹部、工人身份界限，実行全員労動合同制若干問題的意見］を公布した。当該意見は、同年7月に労働部弁公庁が参考として全国へ通知するに至っている。[15] 当該意見の特徴は、幹部と労働者の身分を廃止する代わりに、企業従業員［企業員工］という包括的な権利主体概念を新しく打ち出したところにある。

　やや長文となるが、極めて大きな論理的転換を試みた内容であるので、当該意見の全文を確認しておくことにしよう（下線は筆者が付記した）。

第3章 「労働権」と労働契約、労働者

深圳市人民政府より

「深圳経済特区における『全人民所有制工業企業経営メカニズム転換条例［全人民所有制工業企業転換企業経営機制条例］』の貫徹実施弁法」24条の規定を徹底する為に、企業内部の幹部及び労働者の身分の境界を取り消し、全員労働契約制の実行における若干の問題について、実施意見を提出する。

一、実施範囲及び対象

　企業において労働人事制度改革の深化及び経営メカニズム転換の必要に基づき実施する主な範囲には、以下のものを含む。

　（一）市並びに区所属の、及び、中央、各省並びに市所属のもので、深圳に所在する全人民所有制企業。

　（二）集団所有制企業及び国内の連携企業並びに外資企業。

　（三）株式制企業及び私営企業並びにその他の企業。

　上述した企業に現在所属する職員労働者（幹部、正式労働者［固定工］、契約労働者、<u>臨時労働者［臨時工］</u>を含む）及び新規に採用する職員労働者（深圳市外で調達する幹部及び正式労働者、企業が受け入れる卒業生、退役幹部並びに退役軍人等を含む）における身分の制限を打破し、企業従業員［企業員工］と総称する。企業と企業従業員は<u>平等且つ自発的に</u>、<u>協議の一致を元にして労働契約を締結</u>し、労使関係を確立し、全員労働契約制を実行する。

　機関及び事業組織の正式労働者、契約労働者及び臨時労働者については、本意見を参照して執行する。

二、企業従業員の採用原則及び労働契約の締結方法

　（一）企業は、生産経営の実際の必要に基づき効率的な統廃合及び労働力の合理的配分の原則に照らして企業従業員を採用する。雇用する企業従業員に必要な条件及び採用の方法については、企業が関係する規定及び職位職責に基づき具体的に確定する。

　（二）凡そ採用して就職する企業従業員は、<u>企業の法定代表者が企業を代表するか、又は、委託書によって<u>委託を受けた代表</u>及び<u>企業従

業員が労働契約を締結する。

　企業の<u>工場長</u>、<u>経理</u>及び<u>董事長</u>並びに同等の職位の<u>党グループ［党組］の専門責任者</u>は、幹部の管理権限及び同弁法に基づき招聘し、任期中の目標責任書又は董事長責任書への署名という方法を採用するので、労働契約を締結しない。

　（三）企業と労働契約を締結している元々の企業従業員については、契約期限内は原契約を原則履行する。仮に企業が企業従業員の職場を調整する必要がある場合は、<u>双方で協議して原契約の変更に同意できる。</u>

　（四）企業と企業従業員が締結する労働契約は、定期又は不定期、あるいは一定の業務の完成を期限とするいずれかの方法を採用でき、具体的な期限は、<u>企業と企業従業員が協議して確定する。</u>

　（五）企業と労働契約の締結を望まない企業従業員で、例えば元正式職員［原固定職員］又は正式労働者であれば、6ヶ月以内に企業を離職し、職場転換手続きを処理するか、又は、企業を辞職できる。原契約労働者又は臨時労働者であれば、退職できる。

四、適切に処理すべき若干の問題

　（一）企業が採用していない元正式職員又は正式労働者は、以下の方法及びルートに基づき適切に職をあてがわなければならならい。

　　1．多様な職業訓練を組織して職場を異動するか、又は、再就業する為の条件を作り出すこと。

　　2．第三次産業を振興し、新しい就業ルートを切り開いて職をあてがうこと。

　　3．グループ及び総公司内において配置転換して解決すること。

　　4．上述する方法による配置転換が困難で、本人が起業できないときは、市又は区の労働部門及び人事部門が開設する各種の職業紹介機構へ登録し、就業の紹介及び推薦を行なうこと。

　（二）満25年間従事している男性及び満20年間従事している女性又は満50歳の男性及び満45歳の女性で、元正式職員又は正式労働者

であり、且つ、市以上の労働模範又は先進工作者の称号を取得する企業従業員を、企業はその現職に対する貢献度から職場を適切に案配し、長期の労働契約を締結しなければならない。

（三）企業内部における分配は、技術、責任、条件及び労働強度を要因に、企業従業員の職場賃金を確定し、職位に基づく報酬、職位と賃金の連結及び同一労働同一報酬［同工同酬］を確定する。

（四）企業が企業従業員と締結する労働契約については、<u>標準文書（市が統一印刷する）</u>を実行する。契約を締結した後に、市及び区の労働部門は、労働契約の<u>審査承認サービス</u>を提供する。

企業と企業従業員の間で労働契約の履行により発生する労使紛争については、企業の調停機構が調停を行ない、仮に調停が不成立になったとき、当事者は、市又は区の労働仲裁機構に仲裁を申請できる。

以上の内容から明らかなように、当該意見は、既存の労働者性を廃止して企業従業員という概念を新規に打ち出し、この企業従業員と企業の法定代理人または委託代理人との間で労働契約を締結することを想定した。ここでは、あくまで「労使関係」が前提とされており、使用組織との間で形成する法律関係が労働契約に反映されることになる。

また、勤続年数の長い労働者に対する優遇措置や、辞職または退職による次の職場の確保に注意を払っていること、さらに労働契約の履行に伴う労使紛争の処理手続きを明記した点に、規制緩和に伴う社会混乱を抑制したい意図が見て取れる。尚、締結する労働契約の審査承認サービスを明記したことは、労働契約審査評定実施弁法の徹底を意図したものである。そこには、私的自治を承認できない法律関係理論の限界をみることができ、それが標準文書の使用を強要しようとした原因でもあろう。

因みに、労働契約の締結を不要とする個人も明記されている。これらの個人は、工場長、経理、董事長および同等の職位をもつ党グループの責任者である。その理由とされているのは、労働契約書に代わる目標責任書または董

事長責任書の存在を挙げている。「労使関係」を前提とするならば、彼らも労働者に属することになるはずであるが、特異な位置づけが与えられている。

　企業従業員の概念を採用した深圳市では様々な問題が発生したようである。その一端は、当時の深圳市労働局局長が次のように回顧していることからも明らかである(16)（後述）。企業従業員という新規の法的概念を導入したことによって、既存の枠組みで対応しきれなかったこと、また、労働者の範囲の拡大に伴う失業保険制度の問題の顕在化や、就業システム全体への波及によって、現場も社会も混乱してしまったのである。

　　　例えば、1993年から開始して、特区の各企業は、幹部及び労働者身分の境界を取り消し、全員労働契約制の改革を実行している。この改革が労働管理に若干の新しい問題を出現させている。それは、管理範囲の拡大と労働契約の規範化の問題、労働契約の審査評定と労働仲裁の問題、失業保険範囲の拡大と救済基準の向上の問題、失業した企業従業員と余剰人員のポストのあてがい問題のほか、労働就業サービス体系の健全化と職業紹介機構の発展、職業紹介行為の規範化の問題を含むものである。

第3項　労働法の意義

　この労働者性に対する規制廃止の試みは、第8期全国人民代表大会常務委員会が1994年7月に採択した労働法、および労働部が同年9月に労働法の条文説明として公布した行政解釈によって退けられることになった。それは、既存の使用者なき「労使関係」を、労働者対使用者の労使関係に代替させる労働者性の規制廃止を拒絶し、労働者性の規制緩和を選択した歴史的な転換点であると言える。

　この労働法は、労働者および労働契約について次のように規定した。

　　第1条　労働者の合法な権利を保護し、労使関係［労動関係］を調整し、
　　　　　社会主義経済に適応する労働制度を確立及び維持し、経済発展と社会

進歩を促進する為に、憲法に基づき本法を制定する。

第2条　中華人民共和国国内の企業及び個人経済組織（以下、使用組織とする）と労使関係を形成する労働者に本法を適用する。

　　国家機関、事業組織及び社会団体と労働契約関係を確立する労働者は本法に照らして執行する。

（中略）

第16条　労働契約は、労働者と使用組織が確立する労使関係であり、双方の権利及び義務を明確にする合意である。

　　労使関係を確立するには労働契約を締結しなければならない。

ここから明らかなように、労働法は企業従業員の概念を採用しなかった。従来の労働者概念を踏襲し、法は労働者の合法な権利を保護するにすぎないことを確認している。そして、労働契約は「労使関係」を前提とするもので、この法律関係を集約する労働契約の締結を促す規定となっている（図15）。

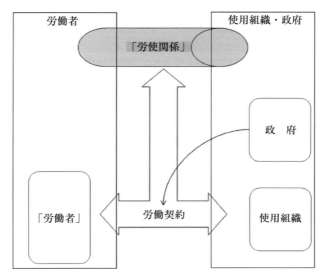

図15：労働法が調整する「労使関係」

ところで、労働法は、他の法律が全国人民代表大会による採択を経る中で、同常務委員会による採択を経るという特異な方法によっている。このように全国人民代表大会でなくその下位の組織である常務委員会での採択となった理由については、同年10月に中国政府が北京市で開催を控えていたLAW ASIA労働法代表会議に向けた地ならしであったとも、翌年に迫った関連の国際会議においてその面子を保つためであったとも言われている。(17)さらには、市場経済化の浸透によって、私企業において労働条件の悪化といった労働者の利益を侵害する現象がとくに増加したことや、労使紛争が増加するようになったことを指摘する見解もある。

　確かに様々な要因が複合したであろうが、その原因を法的論理に基づいて抽出するならば、既に見てきた労働者性の規制廃止の試みをふまえる必要がある。そうすると、企業従業員概念の導入による労働者性の規制廃止とそれに伴う「労使関係」の転換がもたらした社会混乱を鎮静化させることが重要な問題であったと思われる。また、改革開放政策を安定的に進めるためには論理的整合性を担保できる労働者性の規制緩和と、それに伴う「労使関係」の修正が合理的な選択であったと言える。

　したがって、社会的混乱を早急に鎮静化するために、そして、法的論理を大きく転換させるものでもなかったので、常設機関である全国人民代表大会の下位組織である常務委員会による立法も容認されたとも考え得る。

第4項　行政解釈の意義

　労働法の立法が労働者性の規制緩和に伴う「労使関係」の修正にあったことは、労働部が1994年9月に公布した第一次労働法条文説明意見［関於《中華人民共和国労動法》若干条文的説明］からも明らかである。(18)第一次労働法条文説明意見は、労働法2条と16条について次にように説明した（下線は筆者が付記した）。

　　第2条　中華人民共和国国内の企業及び個人経済組織（以下、使用組織とする）と労使関係を形成する労働者に本法を適用する。

国家機関、事業組織及び社会団体と労働契約関係を確立する労働者は本法に照らして執行する。

本条第1項の「企業」とは、商品の生産、流通、又はサービス活動等に従事し、独立した経済計算を行なう経済組織をいう。各所有制類型の企業、例えば工場、農場、公司を含む。

本条第2項に言う労働者の適用範囲とは、三つの方面を含む。(1) 国家機関、事業組織及び社会団体の勤務人員、(2) 企業化管理を実行する事業組織の非勤務人員、(3) 労働契約（招聘契約を含む）によって国家機関、事業組織及び社会団体と労使関係を確立するその他の労働者。

<u>本法の適用範囲から、公務員及び公務員制度を実行する事業組織並びに社会の工作人員、農業労働者、現役軍人及び家庭保母等は除く。</u>

第16条　労働契約は、労働者と使用組織が確立する労使関係であり、双方の権利及び義務を明確にする合意である。

労使関係を確立するには労働契約を締結しなければならない。

この条文は、労使関係を確立するすべての労働者は、管理職であろうと、技術職であろうと、又は、元々の正式労働者［固定工］であろうと、労働契約を必ず締結することを明らかにしている。ここに言う<u>「しなければならない」</u>とは「必ず」の意味を含む。

以上から明らかなように、労働法の適用対象は働く人全般ではない。特定の労働者に限定されている。これは、2項の条文説明において適用除外の対象を言明している点から明らかである。また、「労使関係」を確立するための労働契約の締結を不可欠な手続きとして説明しており、全ての職位に及ぶことを言明している。

この第一次労働法条文説明意見を公布した翌年1995年8月に、労働部は第二次労働法条文説明意見［関於貫徹執行《中華人民共和国労動法》若干問題的意見］を公布している。[19] そこでは、使用組織の事実上の構成員となっている就業者のほか、郷鎮企業の職員労働者や出稼ぎ労働者、商売を行なう農民に

ついて労働法を適用することを認めるに至った。したがって「労使関係」の修正をさらに進めたと言える（下線は筆者が付記した）。

1. 労働法2条の「個人経済組織」とは一般に、被用者が7人以下の個人事業者を言う。
2. 中国国内の企業及び個人経済組織と労働者の間で、労使関係を形成しさえすれば、即ち労働者が企業又は個人経済組織の事実上の構成員に既になっており、それに有償労働を提供する場合は、労働法を適用する。
3. 国家機関、事業組織及び社会団体が労働契約を実行する場合及び規定に基づいて労働契約制度を実行する勤務人員、企業化管理を実行する事業組織の人員、労働契約によって国家機関、事業組織及び社会団体と労使関係を確立するその他の労働者に、労働法を適用する。
4. 公務員及び公務員制度を参照実行する事業組織及び社会団体の工作人員、農村労働者（郷鎮企業の職員労働者及び出稼ぎ労働者［進務工］、商売をする農民を除く）、現役軍人及び家庭保母等には労働法を適用しない。
5. 中国国内の企業及び個人経済組織は、労働法において使用組織と言う。国家機関、事業組織及び社会団体と労働契約関係を確立する労働者は、労働法に照らして執行する。労働法のこの規定に基づいて、国家機関、事業組織及び社会団体を使用組織と見なす。

（中略）

12. 在校生が余暇時間を利用して働きながら勉学することは就業と見なさず、労使関係を確立しないので、労働契約を締結しないでよい。

ただし、勤労学生や児童労働等の、一般に労働者と見なせない就業者については、労働契約の締結を必須とはしなかった。この立法には、各方面各法制からの様々な理由が勘案されたと言われる。少なくとも法律関係理論に照らして評価するならば、法律関係を複雑化させないための合理的な処置であったと考えられる。

第3節　使用組織に対する規制緩和

第1項　私営企業等における使用組織概念について

　労働者性に対する規制緩和が進む一方で、使用組織に対する規制緩和も進んでいった。そこでは、使用組織概念を定着させる以前の雇主や使用者を使用組織概念の中へ再び取り込む試みとして現れた。使用組織に対する規制緩和はさらに進み、使用組織を代表する者と、その下で労働者を指揮命令する中間管理職にある者を個人使用者として区別する等、身分の細分化が見られていくことになる。

　例えば、労働部、国家工商行政管理局および中国個人労働者協会が1996年5月に、共同通知した私営企業及び個人事業者において労働契約制度を全面実行することに関する通知［関於私営企業和個体工商戸全面実行労動合同制度的通知］は、その例である[20]（下線は筆者が付記した）。

　　　「労働法」、「私営企業暫定条例［中華人民共和国私営企業暫行条例］」、「都市部の個人事業者管理暫定条例［城郷個体工商戸管理暫行条例］」の関係規定に基づき私営企業又はアシスタント［助手］及び学徒をかかえる個人事業者は、労働契約の締結を通じて労働者と労使関係を確立する。私営企業は個人使用者と労働者双方の合法な権利を保障し、法に基づき労使関係を調整し、私営及び個人経済の健全な発展を促進する為に私営企業及び個人事業者が実行する労働契約制度に係わる事項について、以下のように通知する。

　　　一、私営企業及び個人事業者は、現地の人民政府労働行政部門の統一部署に照らして、関係する法律法規の規定に基づき、平等且つ自ら望み、協議の一致を基礎にして、労働者と労働契約を締結し、労使関係を確立する。労働契約を既に締結している場合、契約管理業務を徹底し、労働契約を真摯に履行し、双方の合法な権利を保障する。

二、各級の労働行政部門は、指導を強化し、私営企業及び個人事業者が実行する労働契約制度を本年の重要な業務の１つとして把握し、組織化業務、協調化業務及び支援業務を徹底する。政策指導の提供、<u>労働契約模範書式</u>及び<u>労働契約の審査承認</u>等の業務強化を通して、私営企業及び個人事業主ができるだけ速やかに労働契約制度を確立することを促進する。また、労働監察手段を十分に運用し、私営企業及び個人事業者が「労働法」及び関係する法律法規の規定に照らして労働契約を履行しているかを検査し、督促する。1996年の年末までに、労働契約の制度化業務を全面的に確立する。

　三、各級の商工行政管理機構は、労働契約の制度化業務を積極的に割り当て、全面的に実行し、私営企業及び個人事業者に労働契約制度の実行を督促する。

　四、各級の個人労働者協会及び私営企業協会は、労働及び商工行政管理部門と積極的に協力し、意思疎通を強化して宣伝及び動員を徹底する。指導への関与及び人員の養成等の方法を通して、私営企業及び個人事業者に<u>労働契約制度の必要性に対する認識</u>を更に向上させ、私営企業及び個人事業者が実行する労働契約の制度化の速度を加速させ、その労働契約の管理業務を徹底する。

　五、県以上の個人労働協会及び私営企業協会は、関係する規定を参照して、使用組織の代表、従業人員の代表、個人労働者協会及び私営企業協会の代表が参加する労働争議調停委員会を組織し、当事者が自ら望んで申請することを原則として、私営企業及び個人事業者の労働争議を調停する。

　六、労働契約制度を故意に実行しない私営企業及び個人事業者に対しては「労働法」及び関連規定に照らして、その法律責任を追及する。

留意すべきは、使用組織に取り込まれたのが私営企業や個人事業者であるという点である。既に見たように、私営企業は個人使用者の合法な権利を保

障しなければならないと調整されている。使用組織の法定代表者と区別され、私営企業の個人使用者は、あくまで労働者扱いされたのである。

第2項　公有制企業における使用組織概念について

それでは公有制企業における使用組織について規制緩和は進んだのだろうか。深圳市労働局が公布した幹部及び労働者身分の境界を廃止して労働契約制の実行における若干の問題に関する意見において確認したように、工場長、経理、董事長、そして同等の職位をもつ党グループの責任者を「労使関係」の法律関係に取り込めるかがここでの問題である。

工場長や経理、董事長等の役割は、実際上使用者のそれに類似する。そうすると、私営企業や個人事業者と同様に、彼らもまた使用組織に取り込まれるべきであろう。しかし、同時に想起すべきは、労使関係の変遷の中で、現代中国法は、彼らを労働者に相対させる枠組みを排除し、個人対組織の構造を堅持してきた。あくまで使用組織と相対させる枠組みが、使用者なき「労使関係」の理論を支えていたのである。

故に、彼らを「労使関係」の法律関係に取り込む過程において、彼らを使用組織として取り込むのか、それとも労働者として取り込むのかが問題の本質となる。結論を先んじて示せば、彼らは労働者として取り込まれた。それは、個人対組織の構造を堅持してきた従前の論理を継承するものであり、論理的整合性が担保されていると言える。

労働部が1995年4月に公布した労働法の実施において労働契約に係わる問題の回答に関する通知［実施《労動法》中有関労動合同問題的解答的通知］を契機として、彼らを「労使関係」に取り込んでいった[21]。当該通知は、工場長、経理および党委員会書記ならびに労働組合主席について、労働者として取り込んでいる。

一、工場長及び経理が締結する労働契約に関する問題
　　労働部の労部発〔1994〕360号の規定に照らして、工場長及び経理が

その上級部門により招聘就任（又は委任）された場合、招聘就任（又は委任）部門と労働契約を締結する。公司制を実行する企業の工場長及び経理並びに経営管理に関係する人員は「会社法〔中華人民共和国公司法〕」における経理及び経営管理人員に関する規定に基づき董事会と労働契約を締結する。

二、党委員会の書記及び労働組合〔工会〕の主席が締結する労働契約に関する問題

労働部労弁発〔1995〕19号及び33号文書の規定に照らして、党委員会の書記及び労働組合の主席等の党グループの専門職員も職員労働者の一員である。「労働法」の規定に照らして、使用組織と労働契約を締結しなければならない。特別な規定があるときは、関係の規定に基づき処理できる。

尚、党委員会書記を労働者に取り込む修正については、労働部が1996年2月に公布した労働契約の締結に係わる問題に関する通知〔関於訂立労動合同有関問題的通知〕において再確認されたし、労働組合主席を労働者に取り込む修正についても、1996年4月に労働部が公布した企業労働組合主席の労働契約の締結に係わる問題に関する通知〔関於企業工会主席簽訂労動合同問題的通知〕で再確認している。[22]

労働契約の締結に係わる問題に関する通知

1995年、全国で既に80％以上の企業の職員労働者が労働契約を締結し、企業における新型の労働雇用制度が徐々に確立している。この業務の順調な進行を保証する為に、一部の地方及び組織における党委員会書記が締結する労働契約の方法を反映する問題について、以下の意見を提出する。これらの意見は既に商務部、中共中央組織部の同意を経ている。

「労働法」は「労働契約は、労働者と使用組織が確立する労使関係であり、双方の権利及び義務を明確にする合意である。労使関係を確立す

るには労働契約を締結しなければならない」と規定する。労働契約を締結する目的は、労働者の合法な権利を更に保護し、労使関係を法制による管理の軌道に組み込ませることである。したがって、企業党委員会書記も労働者として労働契約を締結すべきである。但し、労働契約を締結する方法において、党委員会書記、工場長及び経理が一緒になって、企業の上級主管部門と労働契約を締結する方法によっても完成できる。

企業労働組合主席の労働契約の締結に係わる問題に関する通知

　1995年、全国で既に85％以上の企業の職員労働者が労働契約を締結し、企業における新型の労働雇用制度が徐々に確立している。この業務の順調な進行を保証する為に、一部の地方及び組織における企業労働組合主席が締結する労働契約の方法を反映する問題について、全国総工会の同意を経て以下の意見を提出する。

　「労働法」は「労働契約は、労働者と使用組織が確立する労使関係であり、双方の権利及び義務を明確にする合意である。労使関係を確立するには労働契約を締結しなければならない」と規定する。労働契約を締結する目的は、労働者の合法な権利を更に保護し、労使関係を法制による管理の軌道に組み込ませることである。企業労働組合主席も労働者として労働契約を締結すべきである。但し、労働制度の転換時期の実際状況を考慮して、労働契約を締結する方法において、労働契約を締結していない労働組合主席は、党委員会書記及び工場長、経理と同様に、企業の上級主管部門と労働契約を締結できる。企業と労働契約を既に締結した労働組合主席は、労働契約を引き続き履行し、当該組織の労働組合委員会及び上級の労働組合の同意を経なければ、労働契約を解除できない。

第3項　小括

使用組織に対する規制緩和は、企業外の組織すなわち上級の主管部門との

間で労働契約を締結する余地を残すものの、「労使関係」を前提として工場長をはじめとして党委員会書記や労働組合主席を労働者に取り込んだ。さらに検討すべきは、個人事業者の「労使関係」における位置づけであるが、大きな流れとして、使用者なき「労使関係」が転換する可能性について、それが遠い将来の可能性であることは確認されてよいことであろう。言い換えれば、改革開放政策による現代中国の様々な規制緩和の流れの中にあって、労働権や労使関係への転換圧力は巧妙に弱められ、極めて重大な判断を迫られたはずの現代中国法は、小さな修正を継続することによって乗り切ったのである。

　労働者と使用者が対立する構造である労使関係を前提とする私たちの法秩序と「労使関係」が支える法秩序は、相容れない。それは、対外開放に伴う規制緩和の中でも転換できていない。この認識上の違いをふまえて接することが、比較研究の上で重要である。

第4節　本章のまとめ

　本章では「労働権」を基礎とする法律関係理論が、使用者なき「労使関係」を労働契約制度に反映させ、その個人対個人すなわち労働者同士の権利関係を調整してきたことを確認した。「労使関係」を形成する両者、すなわち労働者と使用組織は、現代中国が国際社会との交流を深めていくにつれて改革すべき規制の一部として認識され、労働者および使用組織に対する規制緩和は進んだが、「労使関係」が労使関係に転換することはなかった。

　現代中国法は確かに個人使用者といった言葉を導入したが、これは使用者概念を復活させたわけではない。確かに、新たに導入を試みた企業従業員は、労使関係を志向するものであった。しかし、労働法は「労使関係」から労使関係への転換を、企業従業員概念の導入に伴いもたらされた社会的混乱により放棄した。その一方で、「労使関係」を時代に合わせるための規制緩和として労働契約の締結を不可欠の要件とし、法律関係理論に基づく権利関係の

調整を継承した。

　こうして「労使関係」の規制緩和は、労働者性の規制緩和と使用組織の規制緩和の両面に及ぶものとなったが、抜本的な転換を行なわなかった。そして、労働契約の締結を不可欠の要件としたことによって、従前の権利構造との論理的整合性を担保した。特筆すべきは、労働法が提示したこの要件によって、建国当初の法的論理との脈絡を連関させ、実質的には使用者と言える工場長等を、労働契約の締結態様から労働者に取り込むことに対する実際上の矛盾を希薄にし、論理矛盾の顕在化を回避したことである。

　変わらない前提として「労使関係」を確認できたことによって、「労働権」を労働権に転換する必要は遠のいたし、「労働権」を基礎とする法律関係理論が維持された。このような大きな流れを概括すると、次のように図示できる（図16）。要するに、労働契約の存在が「労使関係」を生成し、また、労働契約の存在が、「労働権」を労働者以外の就業者の権利として与えることを促したのである。

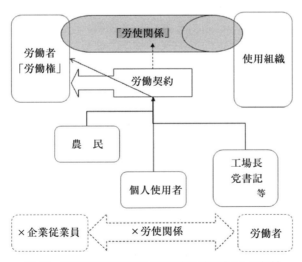

図16：労働契約締結の要件が論理整合性に果たした役割

〔主要文献〕

韓延龍＝常兆儒編『中国新民主主義革命時期根拠地法制文献選編（第4巻）』中国社会科学出版社、1984年

胡玉浪『労働報酬権研究』知識産権出版社、2009年

胡芬『労働権的行政法保護研究』武漢大学出版社、2009年

江平総主編『共和国六十年法学論争実録：民商法巻』厦門大学出版社、2009年

謝増毅『労働法的比較与反思』社会科学出版社、2011年

章迪誠『中国国有企業改革編年史（1978〜2005）』中国工人出版社、2006年

常凱『労働関係学』中国労動社会保障出版社、2005年

宋紫『中国共産党与私営経済』湖南人民出版社、2006年

中華人民共和国国家統計局編『中華人民共和国統計大事記：1949-2009』中国統計出版社、2009年

中華人民共和国労動和社会保障部編『中華人民共和国労動和社会保障法規全書：1949〜1999』中国労動社会保障出版社、1999年

中華全国総工会政策研究室編『全国企業領導制度歴史文献』経済管理出版社、1986年

中共中央文献研究室編『論群衆路線：重要論述摘編』中央文献出版社、2013年

陳麗鳳『中国共産党領導体制的歴史考察（1921-2006）』上海人民出版社、2007年

塚本隆敏『中国の国有企業改革と労働・医療保障』大月書店、2006年

范進学「市場経済条件下的労動権論」『山東法学』1996年2期

辺燕杰＝舒暁玲＝羅根「共産党党員身份与中国的変遷」『社会分層与流動：国外学者対中国研究的新進展』中国人民大学出版社、2008年

向山寛夫『中国労働法の研究』中央経済研究所、1968年

本書編写組『新中国法制研究史料通鑑（全11冊）』中国政法大学出版社、2003年

山本恒人『現代中国の労働経済』創土社、2000年

李捷生『中国「国有企業」の経営と労使関係：鉄鋼産業の事例「1950年代—90年代」』御茶の水書房、2000年

【注】

（1）塚本隆敏『中国の国有企業改革と労働・医療保障』大月書店、2006年、159頁参照。塚本は、労使関係の基本は労働者が労働条件をめぐって労使双方が決定できるようにならなければ本来の意味での労使関係が確立したとは言えないと指摘する。

（2）常凱『労働関係学』中国労動社会保障出版社、2005年、196頁参照。

（3）建国前の法文については、1949年4月に公布された国民党の六法全書及び一切の反動的な法律の廃止に関する訓令によって廃棄されている。ただし、この訓令は、

現代中国法の法的論理に適さないものを廃棄したにすぎず、解放区の制度を継承発展させることもまた言明していた。

（4）向山寛夫『中国労働法の研究』中央経済研究所、1968年、345頁参照。
（5）韓延龍＝常兆儒編『中国新民主主義革命時期根拠地法制文献選編（第4巻）』中国社会科学出版社、1984年、569頁以下参照。
（6）向山寛夫『中国労働法の研究』中央経済研究所1968年、346頁、参照。
（7）本書編写組『新中国法制研究史料通鑑（全11冊）』中国政法大学出版社、2003年、8096頁以下参照。
（8）本書編写組『新中国法制研究史料通鑑（全11冊）』中国政法大学出版社、2003年、8099頁以下参照。
（9）合理的低賃金制については、山本恒人『現代中国の労働経済〈1949～2000〉』創土社、2000年。特に同76頁以下参照。
（10）尚、周恩来「関於労動工資和労保福利政策的意見」（1957年9月）の例にみるように、三人分の食事で五人が食べるという考え方を誤読する人々も多かったようである。周曰く「実際の必要に基づかずに人員を盲目的に増加し、編制を任意に拡大して三人分の仕事を五人で行っても良いのだと誤解してはならない」と。
（11）本書編写組『新中国法制研究史料通鑑（全11冊）』中国政法大学出版社、2003年、8484頁以下参照。
（12）中華人民共和国国家統計局編『中華人民共和国統計大事記：1949-2009』中国統計出版社、2009年、69頁参照。
（13）江平総主編『共和国六十年法学論争実録：民商法巻』厦門大学出版社、2009年、110頁参照。
（14）中華人民共和国労動和社会保障部編『中華人民共和国労動和社会保障法規全書：1949～1999』中国労動社会保障出版社、1999年、1191頁以下参照。
（15）中華人民共和国労動和社会保障部編『中華人民共和国労動和社会保障法規全書：1949～1999』中国労動社会保障出版社、1999年、1194頁以下参照。
（16）譚国箱「貫徹実施『労動法』全面推進労動体制改革」『特区理論与実践』1996年8月、31頁。筆者は当時の深圳市労働局局長を務めていた人物である。
（17）例えば彭光華「中国労働法下の労働協約制度：労働協約の締結過程を中心に」『九大法学』77号、1999年、204頁など。
（18）中華人民共和国労動和社会保障部編『中華人民共和国労動和社会保障法規全書：1949～1999』中国労動社会保障出版社、1999年、680頁以下参照。
（19）中華人民共和国労動和社会保障部編『中華人民共和国労動和社会保障法規全書：1949～1999』中国労動社会保障出版社、1999年、711頁以下参照。

(20) 中華人民共和国労動和社会保障部編『中華人民共和国労動和社会保障法規全書：1949〜1999』中国労動社会保障出版社、1999 年、1225 頁以下参照。
(21) 中華人民共和国労動和社会保障部編『中華人民共和国労動和社会保障法規全書：1949〜1999』中国労動社会保障出版社、1999 年、1214 頁以下参照。
(22) 中華人民共和国労動和社会保障部編『中華人民共和国労動和社会保障法規全書：1949〜1999』中国労動社会保障出版社、1999 年、1222 頁以下参照。

第4章 「労働権」の保護論理

第1節 「労働権」と労使紛争

　現代中国法における「労働権」を基礎とする法律関係理論は、使用者なき「労使関係」を反映する労働契約によって、個人対個人の権利関係を調整してきた。この労働契約の有無が、近年の規制緩和の流れの中で、「労使関係」の成否を判断する不可欠の要件となっている。労働契約を締結することが、原則「労働権」としての保護を受ける正当な理由とされたからである（後述、第6章）。

　しかし、現代中国の実際において労働契約の締結率が向上してきたのは、労働契約法［労動合同法］が施行されて以降のことである。そうすると、労働契約法が施行する以前において「労働権」を法が保護する論理として労働契約の有無が確かな判断要件であったとは言い難い。労働契約を締結しないで就労している個人が相当数存在するという現実が、当然に推定できるからである。

　保護の論理の一端は、規制緩和の流れが本格化する以前において「労働権」に身分的要素が存在したことに求められる。そして、この身分的要素は、労使紛争を、労働争議紛争と労働争議事件に理論上分類できることと関係している。両者の基本的な区別は、労働争議紛争が、「労働権」を原因とする労使紛争であり、「労使関係」を前提とする一方で、労働争議事件が「労働権」を原因としないために一般の民事事件として受理されることが多い労使紛争で、その保護論理も「労使関係」が前提とならないところにある。尚、法律問題を含む紛争すなわち「労働権」に関する紛争で、取りこぼされたものは、陳情［信訪］を通じて発見されれば労働争議紛争に移行されることになっている。

　本章では、現代中国の労使紛争の中で、人民法院が審理した裁判例を題材として「労働権」の保護論理を解明しておくことにしたい。前述したように、労使紛争には「労働権」を原因とするか否かで大きく二分されるので、本章

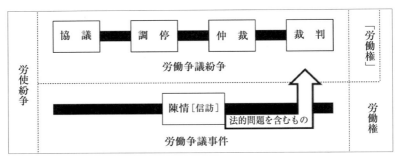

図17:「労働権」と労使紛争の関係

でもこの分類に応じてそれぞれの裁判例を分析しておくことにする。

第2節　労働争議紛争における保護論理

第1項　労働力の提供が存在する場合

労働契約書は存在しないが、労働者が使用組織に労働力を提供した事実が存在する場合で、労働者が勝訴した事例の中から民事判決（2008）仏中法民一終字第1305号[1]を検討してみよう。本件は、労働者Aが使用組織Bと労働契約を締結しないまま就労し、勤務中に急死した後に、遺族が、死亡したAとBの間に労使関係が存在したことの確認を求めたところ、Bが拒否したことから、法廷に持ち込まれた労働争議紛争である。事実関係等は次のとおりである。

一審の判断

Aは、2008年2月23日に甲の紹介でB公司の貨物運送業務に参加した。このときAは、Bとの間で労働契約を締結していなかった。当日、AはBが手配した車両で運搬業務に従事しているときに、13時ごろ突然の眩暈におそわれて車上で倒れた。Bの従業員と甲が病院へ緊急搬送したが、当日

16時48分にAは死亡した。

　死亡したAの妻Cらの遺族4人は、仏山市順徳区労働争議仲裁委員会へ仲裁を申請し、AとBの間に労使関係が存在したことを確認する裁決を求めた。2008年7月4日に、当該委員会は、事実上の労使関係が存在したことを確認し、遺族の要求を認めた。

　この仲裁裁決をBは不服とし、2008年7月22日に一審（広東省仏山市順徳区人民法院）へ訴えた。一審は、Cらの遺族4人がAの法定相続人であると認定し、本件の適格な訴訟当事者であるとしたうえで、Bの求める死者Aとの間の労使関係不存在の確認について、次のように判断した。

　曰く、労働法の関連規定に基づけば、労使関係とは、機関、企業、事業、社会団体および個人経済組織（以下、使用組織とする）と労働者の間で労働契約を締結し、労働者を使用組織の構成員とし、使用組織の管理を受け、使用組織が指定する業務に従事し、労働報酬の獲得および労働保護から生じる法律関係をいう。そして、事実上の労使関係とは、使用組織と労働者の間に労働契約書を締結していないが、双方が労働法の規定する権利義務を履行して形成する労使関係をいう。

　この定義に基づけば、BはAとの間に労働契約を締結していなかったが、事実上の労使関係を形成していたというべきであり、Aの権利は、法律上の保護を受けられなければならない。したがって、BがAとの間に労使関係が存在しないことを確認することは、事実上も法律上も合致しないので支持しない。

二審の判断

　一審の判決を不服としてBは上訴した。二審（広州市仏山市中級人民法院）は、事実上の労使関係について、労働和社会保障部（現在の人力資源社会保障部）の労使関係を確立する事項に関する通知［関於確立労使関係有関事項的通知］（労社部発［2005］12号2条）の法文を教示した。すなわち、当該通知は、使用組織が労働者と労働契約を締結していない場合で、その労使関係の存否を判断する基準として、①賃金支払い証拠または賃金支払い記録あるいは各種の社

会保険費の納付記録、②使用組織が労働者に支給した作業証［工作証］、就労証［服務証］等の身分を証明できる証書、③労働者が記載した使用者の募集採用の「登録表」および「申込み票」等の雇用記録、④勤務評定記録、および⑤その他の労働者の証言を要求した。

Aの遺族らは、死亡証明書1通、緊急詳細資料2部、取立て及び領収証2部のほか、証人として甲ら2人が出廷して証言した。二審は、これらの証拠を採用した。すなわち、死亡証明書に記載された死者Aの生前の職場組織と職業に、証人の証言および緊急詳細資料等の証拠を対照させればAとBの間に労使関係が存在したことを確認できるとした。その一方で、Bが提出した従業員の勤務評定表や賃金支払い記録については、いずれも複写であるうえ原本と照合できないので、証拠として採用しないとした。以上の法廷審理より、BはAとの間に労使関係が存在した事実を覆すのに十分で有効な証拠を提出できなかったと言えるので、その上訴理由は認められない、とした。

一審が認定した事実は明らかであり、適用した法文も正しい。しかし、Bが仲裁裁決を不服として訴えたときに、仲裁裁決の効力は発生していなかったので、一審にはBの訴訟請求を審理すると同時にAの遺族4人が労働仲裁で請求した内容についても改めて審理し、判決すべきであった点について不備があるとし、二審は次のように判決した。

一、広東省仏山市順徳区人民法院（2008）順法民一初字第03627号民事判決を次のように変更する。被告の訴訟請求を取り消し、死者であるAとBの間に労使関係が存在したことを確認する。

二、本件二審の受理費10元は、Bが負担する。

三、本判決を終局判決とする。

評釈

上記の労働争議紛争の要点は、労働契約書の存否を労使関係の存否に対応させるべきかにある。Aは、Bのために正常な業務に従事した直後に不幸にも急死してしまった。それでも法廷は、労働者として正常な労働力を使用

組織へ提供したことを認定している。したがって、労働契約書が存在すればAとBの間に労使関係が形成され、この労使関係を前提とする「労働権」を法が保護することは間違いないが、不幸にも労働契約を締結していなかった。

一審は、このように労働力を提供した事実が存在し、労働者と使用組織が労働法の規定する権利義務を履行して形成する労使関係を「事実上の労使関係」として認められると教示した。二審は、事実上の労使関係の存否を判断する基準として労働和社会保障部の労使関係を確立する事項に関する通知を確認し、この基準に基づいてAとBの間の労使関係の存在を認定した。

なぜAの遺族らが労使関係の存在確認を求めたかについて、その背景を推測するならば、遺族らには、Aの法定相続人としてAの「労働権」によって享受できる権利が期待できたからであろう。具体的には、副次的な権利として遺族年金や医療保険等の社会保障サービスを想定することができる。逆に考えれば、Bは十分な労働力の提供を実質的に受けていないにもかかわらず、Aの遺族らを支援しなければならないことになる。それ故に、Aとの間の労使関係の不存在を確認したかったのであろう。

そもそも「労働権」は、働かない自由を奪いとって働くしかない権利として法が労働者に付与したものであるから、労働災害等によって正常な労働力の提供ができなくなった労働者の「労働権」は、働かない自由を奪取した見返りとして相応の対策が組み込まれていて然るべきである。まして労働者として正常な労働力を提供していた場合に、その対価として相応の「労働権」を法が保護しなければ、その論理的整合性を維持できないことになる。(3)

本件の事実に基づけば、「わずか半日」であったかもしれないが、正常な労働力をAは提供したのであり、労働契約書の存否を労使関係の存否と直結させなければならない理由は認められない。本件における人民法院の判断は、論理的整合性を担保できる適切なものであると言える。

第2項　労働力の提供が存在しない場合

上記の民事判決から私たちは、労働契約書の存否を労使関係の存否に対応させないで「労働権」を保護するために、法文によって事実上の労使関係という概念が用意されていることをみた。そこでは、実際に労働力の提供が存在したことによって「労働権」の法的論理を維持し、論理的整合性を担保したことも確認した。

論理的に言えば、労働力の提供が存在しない場合に「労働権」は法による保護を受けないことになる。しかし、例えば、就職難で就職浪人をする労働者や、失業または一時帰休あるいは退職した労働者の「労働権」を法が保護しないとすれば、働くしかない権利しか付与していない法文に対して不満の矛先が向かうことになる。こうして事実上の労使関係は、労使関係の階層分けにも用いられるようになる。

ここでは民事判決（2009）鄭中民二終字第645号[4]を検討する。本件は、労働者Aの一時帰休中に、元々勤めていた使用組織が改組され、改組後の使用組織Bに、Aに対する生活費の支払い義務が存在するのかが争われた労働争議紛争である。事実関係等は次のとおりである。

一審の判断

原告Aは、河南省鄭州聯開運輸総公司の労働者［職工］だった。同総公司の経営が悪くなり、Aは1996年9月より一時帰休の身となった。その後、1997年12月8日に、同総公司はAの除名を行なった。しかし、除名したことを通知する文書をAに送達しなかった。Aは、2007年に退職手続きに着手した時に、改組後の使用組織BがAの養老保険を完納していないことに気付いた。そこで、Aは、2008年7月23日に、鄭州市労働争議仲裁委員会へ仲裁を申請したが、Aの申請は受理されなかった。

因みに、同総公司の改組とBの成立は、鄭州市交通局が主導したものであった。鄭州市交通局は、2003年12月15日に公布した鄭交（2003）291号文書

に基づいて同総公司を含む3社を合併再編し、B公司を成立させた。この再編にあたって、再編前の各公司の債権債務は、再編後のB公司が負担することになっていた。

　以上の経緯から、Aは2008年8月5日に一審（鄭州市二七区人民法院）へ訴えた。一審は、AとBの間に労働契約関係が成立すると認定したうえ、同総公司が除名通知を送達しなかったこと、除名に関する文書にAが署名していないことを理由としてAに対する除名通知は無効である、とした。

　Aが請求した事項のうち、一審が棄却した事項は、Bに対する各種の社会保険金の直接支払い請求および退職による経済補償金の支払い請求ならびに身上調書［檔案］と社会保険の移転手続きの請求である。前者については、AとBの間に労使関係を認めているので、BがAに対して応分の養老保険金、医療保険金および失業保険金を負担することも容認されそうである。しかし、Aが一時帰休中であったことを理由に、AはBに対してこれらの社会保険金の直接支払いを請求する法的根拠がない、とした。後者については、AがBに対して経済補償金の支払いを請求できる根拠となる事実すなわち勤務実態が成立しないとし、そして、身上調書等の変更手続きについては民事事件の受理範囲に属さないので支持しない、とした。

　Aが請求した事項のうちで一審が認容した事項は、生活費の支払い請求である。この請求認容のために一審が適用した法文が、鄭州市労働契約管理規定22条であった。当該条文に基づけば、労働契約の履行中に使用組織の原因により職員労働者が正常な業務ができなくなった場合で、労働契約を解除していないときは、正常な業務ができなくなった日より鄭州市の最低生活補償金を下回らない生活費を、使用組織は、その職員労働者に支払わなければならない。よって、Aが一時帰休の身となった1996年9月より現在までの生活費の支払いを請求することは法的根拠があり、法院は支持するとした。

二審の判断

　一審の判決を不服としてBは、二審（河南省中級人民法院）へ上訴した。B

は、1997年12月に除名した後にAは出勤しなかったし、組織としてAに賃金または生活費を支給してこなかった。故に、いかなる形でも労務管理を行なってこなかったので、Aとの間に労使関係は既に存在していない。Aの長期間の無断欠勤の非はすべてAに原因があるし、Aが同総公司の原因で正常な業務ができなくなったことを証明する証拠を提出していないので、BがAに生活費の支払いを請求する法的根拠を欠いている、と主張した。

　二審はAが同総公司の労働者であることを再び認定したうえで、一時帰休中も同総公司との間に事実上の労使関係を構成していたとした。改組後のBは、同総公司の財産および職員労働者を吸収したので、Aが同総公司との間で構成した労使関係は依然として存在するとしたのである。そして、Aの除名文書を送達したことを証明する有力な証拠をBは提出できていなかった。したがって、BがAとの間に労使関係が存在しないとする根拠に乏しく支持しない、とした。

　AのBに対する生活費の支払い請求については、労働部の労働法の貫徹執行における若干の問題に関する意見［労働部関於貫徹執行《中華人民共和国労働法》若干問題的意見］58条を根拠として教示したうえで、企業は一時帰休者に現地政府の関連規定に基づいて生活費を支払うことになるとした。すなわち、Aの一時帰休期間中は、同総公司がその生活費を支払い、基本的な生活を保障しなければならず、改組後のBは同総公司とAの間の労使関係を引き継いでいるのであるから、関係する政策法規等の規定に照らしてAの基本的な生活を保障し、一時帰休中の職員労働者の生活費を支払わなければならない法的根拠がある、とした。

　以上より二審は次のように判決した。

　一、上訴を取り消し、原審を維持する。

　二、二審の受理費10元はBが負担する。

　三、本判決を終局判決とする。

第4章 「労働権」の保護論理

評釈

　上記の労働争議紛争の要点は、労使関係の階層分けにある。正常な業務ができなくなって一時帰休の身となった場合、すなわち労働力の提供が存在しない場合の法律関係も「事実上の労使関係」として評価している点である。労働力の提供が存在する通常の労使関係との違いは、本件の場合に限れば各種の社会保険金の支払い義務の有無にある。

　そもそも「労働権」は、働かない自由を奪いとって働くしかない権利として、法が労働者に付与したものである。労働者が正常な労働力を提供する対価として、相応の「労働権」を法が保護することを保護論理とするので、労働者が異常な労働力を提供した対価として応分の「労働権」を法が保護しなければ、その論理的整合性を担保できないことになる。

　そうすると、ＡがＢに対して各種の社会保険金や退職に伴う経済補償金の支払いを請求することは、応分の「労働権」として法が保護する範囲を逸脱していると判断し、それらの請求が合理的に期待できる範囲にないものとして解釈することは可能である。その一方で、生活費の支払い請求については、正常な労働力を提供してはいないが、事実上の労使関係に置かれているＡが、法により保護される応分の「労働権」として、すなわち合理的に期待できる範囲に属する適当な対価であると解釈できる。そして、法文である労働法の貫徹執行における若干の問題に関する意見が、これを言明していることを法廷は教示している。

　以上から明らかなように、事実上の労使関係は「労使関係」の階層分けを可能にし、「労働権」における労働力の提供の態様に照らして応分の「労働権」を法が保護する法的論理を補強する役割を有すると言える。そして重要なことは、事実上の労使関係が認められない就労者と区別して、原告Ａのようなケースにその保護を認めていること、つまり、現代中国法が「労働権」に身分的要素の存在を依然として前提としていると言えることである。

第3項　使用組織が合法でない場合

　事実上の労使関係という概念は、労使関係の認定に弾力性を与えている反面、身分的要素を排除する方向で論理を展開させることもできる。この論理を展開していくならば、権利主体の合法性すなわち、労働者であるか否かにかかわらず存在する「労働権」を、法が保護するという保護論理が形成可能である。労働者という身分的要素を含まずとも法が保護できることになるからである。

　ここでは、前者の問題すなわち権利主体の合法性の要否について確認しておく。尚、労働者が違法な存在である場合とは、その権利主体が労働者でない場合であることから、これは後述する労働争議事件の分析で検討する。

　仮に労働者が労働力を提供した使用組織が、合法な存在でなかった場合、その「労働権」の保護はどのように肯定されるのだろうか。民事判決（2008）三亜民終字第60号[5]を検討しておくことにする。本件は、行政部門から非法な組織として処罰された合法でない使用組織Cの本店である使用組織Bに、産休中の賃金と応分の社会保険費の支払いを労働者Aが求めた労働争議紛争である。事実関係等は次のとおりである。

一審の判断

　原告Aは、産休中の賃金等の支払いを求めて一審（三亜市城郊人民法院）へ訴えた。一審は次のように事実関係を認定した。

　原告Aは、被告Cとの間で労働契約を締結していない。しかし、事実上の労使関係を形成していることは、次の事実から認められる。Aは、Bが所在する海口事務所で就労し、Bに①三亜支店へ出勤すること、②支店で出勤するまで退職しないことを書面で提出していた。その後、Aは、配置転換および辞職を依願したがCは辞職手続きを行なわず、辞職決定書も送達しなかった。そのためAは、Bが三亜に設立したCにおいて、顧客との連絡やホテルの客室予約等の業務に従事していた。

被告Cは、2008年1月30日にAへ退職通知を送達したが、このときA
は妊娠中であった。労働法29条は、女性労働者が妊娠、出産および授乳期
間である場合に労働契約を解除できないとしているので、CはAとの労使
関係を2009年2月26日すなわち授乳期間の満了まで維持し、かつ当該期間
の社会保険費を納付しなければならない。尚、Cは事実上存在しているが、
商工登録登記を経ていないので、Cの権利義務はBが負担すべきである。

　AとCが履行した労使関係の場所は三亜で、賃金はBが支払っている。
したがって、労働法3条、29条3項、62条、および企業労働争議処理条例
［中華人民共和国企業労動争議処理条例］17条ならびに最高人民法院の民事訴訟
証拠に関する若干の規定［最高人民法院関於民事訴訟証拠的若干規定］2条の規
定に照らして次のように判断する。

　被告Cは、本判決の効力が生じた日より10日以内に、Aへ3か月分の産
休賃金3000元を支払うこと。また、Cは、本判決の効力が発生した日より
10日以内に、Aが代行して支払った社会保険費1897.92元をAへ支払うこと。
仮に本判決が指定する期間に金銭の給付義務を履行しない場合は、民事訴訟
法229条の規定に基づいて、倍額および遅延期間の債務利息を支払わなけれ
ばならない。

二審の判断

　一審の判決を不服としてBは、二審（海南省三亜市中級人民法院）へ上訴し
た。Bの主張は、主に次の2点である。第一に、2007年7月26日にAが退
職願を提出した原因は、Aの妊娠である。確かに労働法は妊娠中の退職を
禁止しているが、労働者であるA自身が労使関係の解除を求めたものなの
で、解除は違法な行為ではない。そして、Bの説得も徒労に終わり、Aが退
職を固持したのであり、労使関係は既に解除されていると考える。

　第二に、Bは三亜に支店を有していない。確かにBは三亜の借家で旅行
ガイドの拠点を準備し、業務の利便性から「三亜支店」の看板を掲げた。し
かし、三亜商工局の調査によりCが非法な組織であるとされた。よって、B

がAを、非法な組織へ派遣して就労させることはできないので、AがCで勤務したという事実は成立しない。

　二審は、次のように判断した。すなわち、Bは、Aの依願退職に対して退職に同意する決定を行なっていなかったのであるから、BはAとの間の労使関係を維持していると言える。また、「B三亜支店」すなわちCは、三亜商工局の登記を経ておらず、確かに非法な組織である。しかし、Bは、Cの名義で三亜において業務を展開している事実が存在するし、それを商工行政部門が処罰したことも事実である。

　Cが合法かどうかということは、AとBの間に存在する労使関係に影響しない。Cが商工行政部門から処罰されるまでAはBのために就労しており、労働権［労働者的権利］を有する。また、女性労働者が妊娠、出産および授乳期間中の場合に、使用組織は、労働法26条および27条の規定に基づいて労働契約を解除してはならないので、BがAとの労使関係を解除することが、法文に違反している。

　以上より二審は次のように判決した。

　一、上訴を取り消し、原審を維持する。
　二、二審の受理費10元はBが負担する。
　三、本判決を終局判決とする。

評釈

　事実上の労使関係は、「労使関係」を広く認める一方で、労働者の提供する労働力の態様に照らして法の保護態様を適応させる「労働権」の保護法理を確立した。論理的に言えば、労働力の態様が、法による保護に直接影響することになる。そもそも「労働権」の法的論理は、その労働対価に合法性を認めるところから展開するので、権利主体に合法性を求める必要はない。

　上記の労働争議紛争から明らかなように、労働対価として合法な権利が侵害されることを絶対に排除することを「労働権」の保護論理として確認できる。保護されるべきは「労働権」なのであり、保護すべき権利を媒介とする

権利主体に対する合法性の要求は相対的なものと言える。権利主体の主観的な事情を考慮する必要はないので、妊娠中のAからの退職願であったとしても、それを以て労使関係の解除につながることを法が認めることはできない。

要するに、上記の労働争議紛争から言えることは、現代中国法の論理は法文が規定する法律行為を当事者の意思表示より優先させるということである。確かにこれを当該条文が強行規定であることの表れとして見ることも可能であろう。しかし、想起すべきは、既に労働契約制度の変遷(第3章第1節)においてみてきたように、80年代以降の市場原理の導入においても私的自治が「労働権」の法的論理の中で定着しなかったことである。こんにち、法文が認める限りにおいて私的自治の実現が保証されつつあるが、出発点が違うので、過大評価は避けるべきである。中国的権利論の萌芽期(第2章第1節)で確認したように、現代中国法では、当事者の事情は権利を法が保護する過程で考慮されないからである。

したがって、事実上の労使関係という概念は、権利主体の合法性の如何にかかわらず存在する「労働権」を保護する保護論理を有すると言える。

第3節　労働争議事件における保護論理

前節において労働争議紛争における保護論理をみてきた。そこでは、労使関係の存否を労働契約書の存否に直結させず、「事実上の労使関係」概念を導入することによって、労働者が提供した労働力の態様に照らして「労働権」に応分の法的保護を与える論理展開を確認した。

この「労働権」を媒介として関連付けられる権利主体の一方は、使用組織であり、他方が労働者である。既に確認したように、使用組織が違法な場合であったとしても、「労働権」は保護される。その一方で、労働者が違法な存在である場合は、その権利主体が労働者でないことを意味するので、「労働権」を保護するのではないことになる。「労働権」を前提としない労働争議事件は、権利主体が労働者でない場合の労使紛争を基本的に対象としている。

仮に、事実上の労使関係の論理が、身分的要素を排除する方向で展開されていったとしたら、労働争議紛争と労働争議事件とを理論上区別する必要がなくなる。そうすると、事実上の労使関係概念を労働争議事件において応用し、結果として労働者という身分的要素を解消させる可能性が生じることになる。しかし、現時点で現代中国法がこのような展開を示しているとは言えない。

ここでは民事判決（2009）温民初字第390号[6]を検討しておくことにする。本件は、村民Aが臨時労働者として使用組織Bにおいて就労した後、応分の「労働権」として年金や失業保険金等の逸失利益の補填を求めたと同時に、陳情［信訪］を通じて救済を求めた労働争議事件である。事実関係等は次のとおりである。

第1項　事件の概要

村民Aは、1975年11月より使用組織Bにおいて正規の従業員募集手続きを経て就労し始めた。1985年4月までは臨時労働者として就労し、1985年5月以降は、従業員募集手続きを経ない農民契約労働者［農民合同工］として就労した。その後、1995年末になって、村民Aは、工場経営の悪化を理由として現場主任から自宅待機を命じられた。一時帰休中のAの賃金は、1997年2月まで支給されたが、それ以降は経営難を理由として賃金の支給も打ち切られた。

村民Aは、一時帰休中に何度も使用組織Bに職場復帰を求めたが、拒絶される。そして、使用組織Bは、2004年9月に、破産宣告を受けて清算手続きを開始し、清算手続きの中で清算組は、Aが職員労働者でないことを理由として失業者リストから除外した。失業者とされなかったために、Aに対する年金や失業保険等の社会保障手続きも行なわなかった。

村民Aは、2006年5月に再度職場復帰を申し入れたときに、使用組織Bが破産したこと、および失業者リストから除外されていることを知った。村民Aは、労働行政部門および企業年金機構に検査を求め、Aの名前が従業

員の身上調書および人事に関する身上調書ならびに社会保険手続き上にないことを確認した後の 2006 年 7 月 16 日に、温県労働争議仲裁委員会に、未払い賃金、1974 年から 2006 年までの年金保険金の納付、医療保険手続きの処理および失業保険金の支給、ならびに一時帰休中であることの証明を求めて、仲裁を申請した。温県労働争議仲裁委員会は、2007 年 3 月 7 日に A の請求を棄却する仲裁裁決を下した。

第 2 項　陳情の利用と法的評価

村民 A は、2007 年 4 月 4 日に仲裁裁決を受け取った後、陳情制度を利用して救済を求めるようになった。陳情制度は裁判制度と異なり、第三者が介在する審理を通じて何らかの終局的な判断を得るものではない。あくまでも社会の構成員が不平不満を訴え、適切な対処を求める手段の 1 つにすぎない。

A の利用した陳情は、2 つの類型に整理できる。1 つは法文の根拠がない非法な陳情である。もう 1 つは、法文の根拠をもつ合法な陳情である。それぞれに対する法的評価を確認しておこう。

非法な陳情と法的評価

村民 A は、自身が救済されるべきであるとして、温県人民代表大会へ陳情を少なくとも 3 度行なった。この陳情を受けて、温県人民代表大会は、温県人民法院へ 2006 年 12 月 18 日、2007 年 4 月 21 日および 2007 年 1 月 9 日に書簡を送付した。このうち、2006 年 12 月 18 日付けの書簡は、仲裁を申請する前の陳情であった。

労働争議紛争は、人民法院に訴える前に仲裁手続きを必ず経なければならないとされている（調停前置主義）。尚、現行法上、仲裁の審理中にその他の行為をとることを禁止する規定は、存在していない。実際に調停前置主義が効力をもつのは、調停手続きを経ずに人民法院へ訴えた場合に、その訴えを受理せず仲裁機関へ移送する点にあると言われている。

この点について、人民法院は、判決文において、「原告が仲裁を申請する

前に、既に非法な陳情を開始したことを証明できる」とわざわざ認定した。法文の根拠がない陳情なので、違法な陳情と表現できないことは当然であるが、非法なものに対する法的評価として注目される。法律関係理論に基づく法的保護は、権利主体に対して法に基づくこと、すなわち合法であることを一貫して要求するので、法に基づかない行為を容認できないからである。

尚、この点については、人民代表大会という権力機関が法院の独立を脅かしたことに対する警告として評価する見解もあろう。しかし、判決の結果からみると、権力機関を通じたAの要求を法に基づかない形で認めたわけではないので、論理的には無理がある。

合法な陳情と法的評価

このほかにAは、焦作市人民政府および同労働局、温県人民政府ならびに河南省労働庁へ陳情を行なった。これらのうち焦作市人民政府への陳情は、従業員募集処理手続きの身上調書に関する問題であったことが、焦作市人民政府陳情不受理通知書、同記録表および陳情事項通知状から認定されている。

また、判決文は「2007年の仲裁裁決が下った後に、原告は、人民法院へ訴えを提起したが、人民法院は、裁判を開始することを決定［立案］しなかった。しかし、原告の再三にわたる陳情によって決定できたので、原告による訴えが訴訟時効をまだ経過したとは言えない」と認定し、Aのこれらの陳情が、訴訟時効の停止という法的効果を生んだと評価した。

法律関係理論に基づく保護は、主観的な事情を考慮しない点に特徴があるので、そもそも時効制度を必要としない。現行法に至る中で導入されることになったが、時効により権利を取得するという取得時効は認めず、時効により権利が消滅するという消滅時効しか認めていない。Aの行動は、消滅時効の停止をもたらしたわけであるから、これは法律関係理論に反するものではないことになる。

要するに、法文の根拠をもつ合法な陳情であれば、何らかの保護論理が働く可能性を期待できるということである。本件は、原告が臨時労働者として

1975年11月より使用組織Bにおいて就労したことを認定しつつ、労働法に基づいて労働契約を締結していないこと、および、農民契約労働者から労働者への切り替えが行なわれていなかったこと、ならびに一時帰休中に職場で就労していないことから事実上の労使関係の存在も認められないので、原告Aは労働者でないと結論づけた。したがって、Aの「労働権」を認定できない以上、Aが請求する年金や失業保険金をはじめとする逸失利益の補填には理由がないので、これらの請求を棄却するとした。

尚、Aはその後、上訴を行なったが、河南省焦作市中級人民法院は民事裁定書（2010）焦民三終字第291号を下して原審の判断を確定させ、終審裁定を言い渡し、Aの上訴を完全に退けた。[7]

第3項　評釈

上記の労働争議事件から明らかなことは、次の2点である。第一に、「労働権」を前提としない以上、「労働権」の保護論理が作用することはないということである。これは事実上の労使関係概念の適用を抑止したことから確認できる。労働者という身分的要素が事実上効力を有している証左であり、かつ、事実上の労使関係を身分的要素を排除する方向で論理展開する意思はない、ということであろう。

第二に、法文の根拠がない非法な行為または権利について、極めて否定的な態度を示していることである。わざわざ合法な行為と区別していることを鑑みれば、法文に基づく行動［依法弁事］が、中国的権利の保護論理として根幹をなすことを示唆している。現代中国において生じる紛争を、法律関係理論に照らして分析することが、私たちにとって不可欠であると言える。

第4節　労使紛争と「労働権」の保護論理

以上みてきたように、労使紛争は、労働争議紛争と労働争議事件に分類できる。それぞれにおける中国的権利の保護論理は、「労働権」に基づく保護

内容を期待できるか否かと直結する。ここで確認されるべきは、中国的権利論の保護論理が、法文の根拠をもつ合法な法律関係にのみ作用する点である。

中国的権利論の基本形である「労働権」の保護論理の確認として、現行法である労働争議調停仲裁法［中華人民共和国労働争議調解仲裁法］を、そして広く労使紛争における保護論理の確認として、陳情制度について理論的に整理しておくことにしよう。

第1項　労働争議調停仲裁法の内容

労働争議調停仲裁法は、2007年12月に全国人民代表大会常務委員会が採択した。同法が制定される以前は労働法、民事訴訟法を中心に運用していた。1950年11月に政務院が承認した労働部の労働争議解決手続きに関する規定［関於労働争議解決程序的規定］から共通するのは、処理手続きの流れである。

現行法も「労使関係」における当事者同士の協議手続き、労働組合［工会］または第三者が仲介する調停手続き、仲裁組織による仲裁手続き、および人民法院による訴訟手続きを規定する。一部の社会主義法においては、労働者と使用者が対立することを前提にできないという立場から、訴訟手続きを用意していない。しかし、現代中国法の場合は、「労使関係」を前提とする（第3章）ので、労働者と使用組織が対立することを予定しており、当然に訴訟手続きを規定できることになる。

労使紛争処理手続きの変遷からみると、その傾向として、労働争議紛争とされる範囲が拡大傾向にあることが分かる。労働争議解決手続きに関する規定は、労働争議を職員労働者の労働条件（賃金、就業時間および生活待遇等）、雇用および解雇ならびに賞罰、労働保険および労働保護、企業内部の労働規則［労働規律］および就業規則［工作規則］、労働協約および労働契約等を労働争議紛争としていた。しかし、労働争議調停仲裁法は、現代中国における使用組織と労働者の間で生じる対立すべてを労働争議紛争とするに至っている。

表 4：主な労使紛争処理手続きに関する法文

公布日	法文名称
1949年11月	労資争議処理手続き［労資処理程序］
1950年11月	労働争議解決手続きに関する規定［関於労動争議解決程序的規定］
1987年7月	国営企業労働争議処理暫定規定［国営企業労動争議処理暫行規定］
1988年10月	労働争議紛争の訴訟当事者問題の審理に関する回答［最高人民法院関於審理労動争議案件訴訟当事者問題的批復］
1993年7月	企業労働争議処理条例［中華人民共和国企業労動争議処理条例］
1993年10月	労働争議仲裁委員会案件処理規則［労動争議仲裁委員会弁案規則］
2001年4月	労働争議案件審理の法律適用にかかわる若干の問題に関する解釈［最高人民法院関於審理労動争議案件適用法律若干問題的解釈］
2006年8月	労働争議案件審理の法律適用にかかわる若干の問題に関する解釈二［最高人民法院関於審理労動争議案件適用法律若干問題的解釈（二）］
2007年12月	労働争議調停仲裁法［中華人民共和国労動争議調解仲裁法］
2010年7月	労働争議案件審理の法律適用にかかわる若干の問題に関する解釈三［最高人民法院関於審理労動争議案件適用法律若干問題的解釈（三）］

第2項　労働争議調停仲裁法の特徴

　現行法が規定する各手続きにおける主な特徴を整理しておくことにする。まず、協議手続きについては、必ず活用しなければならないものとは考えられていない。また、仮に和解合意を反故にされた場合の対抗手段が用意されていないので、実際の運用において問題があると言われる。因みに、調停手続きは協議手続きの場合と異なり、一定の法的効果が認められている。重要な効果としては、執行判決を求める裁判をおこす（51条）ことになるので、人民法院において調停合意の内容について審理されることになるが、調停合意書［調解協議書］を人民法院へ提出することによって支払い命令を申請できる（16条）ことになった。

　労働争議紛争を仲裁に付す場合は、労働争議仲裁委員会が受け付けることになっており、調停手続きよりもさらに法的効果が認められている。重要な効果としては、労働報酬、労災治療費、経済補償金または賠償金の支払い督促や、現地の最低賃金基準の12か月分を下回る金額の労働争議紛争のほか、

就業時間や休息休暇、社会保険費および労働基準に関する労働争議紛争については、仲裁裁決が終局とされる（47条）。つまり、これらのいずれかの場合であれば、裁判を待つまでもなく終局の判断であるとして、個人対個人の権利関係が確定することになる。

ただし、これらの労働争議紛争であっても、労働者が仲裁裁決に不服である場合は、訴訟手続きを行なえることになっている（48条）。使用組織が仲裁裁決に不服である場合に訴訟手続きを行なえないとした背景には、より高次の原理から導いたか、政治的判断が優先されたか等、複合的な要因が存在したようである。いずれにせよ、立法された以上は、それに従うほかない。

仲裁前置が原則とされている関係上、労働争議案件審理の法律適用にかかわる若干の問題に関する解釈二［最高人民法院関於審理労動争議案件適用法律若干問題的解釈（二）］6条は、人民法院へ訴えを提起する段階で初めて追加する請求が、係争中の労働争議紛争とは別に独立したものである場合は、労働争議仲裁委員会へ仲裁を申請するよう当事者に告知すると言明している。

仲裁裁決に不服である場合は、人民法院へ訴えを提起できる（労働法79条）。このとき、労働組合は当事者の委託を受けて労働者を代理して訴訟手続きに関与できるし、中華人民共和国の国籍をもつ個人すなわち公民が、経済上の困難から代理人を委託できない場合で、労働報酬の支払い請求の訴えであるときは、法律支援機構に支援を申請できる（法律援助条例10条）。

第3項　陳情制度の内容と特徴

陳情制度の内容

陳情制度の基本法は、陳情条例［信訪条例］である。同法は、1995年10月に国務院が公布し、2005年11月に改正された。陳情とは、公民、法人またはその他の組織が書信、メール、ファックス、電話または訪問等の方法で政府部門に事情を訴え、建議、意見または苦情の申立てを提出し、これを関係する行政部門が処理する活動をいう（2条）。陳情の対象としては、行政機関、公務員、公有企業、公益事業および村民委員会等が行なう職務行為とさ

れている（14条）。

　労使紛争における陳情については、1999年8月に、労働和社会保障部が陳情条例に基づいて、労働社会保障の陳情業務暫定規定［労動和社会保障信訪工作暫行規定］を立法した。そこでは、陳情者［信訪人］の合法な権利利益［合法的権益］を保障することが目的となっている（1条）。また、労働社会保障の陳情とは、公民、法人またはその他の組織が、書信、訪問または電話等の方法で政府部門に事情を訴え、意見、建議または合理的な要求を提出し、労働行政部門が処理する活動をいう（2条）。

　また、労働社会保障の陳情の対象については、労働社会保障業務または政策に対する意見および建議の提出、関連職員の法令政策違反についての訴え、関連職員の違法行為についての通報、当事者の労働社会保障にかかわる合法の権利利益の侵害行為に対する抗議、労働社会保障にかかわる政策の諮問等とされている（7条）。陳情条例が合法とする陳情の範囲よりも広いことが注目される。

　尚、陳情者の提起する内容が、労働争議紛争として仲裁手続き、訴訟手続き、行政不服申立てまたは行政訴訟として既に進行している場合は、受理しないことになっている（8条）。これは、矛盾する判断の併存という事態を回避するための措置であると言える。

陳情制度の特徴

　基本法である陳情条例は、国務院が制定していることから行政機関による問題に限定されている。しかし、労働社会保障の陳情業務暫定規定をみても分かるように、特別法の形で、各権利利益に適合させるために、個別に調整されている。したがって、基本法であるからといって陳情条例の規律を直接的に参照することは、誤読することになる。

　また、広州市のように、陳情条例および労働社会保障の陳情業務暫定規定に基づいて、労働保障陳情通報暫定弁法［広州市労動保障信訪挙報暫行弁法］等を制定している場合がある。同弁法は、基本的には労働社会保障の陳情業

務暫定規定と変わらない。しかし、通報の仕方について特別に規定しているし、その上位の法文として広州市の労働保障陳情業務施行弁法［広州市労働保障信訪工作試行弁法］を有している。矛盾しない限り重複立法も辞さない観を受けるが、条文解釈によって合法を与えることを原則認めない現代中国法の現行の構造に照らせば、やむを得ないと思われる。

　いずれにせよ、陳情制度は、法文の根拠をもつ行為に法的保護を与えるという「労働権」の保護論理に準拠している。問題は、非法な陳情や違法な陳情の横行であり、これが現代中国の社会問題となっている。これを為政者または社会管理者の実態または在り方や伝統的な中国人の考え方に求めることは、社会問題の解決にあまり有益でない。なぜなら、これらの解答は、原因と結果を結びつける因果関係の中で、実現可能な対案を提示する責任を始めから放棄した因果関係の抽出だからである。

　陳情研究の理論的アプローチとして中国的権利論を前提とすることは、有益な回答と実現可能な対案を提示するために不可欠の要件である。本章第3節で分析したように、陳情という行動も細分して評価されているし、その保護論理は人権といった普遍的な原理を基礎とするのではなくて、あくまで立法した権利を基礎としているのである。陳情制度を権利の拡大過程の1つと見ることに異存はないが、その拡大過程のすべてが、現時点では立法に依存していることも併せて論じなければ、現象を精確に捉えることにはならないと考える。

第4項　小括

　労使紛争における「労働権」の保護論理をみてみると、その通底するところには法文に基づく行為と「労働権」の存在が要点になっていることが分かる。法文を遵守するのは、確たる「労働権」をもち、法文に基づく行為を行なえるからである。逆に法文を無視するのは、このどちらかを欠くからである。言い換えれば、その保護論理は悪しき手による救済を認めず、完全無傷の善良な手による救済しか認めない。ここに例外はない。

ところで、現代中国の裁判について、これまでその質の低さや法解釈の欠如が問題とされてきた。しかし、少なくとも労使紛争に限ってみれば、保護すべき中国的権利論を十分に反映していると言える。現代中国の法廷が審理して保護する対象は、訴えの対象が合法な権利である場合に限られている。そして、その審理する目的は、問題の法律関係を法文どおりに改善し、合法な権利を保護することであって、新しい権利を創出することではない。したがって、「労働権」の保護論理は、弱者とされる労働者の救済にあるのではない。

 言い換えれば、現代中国において、ある法文が遵守され、ある法文が無視される原因は、この保護論理が通用するからであり、現実的な権威と実力がどこにあるかは、副次的な要因である。実際の問題として、有力者の侵害行為に対して法的救済が困難であることは、現代中国に限ったことではなく、それぞれの社会の成熟度すなわち社会構成員の誠実性の程度の差にすぎない。そして、法文による結論が紛争解決において妥当性を欠く場合は、自然と判決という形を回避し、調停による決着を実現すべく行動するようになるものなのである。この点だけを見れば、どのような社会であれ同じであり、現代中国が特殊であると評価することは拙速ではなかろうか。

第5節　本章のまとめ

 本章では「労働権」の保護論理を確認した。「労働権」を保護する論理の根本には「労使関係」の存在があり、この「労使関係」に基づいて労働者が提供する労働力の労働対価として、応分の権利利益が合法な権利として法的保護の対象となる。そして、完全無傷の手による救済すなわち法文の根拠をもつ合法な要求行為を権利主体の当然の義務として課している。

 したがって、「労働権」の保護論理に基づけば、確たる合法な権利をもち、法文に基づき行動できるならば、法文を遵守した方が合理的であり、逆に確たる合法な権利をもたず、法文に基づく行動ができないならば、法文を無視

した方が合理的なだけにすぎない。この仕組みのポイントは、合法を付与する立法関係者の判断にある。社会が複雑化していき、利害対立が多面化する中で、紛争当事者の主観的要素を考慮しない論理と立法がどこまで対応できるか。これが「労働権」の保護論理に突き付けられた課題である。

〔主要文献〕
王培林「社会転型期中国工人階級地位的変化」『広東社会科学』4期、1994年
教育部人文社会科学重点基地＝法学基地（9＋1）合作編集『中国法学三十年（1978—2008）』中国人民大学出版社、2008年
奚暁明主編『民事審判指導与参考』人民法院出版社、2009年～
呉慶宝編著『最高人民法院司法政策与指導案例4（労働争議巻）』中国法制出版社、2011年
最高人民法院民事案件案由規定課題組編著＝奚暁明編著『最高人民法院民事案件案由規定理解与適用（2011修訂版）』人民法院出版社、2011年
最高人民法院民事審判第一庭編『最高人民法院民事案件解析3』法律出版社、2010年
周秋琴『法学視野下的農民工権益保障問題研究』江蘇大学出版社、2011年
徐艶陽『渉訴信訪問題研究：以制度博弈為視角』人民日報出版社、2013年
信春鷹主編『中華人民共和国労働争議調解仲裁法釈義』法律出版社、2008年
沈同仙＝楊海燕『公民的労働権益保護』中国経済出版社、1999年
人民法院出版社法規纂中心『民事案件案由適用手冊：根拠2011修訂后的《民事案件案由規定》』人民法院出版社、2011年
中智上海経済技術合作公司『中国労働契約法解説紛争事例Q＆A』ダイセン株式会社、2009年
中国法制出版社編『労動案件労働者勝訴百例』中国法制出版社、2011年
張永和＝張煒ほか『臨潼信訪』人民出版社、2009年
張周国『南京国民政府時期労働契約法律制度研究』上海人民出版社、2011年
張春雷「職工還是"主人"嗎？」『思想政治工作研究』9期、1993年
張利春『日本民法解釈学中的利益衡量理論研究』法律出版社、2013年
張麗霞『民事渉訴信訪制度研究』法律出版社、2010年
董保華＝立花聡『中国労働契約法：実務解説』中央経済社、2010年
松戸庸子「信訪制度による救済とその限界」『中国21』30号、2009年
松戸庸子「改正条例に見る「信訪制度」の意図と成果の乖離」『アカデミア　人文・社会科学編』2010年

毛里和子＝松戸庸子『陳情：中国社会の底辺から』東方書店、2012 年
山下昇＝龔敏『変容する中国の労働法：「中国の工場」のワークルール』九州大学出版会、2009 年
李秋学『中国信訪史論』中国社会科学出版社、2009 年

【注】

（１）仏山法院網（http://219.130.221.114:8080/program/article.jsp?CID=679753716&ID=24033）参照（2014年2月24日最終確認）。
（２）既に紹介した袁鋒事件は、当該通知を立法する前の裁判例である。
（３）仮に労使関係はなかったと判決するならば、それは、人民法院が永遠の科学論争の責任を負うことになる。事実として半日程度の労働力の提供があるので、どの程度の労働量が存在すれば労使関係があったと認定できるのかという、絶対の基準等、到底見つけられない問いと人民法院が向き合わなければならなくなる。結局のところ、Bの訴訟請求が認められる余地は、実質上なかったのかもしれない。
（４）鄭州法院網（http://zzfy.chinacourt.org/public/paperview.php?id=83237）参照（2014年2月24日最終確認）。
（５）北大法意（http://www.lawyee.org/Case/Case_Data.asp?ChannelID=2010102&KeyWord=&RID=214678）参照（2014年2月24日最終確認）。尚、判決文全文については、天涯法律網（http://www.hicourt.gov.cn）参照（2014年2月24日最終確認）。
（６）北大法意（http://www.lawyee.net/Case/Case_Display.asp?ChannelID=2010100&keyword=&RID=778995#）参照（2014年2月24日最終確認）。
（７）河南法院裁判文書網（http://ws.hncourt.org/paperview.php?id=384522）参照（2014年2月24日最終確認）。

第5章　中国的権利論とそのメカニズム

第1節　現代中国における「労働権」

　現代中国における「労働権」は私たちが自明とする労働権と同じではない（詳しくは後述）。本書は、この要因を、「労働権」の形成過程における様々の法文から抽出してきた。働くしかない権利として限定された労働権を前提としていることが、その要因であった。そして、労使紛争の処理における因果関係においてもこの要因が妥当であるとしているために、それをふまえて、保護論理が成熟してきたことも確認した。

　本章では、第Ⅰ部の内容をふまえてまとめておくことにする。まず、前章までに論証してきた「労働権」の権利構造を図式化して整理する。次に、この権利構造に基づいて、現代中国における労使紛争に関する統計を分析し、そのメカニズムが不変であることを論証する。最後に、このような「労働権」の枠組みが、中華人民共和国の建国から少なくとも最近までの期間において、現代中国の法秩序の縮図であることを説明し、中国的権利論を提示する。

第1項　「労働権」の構造

　現代中国法における「労働権」は、私的所有を認めない法秩序を形成する中で、労働権から労働しない自由を奪い取った。この「労働権」は、労働者という身分を反映し、労働者が提供する労働力と応分の労働対価を、合法な権利として法が保護することとした。さらに使用者を否定し、その役割を法文上の雇用主体として造り出した使用組織に与え、使用者なき労使関係（文中では「労使関係」と表記）を確立した。この造られた「労使関係」によって、労働者を実質的に管理する工場主らが労働者に組み込まれ、仮想の敵または搾取者としての使用組織が労働者と対立する主体とされた。

労働契約は、この「労働権」と「労使関係」とを前提とする法律関係を反映する制度である。そうすると、論理的には労働者を管理する工場主等の労働者が、使用組織の意思を代表することになる。しかし、搾取者としての使用組織は仮想の主体であるので、それを代表する意思を法文に表出できない。また、労働契約も造られた概念であって、「労働権」の枠組みを逸脱する余地を与えるわけにはいかなかった。それ故に、労働契約は当事者の合意を前提にできず、意思自治（当事者自治）の下での契約とはまったく別のものとなった。

　現代中国法における労働契約は、造られた「労使関係」の維持が目的である。そのため、この契約を政府（とくに労働行政部門）が審査評定する手続きを組み込むことによって「労使関係」を維持した。それは法文のポジティブな実現を保証するには、権利主体の主観的な事情をできる限り影響させない権利構造を造る必要があったためである。現代中国法にも、この必要性は受け入れられたうえ、「労働権」の枠組みを逸脱させないため、当事者特有の事情を人民法院等が考慮する余地を与えない法律関係理論が、権利一般の中から合法的なものとそうでないものとを区別し、合法な権利に限定して保護論理を適用することによって堅持された。

　労働法は、労働契約の締結を確かに要求している。しかし、意思自治の原則を尊重する法的論理を法文の中に組み込んでいるわけではない。労働法もまた「労使関係」の維持が目的であった。したがって、労働法は、「労使関係」を時代に合わせるため、その道具として造り出した労働契約の締結を、新たな社会変化に適応する仕組みとして組み込み直したにすぎない。

　労使紛争における「労働権」の保護論理もまた「労使関係」の維持を前提とする論理であった。すなわち、労働者が提供する労働力の労働対価として、応分の「労働権」が、合法な権利として法的保護の対象となった。そこでは、労働者の労働力という法文に合致する行為すなわち合法行為が、法的保護を獲得する前提となる。そうすると、法的保護を要求する行為についても法文に合致する合法行為であることを要求することも論理的には正当化される。法的保護を要求する「権利」もまた、応分のその「権利」を得るため

には、提供する法文に基づく要求者の合法行為を必要とすることになるからである。

つまり、現代中国における「労働権」は、弱者とされる労働者を保護する権利でもなければ、働く人全般を保護する権利でもない。「労使関係」を前提とする労働者の労働力の提供により、その対価である「労働権」の行使を保護する権利である。そして、「労使関係」を構成する労働者を客観的に区別し、保護すべき「労働権」を明確にするための基準として労働契約が想定されたにすぎなかった。これが現代中国における「労働権」の内実である。

このようにして構成される「労働権」の内実から現代中国法の「労働権」論を導き出すならば、労働者という権利主体を保護することが現代中国法の労働権論ではなく、「労働権」の行使を保護することがすべてとなる。したがって、要求者が「労働権」の法的保護を求めるならば、法文が規定する範囲の拡大を、例えば労働契約を締結できる権利主体の拡大といった形で立法関与

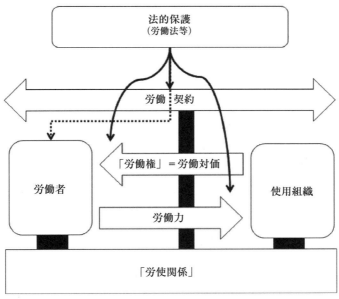

図18：「労働権」の権利構造

者（人大代表、政策担当者等）に働きかけるしかない。

　以上の法的論理を整理すると、図18を得ることができる。実線で示した射程は、法的保護を受ける場合、このすべてが合法性を満たすときに限られることを意味する。また点線で示した射程は、結果として保護されることを意味する。労働権論は通常、弱者として想定される労働者が置かれる労働環境等の改善を目指すという共通認識から出発するが、「労働権」論は、結果としてこの共通認識と同じ次元に到達する可能性が高いだけである。

　したがって、「労働権」の権利構造は、次のように数式化できる。まず数式(a)は「労働権」の成立過程を表わしている。出自により労働者であるか否かが不明（0＝「労使関係」でない、労働力の提供がない）の場合に、労働契約の存在または推定により代入（1＝「労使関係」である、労働力の提供がある）できるときがある。次に、数式(b)は「労働権」の承認過程を表わしている。仮に「労働権」が成立したとしても、法文が規定する手続きを遵守することによって、法による保護を受ける合法的権利としての「労働権」が承認されるのである。

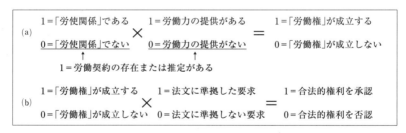

図19：現代中国における「労働権」の権利構造

　故に、数式(a)と数式(b)から、「労働権」の保護論理として数式(c)が得られる。

　　(c)「労使関係」{1,0} ×労働力 {1,0} ×合法行為 {1,0} ＝「労働権」の保護

ここで特徴的なことは、「労働権」の保護を求めるために、保護を要求する側がクリーン・ハンドであることを義務づけられる点である。そして、このような義務づけは、何が合法行為であるかが明示されていなければ、保護を要求する側の行動を実際上委縮させる可能性をもつ。

その一方で、法は、「労働権」を保護することによって、自らを正当化できるので、当事者特有の事情にかかわらず積極的に関与していくことになる。この状況は、極めて人治が出現し易く、法自身の正当性を損なうことになる。このような状況において、法治を貫徹できるかが、現代中国法に対する評価の基準点となる。加えて、このような状況を生み出さないための立法努力も現代中国法に対する評価基準として追加されるべきであろう(後述、158頁参照)。

尚、この保護論理に基づけば、「労働権」が成立しないとき、あるいは合法行為でない行為があるときは、法を通じた保護への期待が確実に低下することになる。つまり、グレー・ゾーンに居る個人は、法的保護が期待できず、法的空間とできる限り干渉しない行動を余儀なくされることになる。

第2項 「労働権」のメカニズム

建国初期のメカニズム

現代中国における「労働権」の権利構造では、権利利益を「労使関係」に基づく労働力に対する応分の対価として把握されている。故に、労働対価として使用組織から支払われる賃金に関する問題が、主たる労使紛争となることを推測することができる。同時に、上記で示した「労働権」の保護論理の数式から明らかなように、「労働権」の保護を強調すればするほど、保護を要求する側にクリーン・ハンドを要求することになるので、司法による救済を積極的に求めるためには、合法行為として法文が規定する枠組みに従い続けるしかない。

このメカニズムは、当時の統計からも裏付けられる。表5は、建国初期の民事紛争の受理統計とその中における労使紛争の内訳について整理したものである(1)。

この表から明らかなことは次の2点である。第1に、建国当初の労使紛争は、

表5：建国当初の民事紛争の受理状況について

年次	民事紛争	労使紛争			
	一審	一審	労働契約	賃金	解雇・復職
1950	651,358	12,573	n/a	n/a	n/a
1951	859,479	20,231	1,061	14,570	1,408
1952	1,401,025	37,070	1,384	26,284	3,680
1953	1,781,015	49,302	n/a	19,188	3,722
1954	1,216,920	18,417	n/a	n/a	n/a
1955	959,726	12,494	n/a	n/a	n/a
1956	738,979	7,121	n/a	n/a	n/a
1957	531,928	2,088	n/a	n/a	n/a
1958	302,536	2,853	n/a	n/a	n/a

民事紛争全体に占める割合が極めて低かったことである。多いときでも1953年の受理件数49,302件（全体の2.8％）であった。この年を境として、1954年以降、労使紛争を含む民事紛争全体で減少傾向に転じたことがわかる。

1954年という年は、その1月元旦に『人民日報』で「全てを国家の総路線の実現のために」が発表され、同月4日に中共中央で「労働者10人以上の資本主義工業を原則として公私合営に順次改造することに関する意見」が承認された。さらに、同年9月には、公私合営企業暫定条例が政務院から公布される等、「労使関係」を積極的に明文化した年であった。

この期間を回顧すると、1950年に労働争議解決手続きに関する規定を公布し、同年に人民法廷組織通則、訴訟手続き試行通則草案［中華人民共和国訴訟程序試行通則（草案）］を、そして1951年に人民法院暫定組織条例［中華人民共和国人民法院暫行組織条例］を公布する等して裁判制度を構築する最中であった。因みに、1953年には労働保険条例［中華人民共和国労動保険条例］を公布している。労働保険金の納付基準は、各使用組織の賃金総額を対象とするので、賃金に人々の関心が集まったとも考えられる。

第2に、建国当初の労使紛争は、労働契約が紛争処理の決め手として有効に活用されていなかったと推測できることである。これは前項の数式(a)から明らかなように、労働力を提供する人の出自により「労使関係」が判断されていたからである。統計資料上の制約から、1954年以降の労使紛争の内訳は不明であるが、「労使関係」が明文化されるにつれて、政府が労働者と直接対峙する局面が増加し、労働者対使用者の対立・対抗構造が、労働者と

政府の連帯構造へと変化したと言える。

この期間を回顧すると、労働契約を原因とする労使紛争がわずかしか統計上確認できない。この理由としては、1949年に公布した労資関係暫定処理弁法等の法文から確認できるように、労働者自体がその出自によって限定されていたことがあげられる。労使関係暫定処理弁法は、労働者側としては労働者［工人］、職員、店員、学徒および事務員しか認めていなかった。そして、法文において労働契約の締結を不可欠の要件として要求してもいなかった。したがって、各人の出自を対象として労働者か否かを判断していたので、労働契約を殊更に問題として取り上げる必要はなかったし、そこで問題となる労働契約は、論理的には出自が不詳の場合等、極めてまれなものであったと言える。

労働法施行後のメカニズム

改革開放政策を打ち出した現代中国では、市場原理の導入等に伴い、国外から使用者を受け入れる中で、「労使関係」が動揺した。この動揺とは、使用者なき「労使関係」から使用者対労働者の対立・対抗構造を前提とする労使関係への変更を求めるものであった。

私たちは既に、労働法がこの動きを拒否して「労使関係」を固持したことをみた。労働法の重要な意義は、その16条において、「労使関係」を確立するための不可欠の要件として労働契約の締結を要求したことである。表6は、労働契約および労働報酬を争点とする労使紛争の統計である(2)。

この表から明らかなことは、次の2点である。第1に、労働契約が労使紛争の原因となる場合が建国当初と大差なく、極めて低いことである。この表の期間で最も高い割合を示したのは2005年の受理件数76,440件（1.7%）である。その一方で、2001年より公表された統計データでは、労働報酬を労使紛争の原因とする場合が年々増加している。この件数を合算して再検出すると、2005年の受理件数は179,623件（4.1%）となるが、労使関係が民事紛争における主たる原因でない状況は、建国当初と変わらない。

第2に、労働契約を主たる原因とする場合の内訳をみると、圧倒的な割合

表6：労使紛争の原因に関する内訳について

年次	民事紛争 一審	紛争原因（件）			労働報酬
		労働契約			
		変更	取消し	終了	
1995	2,718,533	n/a	n/a	n/a	n/a
1996	3,093,995	n/a	n/a	n/a	n/a
1997	3,462,866	2,992	10,337	5,344	n/a
1998	3,613,138	2,840	13,069	4,752	n/a
1999	3,517,324	3,469	18,108	8,031	n/a
2000	3,418,481	3,824	21,149	10,816	n/a
2001	3,457,770	4,254	29,038	10,298	45,172
2002	4,393,306	3,765	30,940	12,908	59,144
2003	4,416,168	5,494	40,017	12,043	76,774
2004	4,303,744	4,465	42,881	14,140	85,132
2005	4,380,095	7,567	54,858	14,015	103,183
2006	4,385,732	3,456	55,502	12,366	103,887

で労働契約の取消しが紛争の原因となっている。これは、1994年の労働法が、雇用法制から解雇法制へと理論的転換を行なったことに起因すると言われる。そこで、個人対個人の関係において労働権の取消し紛争を見ておきたい。

労働契約の取消しが問題となる場合で、使用組織が訴えるのは、現実の法律関係に対する認識の違いや能力不足等によって、「労使関係」の解消、すなわち解雇を要求するケースであろう。その一方で、労働者が訴えるのは、新しい職場を得る等して「労使関係」の解消すなわち退職を要求するケースが多いと推測される。いずれにせよ現実の「労使関係」の解消を目的とする訴えであると言える。

なぜ「労使関係」の解消を目的とする訴えになるのかというと、「労働権」の権利構造における労働契約が、私たちにとって自明の契約一般と違って、意思自治の原則の下にないからである。当時、労働契約が有効であるためには、当事者の意思すなわち合意ではなく、労働行政部門政府の審査評定による認定が不可欠であった。政府が使用組織による労働者の解雇を抑制したいならば、労働契約の審査評定を柔軟に運用して労働契約を承認する範囲を広げる方に向くことになる。逆に、労使関係の解消を支援するならば、労働契約の審査評定を厳格に運用して労働契約を否認する方に向くことになる。労働契約の取消し紛争の落とし所は、使用組織の意向でも「労働者」の意向でもないのである。

要するに、労働者であれ使用組織であれ、政府の意向が「労働権」の法的保護を決定するメカニズムの中で決定的な要素であった。したがって、労働

第5章 中国的権利論とそのメカニズム

契約の取消しを訴えることが、如何に無駄で、その法的保護が期待できないかは承知していたはずである。それにもかかわらず、「労使関係」の解消を求めて人民法院へ訴える背景には何があったのか。

労働者であれ、使用組織であれ、いずれも問題の「労使関係」を解消することが目的なのだから、取消しを求められた側は解消を拒否していることになる。極端なことを言えば、たとえ「労働者」と使用組織の双方が「労使関係」の解消に合意したとしても、政府の意向に沿わなければ表沙汰にできない。故に、二重雇用や兼業は、ありふれた違法・非法状態であったわけである。そのような中で、敢えて「労使関係」の解消を周知させるための訴え提起が、上記の統計に現れた数字であると言える。

すなわち、労働行政部門が行なう審査評定は、労働契約書という形式上の要件のみを対象とするので、労働契約書を締結する過程における様々な行為が合法であったかどうかまでを対象とするものではない。よって、当事者がその締結過程における合法性の審理を通じて事実を認定すれば、合法行為でなかったことから自己の要求を実現できるかもしれない。言い換えれば、合法行為がなかったことの認定による法的保護の否定が、結果として「労使関係」の解消につながる、というわけである。そこでの論理は、法律関係理論に基づく限り、「労働権」の否定を導くものであった。

同時に、ここにはもう1つの推測が成り立つ。それは、このように政府の意向を客観的に反映させる労働契約制度の枠組みに反発し、意思自治の下での「労使関係」を客観的に反映させる労働契約制度という新たな枠組みを、人民法院の審理判決の蓄積を通じて変更したいという推測である。

これは、当事者の内面の意思を重視することを人民法院の審判官（[審判官]、現行法における[法官]に該当する）に要求するものであり、上記のような合法性の審理を求めるものではない。したがって、人々が最も納得する結論から出発して法的論理を構成し、法が保護する権利を確定することを当事者が求めた結果が統計の数字であるとも言える。このような要求は労働行政部門の審査評定を事実上否定することになるが、ここに既存のメカニズムを変更させる

新たなメカニズムの構築を見ることができる。

どちらの推測がより合理的であるか。この結末については、労働契約法における変化（第Ⅱ部第6章）において分析することにしよう。

第3項　法学研究における「労働権」

現代中国における「労働権」の権利構造とそのメカニズムを確認すると、日本法における労働権のそれと同一に扱うことに違和感がある。

日本国憲法27条1項は「すべて国民は、勤労の権利を有し、義務を負う」と規定する一方で、2007年に制定した労働契約法2条は、労働者を、使用者に使用されて労働し、賃金を支払われる者（家事使用人を含む）と限定している。

一方、中国の現行憲法42条1項が「中華人民共和国の国民［公民］は、労働の権利及び義務を有する」と規定し、労働法3条1項で「労働者［労動者］は、平等な就業及び職業選択の権利、労働報酬を取得する権利、休息休暇の権利、労働安全、衛生保護を獲得する権利、職業技能訓練を受ける権利、社会保険及び社会福利を享受する権利、労働争議の処理を提起する権利及びその他労働の権利を享有する」と限定している。

この点において両者は同じように見える。しかし、両者を容易に接合したり比較したりできない大きな違いとして、次の点が重要であると考える。

日本での労働権の形成は労働法の形成とリンクし、労働法そのものが、労働事件に関する最高裁判所の裁判例等における判断を含めた普遍的（と思われる）論理に基づいて体系化したものである。すなわち、裁判所の判例という歴史的に論理整合性と法的安定性を保持した論理による政策形成と法文とが結合して法的保護の射程範囲を充実させてきた。

その一方で、中国の「労働権」の形成は、法文によって合法的権利のみを法的保護の射程範囲とすることを自明とした。そこでも論理整合性と法的安定性の保持に注意が払われたと思われるが、「労働権」の権利構造に基づけば、臨床空間である法廷に普遍的な論理を組み込む必要性は生まれない。すなわち、「労働権」は、法文が提示する客観的な基準に照らして、その範囲を充実

させてきたのである。このように両者の形成過程には大きな違いが存在する。

　要するに、日本法における労働権と現代中国法における「労働権」とを比較する場合、日本法は従前の労働権の保護論理という枠に拘束されるものの、解釈次第でその射程範囲の拡大を期待できる一方、現代中国法は法文そのものの保護論理の枠に拘束されるため、その射程範囲の拡大については、法文の改廃を含めた立法次第となる。したがって、現代中国においては、法的保護の射程範囲を調整する法文の制定および改廃、そしてその運用を助ける司法解釈等の立法が、「労使関係」のすべてを調整していると言える。

第2節　中国的権利について

　現代中国における「労働権」は、私たちが自明とする労働権でなかった。明らかとなった「労働権」の権利構造とそのメカニズムは、労働権から現代中国の労使関係へアプローチすることが十分に適合的な分析視点でないことを見て取れる。

　ここではまず、中国的権利の構造を「労働権」から一般化し、中国的権利として提示する。次に、現代中国における最近の立法に関する統計を分析し、中国的権利のメカニズムから解釈する。この解釈を通じて、中国的権利を構成する法的論理を提示し、中国的権利論を論証する。

　さらに、中国的権利論の特徴とその整合性について、建国期の法文等から確認する。最後に、国際社会の一員として現在の現代中国が、国際間の法的論理の接合すなわち、私たちが自明とする法的論理とどのように接合するのかについて、また、中国的権利論が、中国国内の生の要求とどのように接合するかについて、その枠組みを提示しておくことにする。

第1項　中国的権利の構造

　既に第1章において、私たちは、現代中国法の法的論理が中華人民共和国の成立とほぼ時を同じくし、その根本法が共同綱領から歴代の憲法にあるこ

とを確認している。そして、この根本法の変遷から不変の文言を取り出すと、それが労働者階級の指導する国家となることも確認した。以上より、労働者階級という集団を構成する個々の労働者を権利主体として抽出した。

同時に私たちは、前節において「労働権」の権利構造を整理し、その法的保護が権利主体に直接向かうのではなく、労働者による労働力の提供とその労働対価としての「労働権」、さらに、個人対個人の法律関係を表わす「労使関係」の存在を類推させる労働契約に向かうこと、そして権利主体である労働者は間接的に保護されるにすぎないことを確認した。

したがって、この権利構造を基本として一般化することによって、現代中国法における権利構造が提示できる。労働者を権利主体に、労働力と「労働権」を権利客体に代替できる。この権利客体とは、権利主体の一方が他方に対して法令に基づく行為を提供し、他方がその対価として合法的権利を提供する一種の換算規則が存在する対象（物）のことである。そして法的保護は、

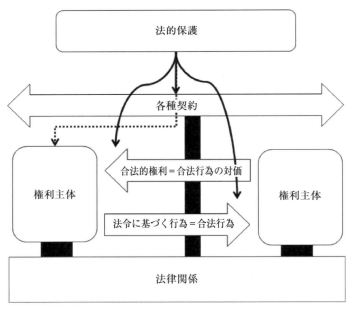

図20：中国的権利の権利構造

この権利客体と個人対個人の関係を表わす法律関係か、その存在を推測させる各種の契約に向かうことになる（図20）。

したがって、中国的権利の権利構造は、「労働権」のそれを数式化できたように、「労使関係」を法律関係に、労働力を合法行為に、そして「労働権」を合法的権利に代入することで数式化できる。数式(a´)は、合法的権利の成立過程を表わし、数式(b´)は合法的権利の承認過程を表わしている（図21）。

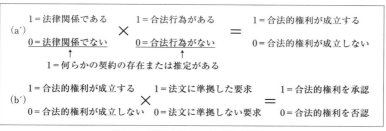

図21：現代中国における権利構造

法文に準拠した要求があったとしても、その要求が法的保護を獲得するためには要求行為も合法行為であることが求められる。故に、合法行為であることと法文に準拠した要求とは同義である。したがって、数式(a´)と数式(b´)から現代中国における保護論理として、次の数式が得られる。

(c´) 法律関係 {1,0} ×合法行為 {1,0} ＝合法的権利の保護 {1,0}

ここで特徴的なことは、次の3点である。

第1に、合法か否かを調整する要因が、法文に集中していることである。これは、法廷のような臨床空間において、部分的な合法行為や法律関係の承認を認める余地を与え難い。つまり、合法の判断は司直の手中になく、法文を作る立法関係者の手中にあるのである。故に、現代中国において司法的救済を求めることは、法文が合法的権利と認める場合に限られると言える。

第2に、第1の特徴の論理的帰結として、新しい権利が自然発生的に承認

され、保護されるということを中国的権利論は承認できない。何らかの形で法文として立法されないかぎり、論理的には無理がある。新たに保護する権利であれ既存の合法的権利であれ、その保護範囲の拡大または縮小は、立法を経なければならない。

第3に、それ故に、立法過程における民主の拡大が重要な指標となる。パブリックコメントや陳情［信訪］という形で立法過程へ人々を関与させてゆくことは、一方で権利擁護運動として注目されるが、他方で中国的権利論を維持強化する運動としても注目されることになる。

第2項　中国的権利のメカニズム

立法関係者とは誰か

合法の判断は司直が行なうのではなく、法文を作る立法関係者が行なう。そうすると、司法解釈と呼ばれる最高人民法院や最高人民検察院が行なう解釈は、論理的には立法である。司法解釈には法文に関する条文解釈のほか、法令のような解釈や下位の組織からの問い合わせに対する回答的な解釈等が存在する。これらは、最高人民法院審判委員会または最高人民検察院検察委員会等の立法関係者が、司法解釈の制定手続きに基づいて法文を作成する。

次に、地方性法規や地方性規則［規章］または自治条例や特別条例［単行条例］は、地方の人民代表大会および同常務委員会の構成員が立法関係者として法文を作成する。そして、行政法規や部門規則は、国務院および各部の常務会議の構成員が立法関係者となる。

最後に、憲法を含む法律は、全国人民代表大会および同常務委員会の構成員ならびに各専門委員会の委員が立法関係者となり、立法法［中華人民共和国立法法］の手続きに基づいて法文を作成する（表7参照）。

したがって、自らが保護して欲しい権利が現行法上調整されていない場合は、これらの立法関係者に直接要望することが、司法的救済を獲得する最短の手段となる。また、パブリックコメントの提出や陳情の活用は、間接的な要望手段であると言える。そして、私たちが司法的救済として想定する司法

表７：法令の分類と主な立法機関及びその構成員

	立法機関	構成員
法律	全国人民代表大会 同常務委員会	全人代代表 全人代常務委員会委員 各専門委員会委員
行政法規 部門規則	国務院 各部、委員会	国務院常務会議構成員 各部、委員会の委員
地方法規 地方規則 自治条例 単行条例	省人民代表大会 市人民代表大会 自治地方人民代表大会 各人民政府	地方人大代表 地方人大常務委員会委員
司法解釈	最高人民法院 最高人民検察院	最高人民法院審判委員会 最高人民検察院検察委員会

機関への要望は、相対的にみると、現行の法秩序において最短の手段ではないことになる。

立法活動の活性化の必要性

現代中国における権利構造は、法律関係に基づく合法行為に対する応分の対価を合法的権利として把握する。合法か否かについては、立法により判断される。その法的保護を受けるためには、法令の根拠が必ず必要となる。誤解しないで欲しいことは、これは法が社会全体を支配するという法至上主義の表われではないということである。法的保護を受けるためには法令の承認が不可欠であるというだけであり、合法的権利か否かにかかわらず、当事者が了解していれば、法令の禁止内容でない限り法令の根拠は不要である。

中国的権利論に基づけば、法的保護を求めないのであれば、法令の根拠は必要ない。しかしながら、例えば当事者が当初了解していた合意に含まれていない新しい問題が生じることがある。また、国際貿易における相手国の当事者からすれば、法的保護の有無が重要な関心となる。国際取引の場合、裁判管轄権を事前に取り決めておくことで相手方のリスク管理に資することもできるが、これで十全な環境であるとは言えない。いずれにしても、中国的権利論に基づく限り、法令の根拠がない非法な権利を合法化するためには何らかの立法が不可欠となる。

表 8 は、1995 年から 2005 年までの法律、行政法規、部門規則および地方法規の立法数の推移をまとめたものである(3)。先行研究によれば、2001 年に急上昇しているのは、WTO への加盟に伴って関連する法令の整理や一部改正等を行なったためであるという。また、これらの法律のうち、失効や一部改正を経ていない有効なものが全体の 28.6％にすぎず、ほぼ 71％ の法律が失効したり、何らかの一部改正を経ているとされる。

　因みに、2000 年 3 月に全人代が立法法を制定し、全人代および同常務委員会ならびに国務院の立法手続きを明らかにした。立法法は、下位組織による越権的な立法の問題、法令同士の矛盾抵触の問題等を是正し、法令体系の適正化を目指すことを目的とした法律である。中国的権利論に基づけば、合法的権利の承認過程を立法することによって、法文上からも立法関係者が合法性を付与する「権利」を有することを承認したことになる。

　立法数の多さは必ずしも法体系の成熟を意味しないし、逆に、立法数の少なさが必ずしも法体系の未熟を意味しない。しかし、中国的権利論に照らせ

表 8：立法統計（1995～2005 年）

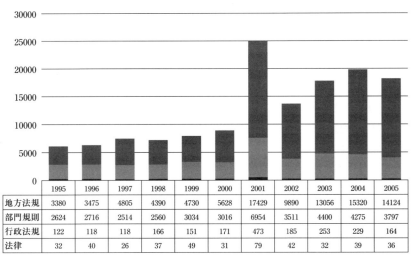

	1995	1996	1997	1998	1999	2000	2001	2002	2003	2004	2005
地方法規	3380	3475	4805	4390	4730	5628	17429	9890	13056	15320	14124
部門規則	2624	2716	2514	2560	3034	3016	6954	3511	4400	4275	3797
行政法規	122	118	118	166	151	171	473	185	253	229	164
法律	32	40	26	37	49	31	79	42	32	39	36

ば、現代中国における立法活動は、社会が動態的である限り常に活性化していなければならないので、立法数が一定の成長率を示すことによって法体系の成熟、未熟を評価できることになる。

権利擁護運動との関係

このような立法活動の活性化は、時として権利擁護運動と結びつくことがある。また、立法により法的保護の承認をようやく獲得する中国的権利は、合法行為の対価としてその法律関係を前提に把握する。そして、上記で示した中国的権利の保護論理に関する数式から明らかなように、自らの合法的権利の保護を要求するには、その要求行為も合法行為で構成されることが求められる。このことを図示するならば、次のようになる（図22）。

私たちが用いる権利の保護論理においては、その権利を保護するために、当事者同士の協議、第三者による調停、仲裁機関による仲裁および司法機関による裁判のいずれを選択するかは、仲裁を経なければ裁判をおこせないという仲裁前置規定等が法令で言明されていない限り原則自由である（図左）。しかし、中国的権利の保護論理においては、その権利を保護するための手続きも法令が固定しており、その手続きに則って法的保護を要求しなければならない（図右）。

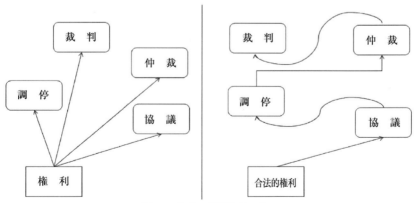

図22：権利の保護論理の違い

したがって、権利擁護運動も中国的権利論との関係で言えば、その運動自体が合法行為により構成される必要があるということになる。それが対抗的な運動であればあるほど、合法行為であることが強く求められるので、時として暴力事件を誘発し易くなることが予想される。その一方で、それが連帯的な運動であればあるほど、既存の合法的権利の枠内に止まることとなり、時としてその運動自体が無意味なものになることもあろう。

　現代中国における権利構造は、その権利の合法性の付与権限を立法関係者のみが掌握し、そのメカニズムにおいて、法令順守を不可欠とする点に特徴がある。この特徴が、現代中国法の本質的問題を独裁にあると帰結する議論の潜在的な問題意識を形成させ、かつ、問題の所在を中国共産党の自浄作用の限界性に求める研究の背景となっている。

　これらの前提となる論理は国際的にみて普遍的なものであり、その評価が誤りであるとは筆者も思わない。しかし、その一方で、普遍的な論理を自明として評価することが、中国的権利論を前提としない分析に終始するのであれば、現代中国を科学できないことになりはしないだろうか。

第3項　中国的権利論との理論的接合

　国際社会における現代中国の影響力を鑑みると、私たちにとって普遍的な論理とは別の論理を前提とする権利論との擦り合わせ、すなわち接合方法の最適化とくに理論的接合の問題が極めて重要である。とはいえ、理論的接合の問題は、中国的権利論を過渡期の理論とするものではないし、進化論的にいずれかの理論へ収斂させるものでもない。この問題は比較分析するための基礎研究であり、現代中国法の変動を科学する応用研究に資するものにすぎない。以上の意識をふまえて、両者の権利構造およびメカニズムを比較整理しておくことにする。

2つの権利論の比較

　まず、中国的権利論の権利構造と私たちの権利構造とを比較して特徴的なことは、主として3点ほど存在する。

第1に、権利主体レベルで相違がある。すなわち、法的保護を得られる権利を享受する個人が特定されているか、それとも不特定かの違いである。例えば、「労働権」は、働く人全般ではなく、正式労働者［固定工］のように戸籍等で出自が明確な就労者を享受できる個人として特定してきた。中国的権利論は、合法とする法律関係を前提に論理構成していくので、権利主体の確定が重要である。

　第2に、権利客体のレベルで相違がある。すなわち権利主体が行なう法文に合致する行為と応分の対価が、権利客体のすべてとして限定されるか、それとも抽象的な権利が対価として用意されるかの違いである。「労働権」は、個人が提供する労働力と応分の労働対価を権利客体として限定している。中国的権利論に基づく限り、現実の行動に見合う対価しか保護の対象にならない。

　そして第3に、このようにして応分の対価を合法的権利とし、かつ、その享受資格さえも法文の根拠を必要としたことから、法的論理のレベルで相違がある。すなわち、合法か否かの前提となる法律関係を認定する権限を立法関係者が独占しているか、司法関係者と共有しているかの違いである。

　既にみたように、「労使関係」を法律関係の1つとして認定したのは立法関係者である。そして、担当部門による審査評定等によって、合法か否かを認定してきた。つまり、意思自治を排除してきたために、法廷で当事者の合意内容を審理することによって、司法関係者が自らの解釈を通じて認定する余地はなかったのである。

表9：2つの権利論の比較整理

	普遍的権利論	中国的権利論
権利主体	不特定	特定
権利客体	抽象的	限定的
法的論理	意思自治の受容	意思自治の排除
認定機関	立法・司法の関係者	立法関係者

理論的接合の問題

　私たちが自明とする権利と現代中国法における「権利」とは似て非なるも

161

のであると言える。とはいえ理論的に接合しないこともない。中国的権利論の下で、法廷審理を前提として裁判官の解釈を通じて、純粋に権利客体を拡大させることは、裁判官の解釈を合法行為として立法しない限り不可能である。しかし、法文によって認定された合法的権利の範囲内で法的保護を獲得することは可能である。

　また、中国的権利論は意思自治を原則排除するので、新しい権利が法廷という純粋に司法的空間を通じて生成することも不可能である。確かに司法解釈を通じて生成することは論理的に可能であるが、それが立法に属することは既に述べたところである。

　論理的に、普遍的権利論の下で自明とされる権利は、中国的権利論の下でその司法救済を受ける範囲が縮小することになる。このとき、理論的に接合しない部分を司法救済の範囲に組み込む方法は、立法関係者への要請が絶対の条件となる。立法関係者への要請とは、自己とは異なる他者に対して言葉を使って働きかけて結合する行為、すなわち政治である。したがって、現代中国社会は相対的に政治優先の、または法治よりも人治優先の社会であると映ることになる。

　理論的接合の問題が未解決のまま現代中国法を科学することにより私たちはしばしば法と現実のギャップという罠に陥れられていないだろうか。2つの権利論の理論的接合から明らかなように、普遍的権利論は、権力の分立を前提とし、それが立法と司法それぞれの独自の方向性を生成する余地を残すので、対立交渉の過程が造り出されるように対外的に見せられることになる。故に、私たちの主観に合理的な結論が導かれるように感じ取らせられる。

　しかしながら、中国的権利論は権力の分立を前提としないし、立法のみが合法的権利を拡大させることができるので、そこでの対立交渉の過程は対内的なものと映るから、合理的な結論が導かれると感じ取れないことになる。そうすると、権利を確保するには司法を独立させて対立交渉の過程を対外的に見せることの保障が不可欠になるので、現代中国における権力構造を転換する必要があるとの結論へと誘導させられる。

　要するに、2つの権利論の善し悪しを問題とすることは誘導尋問である。

そこでの議論は、私たちの主観的な判断に完全に依存している。論理整合性も別の権利論を前提とする整合性にすぎないので、それが精確な評価であることは保証できない。精確な評価を保証できるように、自明のものを再構成して現在の動向を捉え直さなければならない。

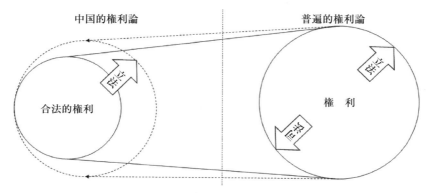

図 23：2 つの権利論の理論的接合

第 3 節　学問としての中国的権利論

　学問における進歩は、私たちにとって自明であったものが自明のものとして妥協せず、その存在価値を問題とすることによって始まる。本章で示したように、「労働権」の研究における分析視点は、中国的権利論として一般化した形で提示できる。これを学問としての中国的権利論として提案したい。

　学問としての中国的権利論は、少なくとも2つの方向性を私たちに与えることになるだろう。1つは、従来の研究成果の前提となった分析視点を、中国的権利論の視点に代替させ、その再構築を促がす方向性である。中国的権利論は、少なくとも現代中国における法的論理の起点、すなわち過去から現在に至るまでで一貫した整合性を確保している。一貫性をもつ正しい法的論理を前提に再構築することは、矛盾し合う複数の論理が併存する理論的背景を用意することになる。

163

そもそも法学は、人間のすべての行為に対してその本質、原因および目的について徹底して説明する義務を負い、その背後に存在する真理を追究することによって矛盾し合う法的論理がどうして併存できるかを解明する学問である(4)。それ故に、中国的権利論に基づく再構築は、現代中国法の論理整合性を客観的に高めることになる。

しかし、この作業による結論が、誰もが納得する結論を導くことを保証するとは筆者も考えていない。正しい結論は、誰もが納得する結論であることを必ずしも保証しない。誰もが納得する結論とは、私たちの感情すなわち主観において論理的あるいは合理的なものと感じるものにすぎないからである。

したがって、中国的権利論の視点は、もう1つの方向性として正しい結論を導くための問題意識が現代中国法に内在すること、そしてこの問題意識に基づいてその改善を促す法動向を分析する方向性を私たちに与える。この点について、日本の判決における解釈のメカニズムは極めて参考になる。

そもそも判決における解釈のメカニズムは、まず候補条文について［A］法文自体の意味、［B］条文同士の体系的連関、［C］立法者の意思、［D］立法の歴史的背景および［E］法律意思を網羅的に検討し、その規定の射程距離を測り、落とし所を押さえることから出発する。そして、その落とし所を必要に応じて［A］から［E］のうちで特に依拠できるものを拠点として具体化していく。この作業中に無理があると判明すれば、改めて別の落とし所に移行して再出発する。そして最終的にかなりの確信が得られれば、［イ］文字通りの適用、［ロ］宣言的解釈、［ハ］拡張解釈、［ニ］縮小解釈、［ホ］反対解釈、［ヘ］もちろん解釈、［ト］類推解釈、［チ］比附または［リ］反制定法的解釈のどれかを経過して結論を導く(5)。

要するに、正しい結論を導くには、紛争当事者間の均衡点すなわち決着点と根拠となる法文との距離の妥当性を確認し、その決着点に到達することが合理的であるかのように説明する中で、過去の関連する判断との整合性を含めて解釈することが要求されるのである。誰もが納得する結論が最初から存在し、そこへ到達させる為の偽りの論理を構成することが重要なのである。

学問としての中国的権利論は、この偽りの論理による構成に正当性を与え、同時に法的安定性を確保させることになる。誰もが納得する結論を導くことは重要である。しかしながら、学問の場においては、結論の正しさからその論理構成に正当性を与えてはならないと考える。確かに正しくない論理により誰もが納得する正しい結論が得られるわけであるが、それは秩序を維持するために私たちの主観がそうさせるにすぎないのであって、正しい論理と偽りの論理を区別して構成しなければ、学問における進歩は期待できない。

正しい論理と偽りの論理、中国的権利論と普遍的権利論は、現代中国法の論理整合性と法的安定性をいっそう可視化させることに有用である。また、これらの可視化は、現代中国の現在の秩序と法文が調整してきた従前の秩序との相関を明らかにできるので、現代中国の法動向を精確に把握できることになる。そして、現代中国の現在について私たちは変化している、または、変化しようとしていると認識する傾向が強い。

それでは従前の秩序は、現在の秩序に代替したとどうやって論証できるだろうか。この問いに答えるためには、比較を可能にする基準が不可欠である。そして、この区別の基準が中国的権利論にほかならない。

〔主要文献〕

E. エールリッヒ、河上倫逸＝M. フーブリヒト共訳『法律的論理』みすず書房、1987年

王暁燕『私営企業主的政治参与』社会科学文献出版社、2007年

王晨『社会主義市場経済と中国契約法』有斐閣、1999年

河村有教「法の現代化と中国型《法治》論」『中国研究論叢』第5号、2005年

喬暁陽主編『中南海法制講座十四講』中共中央党校出版社、2003年

江平総主編『共和国六十年法学論争実録』厦門大学出版社、2009年

木間正道「適法性（合法性）と法治国家」『変動する社会主義法』法律文化社、1991年

最高人民法院研究室編『全国人民法院司法統計歴史資料滙編：1949〜1998（民事部分）』人民法院出版社、2000年

笹倉秀夫著『法解釈講義』東京大学出版会、2009年

朱景文編『中国法律発展報告：数拠庫与指標体系』中国人民大学出版社、2007 年
朱景文編『中国人民大学中国法律発展報告 2010』中国人民大学出版社、2011 年
菅野和夫『労働法　第 10 版』弘文堂、2012 年
全国人大常委会法工委立法規劃室編『中国人民共和国立法統計』中国民主法制出版社、2008 年
田中信行「現代中国法の構造と機能」『社会科学研究』1996 年 3 月
張進藩主編『中国法制 60 年：1949～2009』陝西人民出版社、2009 年
張文顕『法哲学範疇研究（修訂版）』中国政法大学出版社、2001 年
鄧正来「中国法学向何処去（上）（中）（下）」『政法論壇（中国政法大学学報）』23 巻 1 期・2 期・3 期、2005 年。
ハンナ・アーレント、清水速男訳『人間の条件』筑摩書房、1994 年
法治与人治問題討論集編集組『法治与人治問題討論集』群衆出版社、1981 年
山下昇「研究ノート：現代中国労働法の基礎的考察――中国労働法の展開と労働契約法総論」『久留米大学法学』第 51・52 合併号、2005 年

【注】

（1）最高人民法院研究室編『全国人民法院司法統計歴史資料滙編：1949～1998（民事部分）』人民法院出版社、2000 年より筆者が作成した。

（2）『中国法律年鑑』各年版および『中国労動統計年鑑』2005 年版ならびに 2011 年版より筆者が作成した。

（3）朱景文編『中国法律発展報告：数拠庫与指標体系』中国人民大学出版社、2007 年の関連データより筆者が作成した。

（4）E. エールリッヒ、河上倫逸＝ M. フーブリヒト共訳『法律的論理』みすず書房、1987 年、145 頁参照。

（5）笹倉秀夫『法解釈講義』東京大学出版会、2009 年、154 頁参照。

第Ⅱ部　中国的権利論の応用

　中国の現在について、私たちの多くは変化したと感じているのではないだろうか。その一方で、一部の人々からすれば変化していないと感じているのではないか。この矛盾するような認識は、現代中国の法務全般においても確認できる。すなわち、現代中国法を簡単であると感じる者がいれば、難しいと感じる者もいるのである。

　第Ⅱ部では、現代中国法の現在が、中国的権利をどのように応用しているかを明らかにすることによって、現代中国の変化の有無を検証する。このような作業は、一方で中国的権利論を構成する要素の一部を放棄する形で変化したものもあれば、他方で構成要素の一部を修正する形で変化したものもある。

　これらの分析を通じて中国的権利論の今日的位相を明らかにし、現代中国における法変動を捉え直すことによって、上記のような認識上の矛盾を解消させる。

第6章　労働契約法における変化

第1節　労働契約法の変遷

　労働契約法［中華人民共和国労動合同法］は、労働契約制度を改善して、労働契約を締結する当事者双方の権利義務を明らかにし、労働者の合法な権利を保護すると共に、調和がとれて安定した労使関係を構築するために制定したとされる(1)。

　労働契約法の制定は、その目的から明らかなように、労働契約を締結する当事者双方の権利義務の明確化、とりわけ労働者の合法な権利を保護するうえで重要な作用を有する。そもそも現代中国の「労働権」の権利構造に基づけば、現代中国の「労働権」の成否は、①「労使関係」の有無および②「労働力」の有無にある。労働契約が特に重要な作用を発揮する場合は、出自により労働者であることが不明であるときである。このとき労働契約の存在が、①ないし②の要件を推定する。

　例えば、自らの「労働権」の保護を求める人が、労働者かどうかが不明であるとき、①においては、労働契約が存在することによって「労使関係」を認定できる。また②においては、労働力として認定できない労務の提供でないことを認定できることになる（第4章第2節参照）。裁判例を整理して言えることは、「労働権」の権利構造も社会の変化に適応するようにその成立要件を改善していたことである。そして、こんにちでは、労働契約の有無を、労働権の権利構造の基礎とするまでに至ったのである。

　この労働契約法は、このような社会の変化に適応する法秩序の改善を、立法によって認めたことを意味する。2004年10月に開催された労働法公布10周年のイベントに合わせて労働法制の現状とその問題が議論されたことが契機であったと言われている。そして、2006年3月に、労働契約法草案［関於

公布《中華人民共和国労動合同法（草案）》征求意見的通知］としてパブリックコメントに付された。労働契約法草案が公表された後1か月の間に、19万件以上の意見が寄せられたという。

この意見の中には、2006年4月に、中国EU商会（EU Chamber）および上海アメリカ商会（American Chamber）が、それぞれ外資系企業を代表して全人代常務委員会法制工作委員会に対して提出した要望書もあったとされる。伝え聞くところによれば、労働契約法草案の内容は、現行の企業人事管理制度と矛盾するところが多く、その実施が困難であるとの指摘のほか、違法操業している内資系企業を放置する一方で、外資系企業をターゲットにするのではないかといった懸念等が示されたという。

これらの意見を踏まえて適宜修正し、全人代常務委員会は、2007年6月に労働契約法を立法した。その後、労働契約法の実施に伴う法制度の改善が随所で行なわれた。例えば、国務院国有資産監督管理委員会弁公庁は、2008年1月に労働契約法の貫徹実施に関係する問題に関する通知［関於貫徹実施《中華人民共和国労動合同法》有関問題的通知］を公布して、国有企業の労使関係においても労働契約制度を基盤にした改善を求めた。また、国務院が、同年9月に労働契約法の細則として労働契約法実施条例［中華人民共和国労動合同法実施条例］を公布し、とくに地方人民政府の労働行政部門と労働組合［工会］に対して労働契約制度の推進を求める等、活発な動きをみせた。

そして、2012年12月に、改正労働契約法［全国人民代表大会常務委員会関於修改《中華人民共和国労動合同法》的決定］を採択し、2013年7月1日より施行している。労働契約制度の改善を通じて現代中国における「労使関係」をより良くする動きは、今後も続くと思われる。

第6章　労働契約法における変化

第2節　労働契約法の意義

第1項　解雇法理の導入と派遣労働の調整

　先行研究によれば、労働契約法の意義として指摘される前提に、正式労働者［固定工］を基本とする終身雇用制度（定年あり）から契約労働者を基本とする雇用制度への移行がある。よく言われることは、1978年以降の改革開放政策によって外資系企業の設立が容認され、これらの企業において労働契約制が採用されたこと、そして、その後の市場競争の中で、喰いっぱぐれがない［鉄飯椀］と言われた国有企業においても破産が現実の問題となり、余剰人員の解雇を国有企業が選択手段の1つとして確保するために、労働契約制へと移行し始めたことである。

　そこでは、社会主義中国のこれまでの歩みをベースにすると、資本主義社会の否定のうえに構成していくという原理上にあったことと、解雇という資本主義社会の象徴的な行為を今になって容認することとを、どのように整合できるのかという大きな問題があった。つまり、否定されるべき解雇法理を、改革開放という社会の大きな変化の中で導入したということに、国内外はこぞって注目したわけである。

　法学としてみるとき、労働契約法の意義は、上記のような解雇法理の導入のほかに注目すべき現象があった。それは、中国社会の大きな変化の中で、外資系企業の在中代表事務所へ現地の労働者を派遣してもらい、彼らを雇用することから始まった派遣労働の雇用秩序が、従前の法秩序と併存し合い、調整を経て、新しい法秩序として構成され、この法秩序が、従前の法秩序に取って替わったということである。これは、法秩序の転換が、ナマの力によるのではなく、別の法秩序に代替されることによって実現するという私たちの法学の考え方が、現代中国の法でも通用しうることが期待できる例であった。

　改革開放政策が始まった当初の状況は、労働市場における雇用の創出を意

図するものではなかったという。しかし、1990年代には国有企業改革に伴って一時帰休させられた労働者の再就職を促進するために、各地の人民政府等が積極的に公共職業服務機関を設置し、この公共職業服務機関による職業紹介、職業指導、職業訓練等を推進するようになった。また、この頃から労務公司〔労務公司〕による派遣就業サービスも生み出された。その後、民間においてもこうした労働者派遣組織が生まれ、派遣労働の雇用秩序が実社会において形成され始めた。

とはいえ、派遣労働の雇用秩序が雇用する側による労働搾取を生み出し易い環境にあることは、現代中国においても同様であった。法制度上の主な要因を指摘するならば、それは「労使関係」か労務関係かという法律関係と、

表10：労働契約・請負契約・労務契約の違い

	労働契約	請負契約				労務契約
		企業外部請負契約	企業内部請負契約	国有企業内部請負契約	農村土地請負契約	
契約当事者	企業経営者 労働者	企業所有者 企業主管部門 企業経営者	企業経営者 労働者	企業経営者 企業分支所 労働者	村集団組織 村民委員会 農民	企業等の組織 労働者
法廷代理者（甲）	企業	企業 企業主管部門	企業	企業	村集団組織 村民委員会	企業
法廷代理者（乙）	労働者	企業経営者	労働者	企業分支所 労働者	農民	労働者
締結方法	書面形式	書面形式	書面形式 口頭形式	書面形式 口頭形式	書面形式	書面形式 口頭形式
適用法律	労働法 労働契約法	全人民所有制工業企業請負責任制度暫定条例	—	全人民所有制工業企業法 城鎮集団所有制企業条例	農村土地請負法	—
目的効果	労働者権利・義務の明確化	企業財産の所有権と財産権の動的・静的分離 リスクマネジメント	内部管理の強化 経済利益効果の向上 生産経営目的の実現	—	利益関係の正しい処理	簡便な労務管理
対外的代表	甲	乙	甲	甲	甲 or 乙	甲 or 乙
危険負担	甲	—	—	甲	（乙）	乙
紛争処理	労働仲裁→訴訟	調停→仲裁・訴訟	—	—	調停→仲裁・訴訟	（労働仲裁）→訴訟
報酬規則	按労分配原則	納税額以外は取得 按労分配原則	契約規定額の納付 按労分配原則	—	按労分配原則	等価有償原則
指揮命令権	あり	なし	あり	あり	—	あり
福利厚生	負担する	負担しない	負担しない	負担しない	負担しない	負担しない

労働契約、労務契約および請負契約に代表される契約関係との間のミスマッチにあった。

つまり、労働者派遣組織と派遣労働者の間の法律関係が労使関係であるときは、労働者の権利として労働報酬、社会保険、福利、休息休暇、職業技能訓練、労使紛争の提起権等が認められる。しかし、双方の間の法律関係が労務関係であるときは、派遣労働者には労働報酬を請求する権利しか認められなかったのである。

表10（172頁）は、契約関係に現れる三者の異同を整理したものである。労働契約が「労働権」を完全に保障するものとすれば、その一部を除去することによって成立する契約が請負契約であり、労務契約であることを示している。このうち、請負契約については、有限の労務を、主要な業務から切り離し、その管理を成功報酬と共に労働者派遣組織に負担させることができるため、使用組織側は、自らの負担を軽減する経営手段として活用し、様々な形態の請負契約を造り出していた。

例えば、袁鋒事件（第2章第4節参照）も、まさにこのミスマッチであった。被告である使用組織は、請負契約や労務契約に準ずる委託契約関係として原告袁鋒との間の法律関係を主張し、労働契約関係にあることを拒絶していたのである。

第2項　現代中国法の異質性

労働契約法の意義は、解雇法理と派遣労働の調整にある。同時期に日本法も労働契約法（2008年3月施行）を制定した。そこで、以下では、便宜上両者を区別するために、日本の労働契約法を日本法と、中国の労働契約法を中国法とする。この両者を比較することによって、現代中国法の異質性を明らかにしておきたい。

罰則規定の有無

日本法と中国法を比較分析する中でよく指摘されることは、罰則規定の有無である。すなわち、日本法は、行政監督や罰則による履行の確保を同法の

中に組み込んでいない。その一方で、中国法は、同法の中にこれらの罰則規定を組み込んでいる。さらに中国法は、労働契約を締結しない状態下の就労に対して賃金の倍額支払いを要求する規定(2)等も併せて立法している。

したがって、中国法は強制力が強い反面、その実現可能性に疑問があるとされ、他方で日本法は、任意性が強い反面、判例法理を条文化したにすぎないので実現可能性に疑問が生まれ難いとされる。

実現可能性の問題は、極めて主観的な判断に依存するものである。極論すれば、それは程度の差にすぎない。法学の視点から見ると、日本法と中国法の間にかなりの相違を感じる要因は、それぞれを構成する理論の相違によるものであると言える。

判例法理の立法化

日本法における労働契約の性質に関する議論は、菅野和夫(3)(東京大学教授)によって、①労働力そのものの利用を目的とした人的・継続的な契約関係、②組織的労働性、③契約内容の白地性と弾力性、および、④労働の従属性にまとめられ、理論的な基盤を得た(4)。そして、その後の労働契約論は、日本的雇用慣行との関連で整理されてきた。すなわち、日本法は、日本的雇用慣行の下での労使関係を、労働契約に関する司法の解釈を通じて労働契約上の権利義務の内容として一般化してきたのである。

こうした法解釈の運用は、労働契約に対して使用者の一方的な解雇を厳格に規制し、労働者の地位を基礎づける機能を有するものであるとの方向性を与えることになった。その反面で、労働契約は、当事者の権利義務の内容を規制する機能を喪失したいわゆる「地位設定契約」となり、使用者の権利行使に対する規制を、労働協約や権利濫用論等の労働契約論に属さない外的論理によることになった(5)。

尚、労働契約論が展開される間に、権利主体である労働者概念をめぐる疑義(6)が、失業保障制度の問題として提出されていたことは、日本法における論理整合性の如何を分析するうえで重要な過程である。

第6章　労働契約法における変化

　そこでは、独占的大企業の下における零細自営業者が、労働者とほとんど同じ地位に陥れられていることに注目した。すなわち、大企業の下請関係にある零細自営業者は、完全にその親会社に対して経済的に従属関係に立っている点で固有の労働者と異ならず、親会社の発注の打切りは下請自営業者の失業にほかならないというのである。

　こうした議論は、直接間接を問わず、それが就業と失業という表裏の関係にある概念関係にかかわるものであることは間違いない。また、前述した労働契約の特質と関連づけられるものであったことから、それが労働契約に関する司法の解釈に影響しなかったとは言えない。

　このような理論的背景があったからこそ、日本法は、その制定した目的が判例法理の立法化にあると言われるのである。それ故に、条文解釈の中に高次の論理を組み込んで論理整合性を保持してきたこれまでの積み上げを明文化することによって、その柔軟性が逆に喪失させられ、解釈の硬直化を招くのではないかとの懸念が生じたことも合理的に想定できるものであった[7]。こうした中で立法されたのが日本法の1条である。

日本法
　　第1条　この法律は、労働者及び使用者の自主的な交渉の下で、労働契
　　　　　約が合意により成立し、又は変更されるという合意の原則その他
　　　　　労働契約に関する基本的事項を定めることにより、合理的な労働
　　　　　条件の決定又は変更が円滑に行われるようにすることを通じて、
　　　　　労働者の保護を図りつつ、個別の労働関係の安定に資することを
　　　　　目的とする。

中国法
　　第1条　労働契約制度を改善し、労働契約の当事者双方の権利及び義務
　　　　　を明らかにし、労働者［労動者］の合法な権利利益［合法的権益］
　　　　　を保護し、調和がとれて安定的な労使関係［労動関係］を構築し、

175

発展させるために、本法を制定する。

　日本法の１条では労使双方の合意が重視されていること、また、個別の労使関係が重視されていることを見て取れる。さらに、法律概念として労使関係を広義に置き、労働関係を狭義に置くという配慮も確認できる。
　しかし、中国法の１条と比較すると、殊更に労働者の権利が明記されていない点が留意される。また、権利主体とくに労働者についてみれば、そこでは、労働者個人対使用者個人の対抗構造が合意により成立するという意思自治の原則を前提とすることが言明されているうえ、労働力を提供し、その対価として賃金を得る者を労働者として一般に把握している。中国法の２条の規定は、このようにして成立する労働関係の権利主体を明らかにした所謂定義規定である。

日本法
　第２条　この法律において「労働者」とは、使用者に使用されて労働し、賃金を支払われる者をいう。
　　　この法律において「使用者」とは、その使用する労働者に対して賃金を支払う者をいう。

中国法
　第２条　中華人民共和国国内の企業、個人経済組織、民間の非企業組織等の組織（以下、使用組織［用人単位］とする）と労働者［労働者］とが労働関係を築き、労働契約の締結、履行、変更、解除又は終了［終止］をする場合は、本法に照らして執行する。
　　　国家機関、事業組織［事業単位］、社会団体と、それらの組織と労使関係を築く労働者との間で労働契約の締結、履行、変更、解除又は終了する場合は、本法に照らして執行する。

中国法は、労働者対使用組織という使用者なき「労使関係」の連帯構造を

前提とするので、日本法のような対立構造を前提とする定義規定は置けない。また、中国法には判例法理自体が存在しなかったのであるから、そのすべての論理を立法による合法化を通じて構成していくほかなかった。

派遣労働に対する規制

ところで、後述するように、中国法は、派遣労働に対する規制を行なっているが、日本法は派遣労働に関する規定がない。日本法は、あくまで個別の労働関係における労働契約の成立と変更、継続と終了および有期労働契約と無期労働契約に関する規定から構成しているからである。しかし、視点を変えれば、派遣労働も個別の労働関係と言えなくもない。それにもかかわらず派遣労働に関する規定を日本法が置かなかったのはなぜだろうか。

そもそも派遣労働は、自らが雇用する労働者を、他人の指揮命令を受けてその他人のために労働させることである。このような労働形態は、一部の例外を除いて職業安定法によって長らく禁止されてきた。そして、これを一定の条件の下で認めるために、日本では労働者派遣法（労働者派遣事業の適正な運営の確保及び派遣労働者の就業条件の整備等に関する法律）を制定し、同法が労働者派遣全般について整備してきた。

この労働者派遣法の変遷をみると、全体として、日本では規制緩和の道をたどっていると言える。1986年7月に施行された時点で派遣労働の対象とされたのは、ソフトウェア開発、事務用機器操作等の13の業務であった。その後、1999年12月に対象業務の規定方式をポジティブ・リスト方式からネガティブ・リスト方式に転換し、さらに2000年12月には、派遣先企業の社員になる前に、派遣労働者として一定期間、派遣先企業で就業し、派遣先企業と派遣労働者の希望が一致したときに、派遣労働者を派遣先企業の社員として紹介する、いわゆる紹介予定派遣を解禁するまでになった。

こうした規制緩和の流れを受ける労働者派遣法は、派遣労働の事業形態として特定労働者派遣事業と一般労働者派遣事業に分類し、その労働者も、常用雇用労働者と常用雇用以外の労働者に分類している。しかし、実際には派

遣先が決まっているかどうかに関わりなく、派遣会社との間に常に雇用関係が成立する契約形態が存在したり、個人が派遣会社に登録して、派遣先が決まった段階で派遣会社と雇用契約を締結する形態が存在したり等しており、法律上の概念と必ずしも一致しない。

中国法がさだめる派遣労働も、早晩法律上の概念と必ずしも一致しない契約形態が出現する可能性がないとは言えない。同法が派遣元の組織と派遣先の組織との間において労働者派遣の取決め［労務派遣協議］を締結することを要求したこと（59条）、派遣労働者と派遣元の組織との間に2年以上の労働契約を締結すること（58条）等は、法律上の概念との不一致を抑止するための措置であると言える。

このように、社会の実情と法規定の乖離は明らかであるにもかかわらず、日本法が個別の労働関係のみに焦点を合わせた理由は、他の法秩序との論理整合性の問題があると考えられる。その一方で、中国法の前提もまた、社会の実情と一致しているかは大きな疑問をもつところであるが、先んじている諸外国の事例を参照しながら導入できる強みを有している。この中国法の強みをふまえると、実現可能性の問題は法的評価を行ない難いものであり、例えば、両者が前提とする労使関係の異同に注目した比較分析の問題に取り組むべきであると考える。

小括

日本法がその射程を労働契約論と個別の労働関係に限定する一方で、中国法の射程範囲は、日本の労働法学がいうところの労使関係を捉えている。ただし、中国法の「労使関係」が、日本の労使関係の論理構成と違うことを既に私たちは確認している。したがって、同じ労働契約を対象としているとはいえ、中国法は、労働契約を中核にして、通常の労働形態だけでなく、派遣労働をも含めた「労使関係」全般を調整するという、より大きな論理から構成した法律であり、この立法が従前の「労働権」の権利構造からどの程度変化しているかが、明らかにされなければならない。

第3項 「労働権」の権利構造との比較（1）

労働契約法の公布以前の状況

　第Ⅰ部で明らかにしたように、現代中国における「労働権」は、その権利構造として次の数式から成り立っている。この権利構造の特徴は、社会の変化に適応するように改善されてきており、こんにちでは、労働契約の有無が「労働権」の有無に直結するところまでに至っている（図24）。したがって、「労働権」を享受する人々の範囲も、そしてその保護態様も、労働契約制度の内容次第であると言える。

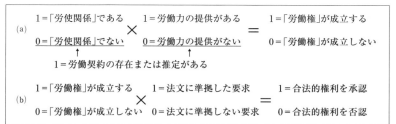

図24：現代中国における「労働権」の権利構造

　ところで、中国法が諸外国の事例を参照しながら導入できる強みを有するからといって、立法関係者は労働契約法を立法するまでのあいだの社会の変化を無視してきたわけではない。このことは、労働契約法が制定されるまでの立法動向から明らかである。立法関係者は、社会の実情が変化してゆく中で、「労使関係」のあり方をそれに適応させるために、終身雇用制度から契約労働者を基本とする雇用制度へ移行していこうと労働契約制度の改善を目指した立法を行なってきた（表11）。そこでは、「労使関係」の改革に適応する労働契約制度の構築と、既存の制度が言明していなかった法律行為や対策方法を立法したり、法制度の不備を解消したりしてきたことが確認できる。

　このような立法関係者の努力の中で、労働契約法の立法が求められていたのであるから、その理由として、現代中国において労働契約の締結率が非常

表11:労働契約制度に関する主な法令

公　布　日	法　令　名　称
1987年 2 月	労働契約制度の積極的試行に関する通知［関於積極試行労動合同制的通知］
1992年 9 月	全労働契約制度の試行に関連する問題の処理意見に関する通知［関於試行全員労動合同制有関問題処理意見的通知］
1994年 7 月	労働法
1994年 8 月	労働契約制度の全面実行に関する通知［関於全面実行労動合同制的通知］
1994年12月	労働契約違反及び解除に係わる経済補償弁法［違反和解除労動合同的経済補償弁法］
1995年 5 月	労働法の労働契約に関係する規定違反に係わる賠償弁法［違反〈労動法〉有関労動合同規定的賠償弁法］
1996年10月	労働契約制度の実行に係わる若干問題に関する労働部の通知［労動部関於実行労動合同制度若干問題的通知］
1997年 7 月	労働契約管理を強化して労働契約制度を改善することに関する通知［関於加強労動合同管理完善労動合同制度的通知］
1998年 1 月	株式制及び株式合作制の改革における労働契約の履行問題に関する通知［労動部関於企業実施股份制和股份合作制改革中履行労動合同問題的通知］
2001年12月	国営企業において実行する労働契約制度暫定規定の廃止後に関連して労働契約終了に伴う生活補助費又は経済補償金の支払い問題に関する回答［関於〈国営企業実行労動合同制度暫行規定〉廃止后有関終止労動合同支付生活補助費（経済補償金）問題的復函］
2005年 4 月	建設業界等の出稼ぎ農民の労働契約管理の強化に関する通知［関於加強建設等行業農民工労動合同管理的通知］
2007年 6 月	労働契約法

に低いこと、そして労働契約制度が十分に普及していないということが考えられ、それらの指摘は、合理的な要求として立法関係者に受けとめられたと言える。そして、これらの指摘の根拠は、政府調査なり民間調査なりによって公表された労働契約の普及状況の実態によるものであった。例えば、次の表12は、労働社会保障部（現在の人力資源社会保障部）の調査報告に、当時の統計から地域別の１人当たりのGDPを計算して整理した表である。表12の「１人当たりのGDP」は、当年の各行政区の年間GDP（億元）を、同じく当年の１％サンプル調査から導き出された各行政区の戸口状況の人数（万人）で割って算出した数値である。

　表の説明をしておくと、まず、反転している行政区は、１人当たりの平均

表12：1998年上半期の非国有企業の労働契約締結率と地域別GDPの関係

行政区	1人当たりの GDP（元）	郷村集団所有制企業 締結者数	%	私営企業 締結者数	%	個人事業者 締結者数	%
北京市	1593.7	27.5	93.0	4.8	91.0	5.4	70.4
天津市	1382.7	17.5	94.0	11.0	86.0	17.5	94.0
河北省	641.8	106.8	99.9	146.9	99.9		
山西省	499.8	163.3	88.8	19.4	80.4	33.2	70.0
内蒙古自治区	503.5	5.3	2.8	1.5	15.3	0.8	22.2
遼寧省	924.7	148.4	63.0	38.5	88.0	76.3	71.0
吉林省	583.5	34.4	90.1	5.6	81.2	16.1	83.2
黒竜江省	743.7	11.0	39.0	7.0	72.0		
上海市	2503.0	30.2	40.5	5.2	36.6	2.5	25.0
江蘇省	992.6	241.0	88.0	30.0	49.0	9.2	10.8
浙江省	1109.0	94.2	48.5	18.8	24.8	4.1	12.4
安徽省	449.3	32.8	67.1	4.7		0.9	
福建省	1001.7	99.1	81.6	24.4	95.0	8.6	
江西省	437.6	35.2	78.4	6.6	56.6	7.1	30.1
山東省	803.7	141.8	94.9	27.1	90.6		
河南省	463.9	86.0	96.0	23.0	92.0	13.0	93.0
湖北省	622.1	70.6	66.3	20.9		5.2	
湖南省	489.1	23.6	31.0	12.7	17.0		
広東省	1104.5	376.2	71.0	89.6	65.9	76.9	38.1
江西チワン族自治区	402.9	0.8	90.2	1.3	83.1	2.4	92.4
海南省	579.1	68.1	79.0	12.5	80.0	4.5	80.1
重慶市	462.5	66.8	70.3	19.8	76.2	14.8	74.0
四川省	417.5	43.8	54.8	10.0	87.3	15.7	71.0
貴州省	229.5	5.0		7.6		2.7	
雲南省	427.5	27.4		4.2		3.7	
チベット自治区	359.0						
陝西省	384.4	28.0	70.0	4.5	55.8	11.0	55.0
甘粛省	341.5	6.3	60.0	1.9	59.3		
青海省	434.1	1.33	35.0	0.42	37.0		
寧夏回族自治区	420.4	0.7	71.0	0.5	53.0		
新疆ウイグル自治区	636.8	9.5	40.5	4.7	43.8	5.5	11.2
平均	707.9	64.6	61.4	18.2	55.4	10.9	32.4

※表中の締結者数の単位は（万人）、％は全従業員に対する割合を表す。

GDPが全体の平均より高い地域であることを示している。次に、各所有制別の労働契約者数とその全体に占める割合が平均より低いものについては反転させた。尚、数値の表示がない箇所については統計できる程には把握されていないと考えて反転させた。因みに1人当たりのGDPの平均は707.9元であり、郷村集団所有制企業における締結率の割合の平均は61.4％、私営企業のそれは55.4％、そして個人事業者のそれは32.4％であった。

視覚的に明らかなように、反転している部分が多く、締結者数、締結率いずれの統計においても平均以上の数値が出ている地域は山西省と重慶市の2つしかない。所有制別に見ても、平均以上の地域は半分に満たない。そして、1人当たりのGDPが平均以上の行政区であるか否かにかかわらず、反転があることを確認できる。とくに、上海市と浙江省はいずれの統計においても労働契約者の締結者の割合が平均以下となっている。その一方で、一人当りのGDPが平均以下の重慶市や山西省は、いずれも締結率が平均を上回る数値となっている。

　このようなモザイク模様からは、確かに労働契約制度の施行の不徹底がその原因の1つであると考えられるし、生活が豊かになったからと言って自発的に労働契約を締結するものでもないとも言える。しかし、それでは労働契約制度が徹底される場合はどのような状況であるかを考えると、異なる指摘も可能ではないだろうか。

　第Ⅰ部において明らかにしてきたように、当時の中国的権利論を前提にすると、労働契約制度の施行の不徹底や人々の自主性にこのモザイク模様の原因を押し付けられない。なぜなら、中国的権利論に基づく「労働権」は、個人の出自により権利主体としての適格が判断されていたし、その保護法理に基づくと、労働行政部門による審査評定を始めとした政府の統制指導が不可欠の要件であったからである。そうすると、従前の法的論理が改善されない中で、個々人に責任を帰責するのはあまりにも都合が良すぎよう。一方で政府の統制指導を必要としつつ、他方で労働契約の締結を要求するという矛盾に対する対応を、要求される側に丸投げしている様に映る。

　既に第3章第1項においてみたように、労働契約法の公布以前の状況は、労働契約制度の施行の不徹底が指摘される中でも従前の「労働権」の権利構造とその保護論理に基づいた運用が行なわれていた。とはいえ、社会に市場原理を始めとする新しい風潮が入り、個人の出自によらない労働権の要求が増加し、そこでは特に労働者ではない人々の利益保護の要求を無視できなくなってきた。言い換えれば、従前の労働行政部門による審査評定を始めとする政府

の統制指導がすべてを調整することの限界が、顕在化するようになった。

　労働法の施行後（1994年以降）の状況では、労働契約の有無を「労働権」の権利構造の基礎にすることが労働者の保護に直結しなかった。その一方で、連帯型の「労使関係」を背景にして、この基礎が使用組織の保護に直結したことが、締結率の低さという形で浮き彫りになったのである。それ故に、関係するデータに基づく合理的な要求を受けとめつつ、従前の論理との整合性を保持した中国的権利論の改善が求められ、労働契約法の立法へとつながったのである。

労働契約法の立法による変化

　「労働権」の権利構造からみると、労働契約法の立法は、労働契約の有無に関する認定方法において政府の統制指導を後退させるという重大な転換を行なったことが分かる。既に見たように、労働契約法が立法されるまでは、労働行政部門による審査評定が実質上労働契約の有無を認定していたのであるが、これに対して労働契約法16条は、この統制指導を有名無実化させた。

　　第16条　労働契約は、使用組織と労働者が協議により合意［協商一致］し、
　　　　　且つ、使用組織と労働者が労働契約書［労動合同文本］に署名し、
　　　　　又は押印することによって効力を生じる。
　　　　　　労働契約書は、使用組織と労働者が各1部を保有する。

　労働契約法16条は、労働契約の有無における認定基準を、契約当事者の合意およびその署名または押印に委ねることとしたのである。この転換は、労働行政部門による審査評定に対する法的な評価を消失させ、労働契約を締結する当事者間のみの、純粋に当事者の間だけで成立する労働契約を、「労働権」の成否に直結させる権利構造へと変化させるものであった。この転換は、権利の存否を判断する権限を掌握してきた労働行政部門による調整を後退させ、私人間による調整範囲を造り出した画期的な立法である。

因みに、労働契約法の立法に関与した常凱（中国人民大学教授）は、立法過程で重視した点として、契約締結上の問題、派遣労働に対する規制および短時間労働に対する規制の３つを指摘するとともに、出稼ぎ農民や派遣労働者が最大の保護客体であると主張しており、契約締結上の問題を最優先事項としていた。それは、労働契約の締結率の低さを念頭に置いたものであったことは言うまでもない。さらに、従前の法理との整合性という視点から見れば、「労使関係」を労使関係へ転換させることや、「労働権」の権利構造を転換させることも予感させる意欲的な規定になったとも言えるのではないか。

　ところで、現代中国の労働者階層は既に最も強い労働者層（総経理、董事長等）、ホワイトカラー、出稼ぎ農民を含む製造業の労働者および失業者や非正規社員等に細分化しているとの認識に立つ董保華（華東政法大学教授）からすれば、労働契約法16条の規定は、正に中・上級層の労働者しか保護するにすぎないことになる。なぜなら、労働契約の締結にあたって、労働者と使用組織とが平等な立場に立つことは有り得ないという前提に立つからである。

　そもそも「労使関係」が対抗構造であるならば、どのように協議しようがその合意は強者に有利な均衡点へ到達することになるので、協議による合意という虚構の上に成立する労働契約を、第三者が介入しないままに合法な契約、法律関係とすることに首肯し難かったのではないかと思われる。

　現代中国の労働法制の立法に関与してきた両者の見解の相違は、「労働権」の権利構造および保護論理のあり方に関する理解の相違にほかならない。そして、この新旧の論理構成の攻防が、労働契約法16条において労働契約の有無を「労働権」の成否に直結させつつ、政府の統制指導の後退という妥結をみたのである。そうすると、労働契約書を保持して法文に依拠する方法によって権利保護を要求しさえすれば、合法な権利として認定されることになる。しかも、労働契約書を締結しないで就労させた場合にも、労働者には使用組織に対して賃金の倍額支払いを請求できるようになった（82条）。

　つまり、労働者にとって不平等な内容の労働契約であったとしても、それ

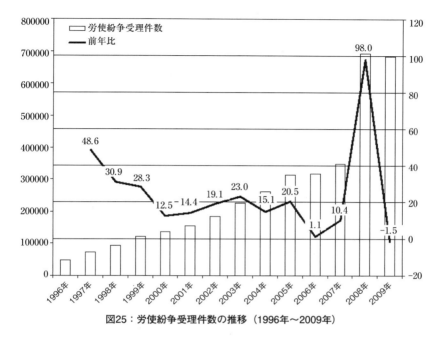

図25：労使紛争受理件数の推移（1996年〜2009年）

を締結することによって「労働権」の保護論理が通用することになる。また、労働力を提供したという事実の確認ができれば労働契約法 82 条を適用して「労使関係」を格段に認定し易くなったと言える。したがって、労働契約法の立法によって、虚構であろうがなかろうが、労働契約書を有することがいっそう重要になったことは間違いない。

図 25 は、1996 年から 2009 年までに人民法院が受理した労使紛争の件数の推移を示したものである[10]。労働契約法が 2008 年 1 月に施行され、それに呼応するように 2008 年の労使紛争受理件数が倍増したことが分かる。

また、翌 2009 年は受理件数こそ横ばいであったが、前年比では減少した。この点については、前年の倍増現象を問題視した当局が引き締めたとか、労働者の訴えを恣意的に弾圧したためといった憶測が流れた。しかし、倍増現象の理由は単純であって、労働契約法によって「労働権」の権利構造が改善されて、労働者であると認定できる個人が格段に増えたからである。

今後の法の動向において重要なことは、労働者と使用組織の間において形成する合意の内容をどのように判断していくかである。ひとたび労使紛争が生じると、どのような合意があったかが基本的な争点となるからである。そしてそれは、どの権利に保護論理を適用するかを審判する権限を有する人民法院が前面に押し出され、かつ大衆の耳目に触れる可能性が格段に高くなることを意味している。

　法廷において、当事者の自由な弁論に基づいて合意の内容が判断されていくことになるのか、それとも合意の内容についても関連の法令規定から判断されていくことになるのか。これは、合法な権利の認定機関の拡大縮小の問題であると同時に、中国の司法が、私たちの言うところの司法たりうるのかが問われていると言える（この点については、後述する第8章に委ねることにする）。

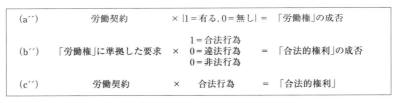

図26：労働契約法による法的論理の修正

　要するに、労働契約法の立法は、政府に代表される立法関係者の統制指導による労働契約制度の運用の限界をふまえ、この仕組みに依拠することから決別したものである。労働契約法は、労働契約を締結する契約当事者と法の番人としての人民法院を前面に押し出す新たな仕組みを提示した。重要な判断材料として当事者間の合意形成を認め、これを立法関係者による認定ではなく、一次的に当事者自身へ、そして二次的に立法関係者以外の人民法院の裁判官［法官］等による認定へと転換した。この転換は、中国的権利論の基本を大きく修正する作用があると言える。今後、日本法が歩んできたような判例法理の生成を期待できるし、法の動向次第で私たちの言うところの司法たりうる司法が成熟することも期待できるかもしれない。

第4項　「労働権」の権利構造との比較（２）

間接雇用型の労働形態について

　労働契約法が派遣労働に対する規制をさだめたことは既に述べた。2012年12月に一部改正した改正労働契約法は、すべて派遣労働に関する改正であった。それでは、改正労働契約法はどのような変化を見せたのだろうか。

　そもそも派遣労働は、使用組織が直接に労働者を雇用する直接雇用型の労働形態と異なる労働形態とされている。人材派遣企業等が間に加わるので、使用組織が間接的に労働者を使用するにすぎないからである。そのため、派遣労働は、間接雇用型の労働形態であると言われる。

　労働契約法を立法する以前、この間接雇用型の労働形態は、地域間の最低賃金格差を奇貨とした不当な派遣労働や、人買い等の搾取行為の社会問題化のほか、労働契約書の不存在を理由とした賃金不払いの問題等が多発していた。そして、労働契約の有無を「労働権」の権利構造と保護論理に直結させた法的論理の構成が、これらの要因であったことを私たちは既にみてきた。何より、その事実が労働契約の締結率の低さとして問題視せざるを得なかったために、立法による調整が早急に必要であると言われてきた。[11]

　現代中国の就職市場を分析すると、労働市場におけるマッチングにおいては、人材派遣企業と同様に、人材紹介企業の役割も重要である。現代中国における人材紹介企業における「派遣労働者」については、日本における紹介予定派遣のような労働形態を一応想定すればよい。

　ここでは、人材派遣企業をめぐる法的論理を分析する。図27は、労働者、使用組織および人材派遣企業の三者間で構成される間接雇用型の労働形態を、労働契約法がどのように調整しようとしているかについて示したものである。

　まず、人材派遣企業は、派遣する労働者すなわち派遣労働者と労働契約を締結する（58条）。また派遣先の使用組織と人材派遣企業との間で、労務派遣取決めを締結し（59条）、その取決め内容については労働者に告知しなければならないとされる（60条）。間接雇用型の労働形態は、2つの契約と3

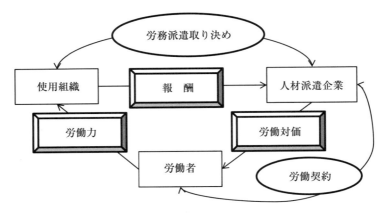

図27：間接雇用型の例

つの法律関係から構成されることが分かる。

次に、使用組織は、労務派遣取決めに基づいて人材派遣企業に報酬を支払う。この報酬は、一般に、派遣労働者へ支払う労働報酬に派遣手数料等を加えた総額とされる。派遣労働者は、使用組織へ労働力を提供し、その労働対価を人材派遣企業が使用組織に代わって労働者に支払うことになる。この図から明らかなように、間接雇用型の労働形態の特徴は、使用組織が労働者と労働契約を締結しない点にある。

最後に、上記の図27は、このような間接雇用型における派遣労働者の「労働権」が、通常の労働者の「労働権」を支える権利構造を前提にすると、余分な過程すなわち人材派遣企業の業務を組み込んでいることを示している。余分な過程であるにもかかわらず排除できない背景には、人件費の抑制といった使用組織側の事情であったり、労働市場のミスマッチによる就職難等の要因がある。つまり、間接雇用型の労働形態は、直接雇用型の「労使関係」と部分的に一致しない構造的な問題を抱える反面、その存在を合法な法律関係として認めざるを得ない実情があるのである。

第6章　労働契約法における変化

改正労働契約法の特徴

　改正労働契約法は、こうした構造的な問題と社会的な需要をもつ派遣労働に焦点を絞って、労働契約法を一部改正する形で立法した。日本法のように、派遣労働に特化した立法を採らなかった理由に、法制度上の論理整合性を挙げることは許されよう。中国法は、あくまで「労使関係」全体を対象とする前提で立法しているからである。主な改正点は、次の4つである。

　第1に、人材派遣企業の設立要件とくに登録資本の金額を引き上げた。こうすることによって、派遣業務が芳しくない状況における「労使関係」の安定化を図ったとされる。2012年7月にパブリックコメントに付された改正労働契約法草案［中華人民共和国労動合同法修正案（草案）］においては、登録資本を100万元以上としていた。しかし、改正労働契約法においては、200万元以上とされた。この変遷を見れば、人材派遣企業の経営体力を大きくさせておくことを立法関係者が重視したことを見て取れる。また、労務派遣業務の営業許可証と企業登録を行なうことも義務付けられた（改正57条）。

　第2に、同一労働同一賃金の原則の徹底を図った。労働契約と労務派遣取決めに記載した派遣労働者に支払う労働報酬が、当該原則に合致することを求めた。改正労働契約法の規定は改正労働契約法草案のそれと同一であり、一文字も修正されることなく立法された。また、当該原則に基づき派遣労働者と同じ職位にある使用組織の労働者に対して、同一の労働報酬の分配方法を適用することを使用組織に求めた（改正63条）。このことは、当該原則の徹底と言える反面、派遣労働者に使用組織の賃金体系を直接適用することを求めている。そうすると、派遣労働を活用する使用組織側の、特に金銭面における利点は喪失する可能性がある。

　第3に、労働契約による雇用を、現代中国の労働形態の基本であると言明した。労務派遣による雇用はその補充方法であり、使用組織内の派遣労働者の割合を管理することが明記された（改正66条）。そして、労務派遣が補充方法であるが故に、人材派遣企業が無制限に派遣業務を行なうことを禁じ、臨時性、補助性または代替性のある職位に限ることとなった。この点につい

ては労働契約法にも規定されていたが、改正労働契約法において、臨時性、補助性および代替性についての定義規定を追加した。そうすると、使用組織との間で労働契約をもたない派遣労働者に対して、使用組織と労働契約をもつ「労働者」の権利をどこまで認めるかが、今後問題になる。

　第4に、違法行為と勧告無視に対する罰則を強化した。勧告無視については、派遣労働者1人につき1千元から5千元の罰金としていた基準を5千元から1万元へと引き上げた。未許可営業等の人材派遣企業の違法行為については、改正労働契約法において、違法行為の停止命令、違法所得の没収に加えて、違法所得の2倍から5倍以下の罰金を科せることとした。尚、違法所得がないときでも5万元以下の罰金を科せるとしている（改正92条）。

　改正労働契約法の立法は、契約当事者を前面に押し出した労働契約法の仕組みを引き継ぎながら、構造的な問題をもつ間接雇用型の労働形態における金銭面での問題の解消を目指したと言える。この立法に応じ、改正労働契約法の下位の法令として、人力資源社会保障部は2014年1月に労務派遣暫定規定［労務派遣暫行規定］を公布した。中国的権利論の基本に照らして留意すべきは、違法所得が存在しないときにも罰金を科せる論理をどのように構成するかである（この点については、後述する刑事法関連の章に委ねることにする）。

附項　法律と行政法規の関係について

　現代中国の法体系は、立法法が規定するとおりであり、一般に、上位法と下位法の関係で論じられる。憲法を頂点として、法律、行政法規・部門規則、地方法規・地方規則等、および司法解釈等が、ピラミッド型のヒエラルキーを構成するように体系化されている。ここでは、前述した労務派遣暫定規定の内容を通して、改正労働契約法との上位法と下位法の関係を把握しておくことにする。

　そもそも労働契約法の改正が求められた背景には、表向きは、合法ではない派遣労働による派遣労働者の合法な権利の保護を目的としている。しかし、理論的にみると、同法の実施後、人材派遣企業が大幅に増加し、間接雇用型

第 6 章　労働契約法における変化

の労働形態を主たる雇用方法とする等、中国の労働法制の根幹である「労使関係」を有名無実化しかねないほど派遣労働を社会が乱用したからである。そして、派遣労働に特化した改正を根拠にして、人力資源社会保障部は、労務派遣暫定規定を立法することによって、「労使関係」を維持強化したのである。

　労務派遣暫定規定は、7 章 29 条から構成される。労働契約による雇用すなわち、直接雇用型の労働形態を、現代中国における労働形態の基本とする改正労働契約法の論理を前提に立法している。例えば、人材派遣企業は、派遣労働者と 2 年以上の有期労働契約を締結しなければならないとされ (5 条)、また、改正労働契約法が強調した同一労働同一賃金の原則を、労働報酬のみならずその他の福祉についても、使用組織の労働者すなわち、直接雇用型の労働者と同様にするように求めた (9 条)。因みに、労務派遣取決めの内容についても記載すべき項目を列挙している (7 条)。

　次に、人材派遣が可能な業種および派遣先の使用組織における「労使関係」の内訳について労務派遣暫定規定は明記した。すなわち、労務派遣暫定規定は、派遣労働者の数を全従業員の 10% を超えてはならないとした (10 条)。いわゆる 10% 条項である。思うに、この数値に法学的な意味はない。直接雇用型の労働形態を主とする前提に立てば、論理的には 50% 未満であれば合理的と言えるからである。因みに、全従業員とは使用組織と労働契約を締結する労働者と派遣労働者の和であるとされている。

　立法による急激な変化による混乱を避ける意味合いで、2 年間の経過期間が設定されている。同規定の実施前に派遣労働者の比率が 10% を超えている使用組織は、実施日より 2 年以内に、派遣労働者の比率を徐々に下げることができる (28 条)。ただし、法定の比率に達成するまでは新規に派遣労働者を受け入れられないとされており、派遣労働者の割合を強制的に実現したい当局の意向を見て取れる。

　このほか、派遣労働における流動性から、渡り鳥のように地域をまたがる派遣労働者に対する社会保険についてもさだめられた。請負またはアウト

ソーシング等の名目で労務派遣による雇用の方法で労働者を雇用する場合も労務派遣と見なされることになった（27条）。このような派遣労働者の派遣元使用組織は、派遣先使用組織の所在地で派遣労働者を社会保険に加入させ、社会保険費を納付しなければならない。派遣先使用組織の所在地に派遣元使用組織の支店・支社を設立しているときは、支店・支社が関連手続きを処理できるとされる（19条）。

　最後に、外資企業の常駐事務所、外国金融企業の事務所および船員使用組織が派遣労働者を雇用する場合は、改正労働契約法がさだめる臨時性、補助性または代替性の要件および10%という法定比率の制限を受けないとされた（25条）。10%条項の例外であり、使用組織の特殊な事情として考慮された意味合いが強いと言われている。

　要するに、改正労働契約法の下位法である労務派遣暫定規定は、上位法が前提とする論理を、その運用を容易にするためにさらに詳細化している。したがって、法実務においては、下位法になればなるほど無視できない法的論理が顕在化することを念頭に置いて対処する必要がある反面、大きな論理の変化を丹念に遡って追跡する必要は今のところないと言える。つまり、現代中国の労働契約法制における論理整合性は確保されており、上位法と下位法の関係が法令の適用において重大な齟齬を生じる可能性は高くないのである。

第3節　中国的権利論との関係

　中国的権利論との関係から労働契約法における変化を整理しておきたい。現代中国の「労働権」は、出自により労働者か否かを判別できた時期を経て、労働契約書により「労働権」の有無を判別する時期が到来している。この法秩序を立法を通して承認した画期的な法律が、労働契約法である。それは中国的権利論に解雇法理の導入と派遣労働の調整を組み入れるものであった。

　次に、労働契約法は、労働契約制度を、日本法のように直接雇用型の労働形態に限定しなかった。派遣労働という間接雇用型の労働形態も含む「労使

関係」全般を調整する仕組みとして立法した。労働契約書の存在が「労働権」の存在を根拠づけることによって論理整合性を確保し、その結果、従前の中国的権利論の一部修正に踏みとどまることになった。それが労働契約の締結過程における契約当事者の合意を労働契約書の有効要件とした同法16条（183頁参照）である。契約当事者の合意が「労働権」の承認につながることを初めて容認した。

そして、改正労働契約法は、労働契約制度を中核とする労働形態の推進という流れの中で、派遣労働の構造的問題に介入した。人材派遣企業と派遣労働者の間に「労使関係」を認めると、労働者は誰のために労働力を提供するのか、そして使用組織は誰に労働報酬を付与するのかという2つの意思が完全に一致しない構造的欠陥を顕在化させることになる。労務派遣暫定規定は、派遣労働者の比率を制限し、強制的に実現させることによって問題の矮小化を図ろうとしているし、派遣元使用組織と派遣先使用組織という権利主体を造り出して、その論理整合性を確保しようとしている。

こうしてみると、労働契約法が、当事者の合意に法的効果を与えるという従前の中国的権利論では容認できない法的論理すなわち、意思自治の原則を

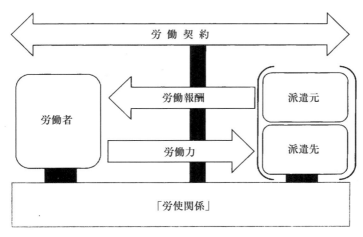

図28：中国的権利論下の派遣元使用組織と派遣先使用組織の追加的改善

組み込んだ点が注目される。労働契約法は、中国的権利論が前提とする権利主体論を、抽象的な自然人を前提とする権利主体論へ代替させる可能性がないとは言えない。

　一般に、日本法においては自然人を前提に理論が構築されている。確かに国籍法等の一部の領域において、国民か外国人かが問題となる場合がある。しかし、外国人は、法令または条約の規定により禁止される場合を除いて私権を有するとされる[12]。したがって、外国人も、原則として権利能力を有することを前提に論じられる。労働契約法における変化が日本法の理論と軌を一にするかは未知数であるが、興味深い分析視点であることは間違いない。

　要するに、労働契約法が掌握する法空間において中国的権利論の構成論理が一部で通用しなくなっている。これが、その保護論理にまで影響しているか否かについては、今後の労使紛争の処理実態を詳細に検討することによって、明らかにしていく必要があるが、新たな法秩序の存在を現代中国法が認めざるを得なくなったことは、間違いない。

〔主要文献〕
胡玉浪『労動報酬権研究』知識産権出版社、2009年
周賢日『欠薪保障法律制度研究』人民出版社、2009年
常凱主編『中国労動関係報告：当代中国労動関係的特点和趨向』中国労動社会保障出版社、2009年
全国人代常委会法制工作委員会行政法室編『労動合同法（草案）参考』中国民主法制出版社、2006年
全国人代常委会法制工作委員会『中華人民共和国労動合同法釈義』法律出版社、2007年
田島俊雄＝古谷眞介『中国のソフトウェア産業とオフショア開発・人材派遣・職業教育』東京大学社会科学研究所、2008年
中華人民共和国労動和社会保障部『中華人民共和国労動和社会保障法規全書：1949～1999』中国労動社会保障出版社、1999年
中華全国総工会政策研究室『中国企業領導制度歴史文献』経済管理出版社、1986年
向山寛夫『中国労働法の研究』中央経済研究所、1968年
山下昇「現代中国労働法の基礎的考察：中国労働法の展開と労働契約法総論」『久留

米大学法学』第 51・52 合併号、2005 年
山本恒人『現代中国の労働経済：1949～2000』創土社、2000 年
楊継縄『中国当代社会各階層分析』甘粛人民出版社、2006 年
李迎春『労働合同 HR 指引：条款擬定与風険提示』法律出版社、2008 年
李捷生『中国「国有企業」の経営と労使関係：鉄鋼産業の事例「1950 年代 – 90 年代」』
　御茶の水書房、2000 年

【注】
（1）中国労働契約法 1 条参照。
（2）中国労働契約法 82 条参照。
（3）秋田成就「労働契約論」『労働法の基本問題』綜合労働研究所、1974 年、492 頁
　　以下参照。
（4）菅野和夫『労働法』弘文堂、1985 年、57 頁以下参照。
（5）籾井常喜編『戦後労働法学説史』労働旬報社、1996 年、642 頁参照。
（6）高藤昭「失業保障の法構造：現行法制の検討と将来の構想」『社会労働研究』25
　　巻 2 号、1978 年参照。
（7）中町誠「労働契約法の制定過程と今後の展望：使用者側弁護士の立場から」『日
　　本労働研究雑誌』576 号 2008 年 6 月 28 頁によれば、日本労働契約法の制定にあた
　　り使用者側は、立法することによって、不必要な重罰化が労使関係における当事
　　者の自主的な決定を阻害し、健全な経済活動を妨げることになるのでは、との懸
　　念を誘発したとされる。
（8）労働和社会保障部弁公庁「関於 1998 年上半年非国有企業実行労働合同制度進展
　　情況的通報」労社庁函〔1998〕73 号、1998 年 8 月公布。
（9）『中国統計年鑑 1999』参照。
（10）『中国労働統計年鑑 2010』より筆者が作成した。
（11）李坤剛「労働者派遣：起因干規制」『労働派遣的発展与法律規制』中国労働保障
　　出版社 2007 年、60 頁参照。
（12）日本民法 3 条 2 項参照。

第7章　社会保険法における変化

第1節　労働者と失業者

　現代中国における労働者とは誰なのか。私たちは、現代中国を社会主義の国家と理解し、労働者が主人公の国家であることを自明の前提としてきた。この前提が曖昧であったこと、そして、現代中国法では労働者と認める範囲が私たちの常識よりも限定されていたこと、さらに、この範囲を拡大していく中で中国的権利論が確立し、労働契約法が、社会の変化に適応するように修正を加えていったことを、本書は既に明らかにしてきた。

　本章では、労働者と対をなす失業者について分析する。具体的には、失業者という権利主体が、中国的権利論に基づいてどのように調整され、現在それがどのように変化しているのかを明らかにする。

　そもそも失業とは社会の落伍者になる契機であり、個人が、生存するための糧を失う現象である。それ故に、労働者が失業し、失業者になることは、労働者が主人公の国家である現代中国にとって絶対に承服できない現象であった。事実、改革開放政策を採用するまでは、これらの人々を職場［単位］が保護してきた。ただし、現代中国の職場が保護したのは失業者に限らない。そこには、揺り籠から墓場までの福祉サービスが職場内で支え合う互助組合のような仕組みとして予定されていた。このように職場が生存を保障する社会を中国語では「単位社会」と呼ぶ。

　しかし、市場原理を導入し、競争による弱肉強食を認めるようになると、職場内で支え合うこの仕組みが立ち行かなくなった。それは一般に言われるように、市場競争によって職場が生存を保障する余力を喪失したからである。市場原理の導入が、単位社会を崩壊させたのである。とはいえ、単位社会に代わる別の仕組みによって失業者の生存を保障しなければ、既存の社会自体

が立ち行かなくなることは、ソ連の崩壊や東・中・南欧の例からも明らかであった。特に法学理論として考えるとき、単位社会に代わる仕組みを造らなければ、すなわちこれまでの現代中国法を支えてきた中国的権利論を、別の権利論に取って代わらせなければならないことになる。

　労働者の生存保障すなわち「労働権」の保護論理について、私たちは労働契約法における変化から、労働契約制度の修正が、この社会の変化に適応する「労働権」の保護論理の維持強化であったことをみた。したがって、労働者と対をなす失業者をめぐる仕組みも社会の変化に対する適応が求められていたはずであろう。

　失業者をめぐる仕組みの根幹をなすのは、失業することで生活が成り立たなくなり、その生存に対する危険に脅かされる失業者を法的に保護することにある。そこでは、生活費の支給といった手当の制度から、再就職を促す職業訓練制度まで幅広い制度を含んでいる。この中で最も根幹をなす制度は生存の危機を直接回避する仕組み、すなわち失業保障制度にほかならない。

第2節　失業保障制度という枠組みの検討

第1項　失業保障は資本主義国家に特有の制度か

　失業保障に関する先行研究を整理すると、多くの見解は80年代後半すなわち国営企業改革（後の国有企業改革）の時期から論述する。これは、失業という概念自体を現代中国法が承認できなかった、すなわち失業保障は資本主義国家に特有の制度であって、社会主義国家を目指す現代中国で失業はあってはならないこと、失業は禁句であるとしていたからである。故に、事実として確認できる建国初期の失業保障らしき法文についても、その当時から従前の社会の失業問題を解決するための例外的な再就職支援の政策にすぎないと説明されてきた。しかし、このような説明だけでは十分でない。

　社会主義国家に失業問題は存在しなかったと言うのは、単位社会では、職

場における互助の仕組みによって失業者を顕在化させなかったことにすぎなかった。これは、労働生産性の低さや合理的低賃金の仕組み等の先行研究(1)と軌を一にする。単位社会は失業問題を顕在化させなかったが、単位社会が、就労できない人々の生存を直接に保障する失業保障の制度そのものだったし、それが「労働権」を有する労働者に対して、他の就労者と比べて優遇させていた点であった。いずれにせよ、失業保障が資本主義国家に特有の制度であるとは言えない。

そもそも現代の社会保障は、社会が工業化する過程で不可避的に生成される産物である。労働運動の中で醸成してきた労働者保護の論理を組み込むならば、社会主義国家の労働者であっても失業保障を享受できることになる。ある先行研究によれば、「失業のない社会」の現実は、雇用過剰の状態が出現するたびに、都市へ流入していた農民や都市の知識青年を切り捨てるという犠牲のうえに構築した虚構だったという(2)。なぜ、出稼ぎ農民や都市の知識青年を切り捨てざるを得なかったかを問うならば、労働者が失業保障の権利を享受しており、これを保護しなければならなかったからである。失業保障を資本主義に特有の産物であるという理由によって一部の時期の失業保障の仕組みを割愛することは、論理的整合性を欠くことになる。

では、なぜ多くの見解は国営企業改革の時期から論述しているのであろうか。その当時の状況が、こぞって中国進出に目を向けていたことも大きな要因であるが、本章では、これを法学理論の視点で分析してみたい。例えば、単位社会における失業保障を構成する法的論理が、単位社会崩壊後の論理と整合性をとるのが難しいために、割愛せざるを得なかったのではないか、というようにである。建国当時の主な法文としては、例えば、人力資源社会保障部の前身である労働部が1950年6月に公布した失業労働者救済暫定弁法［失業工人救済暫定弁法］と、国務院の前身である政務院が1951年2月に公布した労働保険条例［中国労動保険条例］がある。

失業労働者暫定弁法は、失業労働者［失業工人］の生活上の困難を軽減し、その就業転職を支援する目的（1条）で制定された。また、労働保険条例は、

雇用労働者の健康を保護し、その生活上の特殊な困難を軽減する目的（1条）で制定された。その権利主体についてみると、失業労働者暫定弁法の場合が、国営および私営の商工業企業、港湾運送事業に就労する労働者職員、ならびに文化・技術・教育事業に従事する就労者で、解放後に失業し、現時点で無職であるか、またはその他の収入がない者（3条）を、また、労働保険条例では雇用する労働者および職員のみを対象とした。

このように、建国当初の労働保険条例等は、それが従前の社会の失業問題を解決する目的であったにせよ、対象とする「労働者」の生存に対する危険から保護するための制度として立法していたことは間違いない。また、その権利主体についても、雇用や就労という行為から認定していた。この法的論理の構成からみると、労働保険条例等の法文が規律した「失業権」は、「労働権」の権利構造すなわち、中国的権利論の論理構造と一致している。したがって、現代中国の失業保険制度について80年代後半から論述するだけでは十分でないと言えるし、その背景に、単位社会の崩壊の前後において論理的整合性がとれているのか否かという論証すべき課題があると言える。

第2項 「2つの社会保障制度」論は適切か

失業保障という枠組みを用いると、そこでは改革開放政策以前の計画経済期のそれと、改革開放政策以後の市場経済期のそれを同一に置いて分析することになる。このように同一に置いて分析するとき、質的に異なるものを同一視することによって議論が混乱しないかが懸念される。このような懸念は、失業保障に限らず現代中国の社会保障を異なる2つのタイプの変遷として認識しているからである。これを便宜上「2つの社会保障制度」論と呼んでおくことにしよう。

この「2つの社会保障制度」論は、過去の制度との論理矛盾を始めとする整合性の検証を不要にできる。それは、現在進行形で進んでいる現代中国の展開に集中するための理論的基礎を提供しており、対中リスクを分析できる点で非常に需要がある。市場経済期の社会保障を対象とする先行研究の多く

は、「2つの社会保障制度」論を前提に、市場経済の上で成り立つ社会を現代中国の将来像として策定し、分析している。

例えば、来たる21世紀の社会保障の構築を念頭に、当時の国営企業職員労働者待業保険暫定規定［国営企業職工待業保険暫定規定、1986年］や国有企業職員労働者待業保険規定［国有企業職工待業保険規定、1993年］を、失業対策の再建に対応してできた立法であると評価する見解がある。この見解によれば、社会保障における基本ソフトが日本と同じタイプを採用する国家が増えれば、日本の企業が進出して駐在員を置いた場合に納付する年金保険料等を相互の国家の年金制度の保険料等と振り替える通算制度が非常に容易になるとされ、実際にそのような提言を行なったものもある。[3]

また、失業の増加による社会不安の回避や国有企業改革の安定的な推進のために、国有企業から一時帰休とされる従業員を受けとめる新たな受け皿として、失業保障が必要だったとする見解がある。このような見解は、これを市場経済の社会における雇用情勢の悪化と重ね合わせて、現代中国の失業保障について分析するものであった。そこでは、急速に失業保障を充実させていく現代中国の改革を、国有企業改革の推進と失業者の抑制という相対立する事柄に折り合いをつけるための国家事業として評価する。[4]それ故に、失業保険制度の被保険者を限定すると同時に、保険適用を国有企業から非国有企業へと拡大し、保険料率を引き上げたと分析する。

いずれにせよ、これらの分析によると、過去の制度との間の整合性を確保することによる法的安定性の保証といった法学的な考慮よりも政治経済学的な考慮や法律学における論理解釈の問題が重視されていたと言えよう。

このように、「2つの社会保障制度」論は、日本の対中投資の判断基準や、制度問題の原因探究について有益な成果を挙げてきた。しかしながら、その分析が、現代中国の社会保障を私たちの概念に可能な限り近づけた制度として把握している点に注意すべきであろう。なぜならば、前述したように「2つの社会保障制度」論そのものが、現代中国の展開する方向性を、企業保障から社会保障＝私たちのもつ常識的なシステムへ向かうものであるという、

根拠なき確信を前提にしているからである。

言い換えれば、「2つの社会保障制度」論が法学的な考慮を十分に加味していなかったために、例えば企業財政の負担減、企業間の社会保障格差の解消、および労働力移動の自由等によって、現代中国における労働市場が形成されることについて、私たちを楽観させて判断を誤らせてきた。歴史上の整合性を保証することが「2つの社会保障制度」論には求められているのではないか。

第3項　歴史上の整合性に関する先行研究

例えば、労働力所有制に注目し、その公的所有と私的所有の区分を用いて歴史上の整合性を検証した先行研究がある(5)。そこでは、計画経済期の社会保障を、生産手段の公有制と労働力の公有制とを結びつけた制度として評価する。その一方で、市場経済期の社会保障については、生産手段の公的所有を基礎に多様な所有制企業と共に発展する中で、労働力の公有制と私有制が結びつくことを前提とする制度であると評価する。

この整理に立つと、「2つの社会保障制度」論を前提としつつ、その異質性を生産手段と労働力という2つの所有制から構成することによって、その転換を明らかにできる。つまり、1950年代に構築した社会保障は、本来の社会保障のもつ社会的責任を曖昧にし、個人が果たすべき自己保護の責任を、国家や企業へ押し付けたことに問題がある。市場経済期の社会保障は、この問題を改善した制度として修正創設したものであるということになる。

また、生活保障の担い手という、人という最も基本的な家計の構成要素に注目する先行研究もある(6)。そこでは、まず、清朝時代に、家族と地域がそのリスクを担い、異民族の支配する国は副次的な役割にとどまり、小さな政府として存在したと評価する。そして、中華民国になって、近代国家の形成が進む中でそのリスクを国が担うようになったとする。この見解によれば、現代中国はこの延長線上に位置することになる。

次に、計画経済期の現代中国を、職場［単位］が生活保障の担い手となり、

それを保障するのが国家だったと評価する。その一方で、市場経済期の現代中国は、経済改革と対外開放によって、職場に代わる生活保障の受け皿を求めて、旧国営企業の労働保険制度を原型とする「勤労者ベースの社会保険」を新たな社会保障制度の支柱にしたものであると評価する。

　この整理に立つと、小さな政府から大きな政府へ、そしてまた大きな政府から小さな政府へという生活保障の担い手の変化に注目することによって、社会保障の変遷を明らかにできる。ただし、そこでは「2つの社会保障制度」論を前提としない。計画経済期の社会保障制度を社会の変化に適応させたものが、市場経済期の社会保障ということになる。論理整合性は、この社会の変化に通底して存在する不変の論理の何を抽出するかにかかっている。

　このように、歴史上の整合性に関する先行研究には、「2つの社会保障制度」論を前提とするものもあれば、前提としないものもある。本章は、失業保障を資本主義国家に特有の制度としてみないし、「2つの社会保障制度」論自体が本質的に歴史上の整合性を考慮し難い理論的基礎であると考える。したがって、本章は、「2つの社会保障制度」論を前提にしないで、現代中国の変化に通底して存在する不変の論理として中国的権利論を抽出し、論証する。

第3節　失業保障の変遷について

第1項　日本における失業保障の変遷について

　現代中国における失業保障の変遷を法学から分析することは、現代中国法であるがゆえの特異な方法ではない。例えば、日本における失業保障の変遷も法学から分析されてきた。日本のそれは、失業保障の給付体系の本質的転換に注目し、失業保険法から雇用保険法への変遷について、要保障性という論理から一貫できることを先行研究は明らかにしている。

　日本において、失業した労働者に対する所得補償に関する最初の立法は、1947年の失業保険法である。失業保険法は、労働の意思と能力があるにも

かかわらず、雇用関係から離脱して離職状態にあることを保険事故とし、離職から再就職までの一定の期間について、その所得補償を目的に制度設計したとされた。しかしながら、経済成長期を迎え、労働力の流動化を促すための積極的な雇用政策が打ち出されると、失業保険法の目的とした所得補償が、この政策に適応しない法的構造であることが明らかとなった。

　そこで、失業保障を社会の変化に適応させるために、1973年の失業保険制度研究会報告を基にして雇用保険法を制定した。そして、1994年の改正によって雇用継続給付を導入した。これは、離職状態にない被保険者である労働者への給付を容認する画期的な制度であった。失業予防という雇用政策の目的を実現するためには失業者への所得補償ではなく、雇用継続を雇用者へ促すことが有力な手段であると考えられたのである。ここに従来の給付体系の本質的転換が認められる。

　それでは失業保険法から雇用保険法への変遷が歴史上の整合性を欠如したものかといえば、そうではなかった。そこでは、社会的保護の必要性すなわち、要保障性の確保を日本の失業保障を構成する法的論理として抽出構成し、要保障性に照らして失業保険法と雇用保険法の間の論理的整合性を論証したのである。

　要保障性という点からみると、自営業者と労働者を区別する必要はないし、経済成長の中で、独占的大企業が寡占していく中で生活の危険にさらされた零細自営業者を労働者と同一視して、広く国民全体を対象とする失業保障の構築を支える論理となり得た。また、他方で失業予防のための雇用継続給付も要保障性の論理によって説明できた。こうして、要保障性の論理は、日本社会の必要性に応えながら、自らを日本における失業保障法制に不可欠の法的論理として根付かせた。

　要するに、日本の失業保障における要保障性は、労働者を主な対象とする失業保障の体系が、社会の変化によって自営業者をも取り込む失業保障体系へ転換する中で、その転換に伴う論理整合性を構成する論理となった。日本における失業保障の変遷は、要保障性を基礎とする法的論理がその整合性を

保証していることを先行研究はその理論的基礎として提出したのである。

　要保障性の論理からも現代中国における失業保障の変遷を論証することは可能であると思われる。しかし、ここでは、本章の目的に照らして、中国的権利論から以下において論証していくことにする。

第2項　現代中国における失業保障の変遷

　ここでは、権利主体である失業者に注目して現代中国における失業保障の変遷を明らかにし、その歴史上の整合性を中国的権利論から構成する。

計画経済期の失業者概念

　現代中国における失業者概念は、当初、「労働者」の一部に限定したところから始まり、次第にその保護する範囲を拡大していった。前述したように、失業者概念の始まりは1950年6月に労働部が公布した失業労働者救済暫定弁法である。そこでは、失業労働者すなわち失業者を、国営および私営の商工業企業、ならびに港湾運送事業で就労する労働者と職員のほか、文化事業や教育事業等で就労する人で、失業し、現時点で無職かまたは無収入者としていた。

　つづいて1951年2月に政務院が公布した労働保険条例は、雇用労働者と職員のみを失業者とし、かつ、雇用労働者と職員の人数が100人以上の国営、私営および合作社経営の工場、採石場のほか、鉄道、水運、郵便および電信の各企業に限定し、臨時労働者や季節性労働者、さらには試用期間中の労働者については実施細則で別途規定するとした（5条）。尚、政務院は1953年1月の改正によって、その保護する範囲を、工場、採石場および交通事業のインフラ建設組織のほか、国営建築公司まで拡大した（2条）。

　失業者概念の拡大は、単位社会の形成によって、労働者概念の拡大と軌を一にするようになった。それは、労働者であるが故に「労働権」を享受できるように、労働者であるが故に、雇用した職場が、被用者の生存の危険を回避する失業保障を用意することを意味した。当時の失業保障の権利構造を示すと、次の式が得られる。

1=「労働者」である		1＝職場がある		1＝失業保障を享受できる
0=「労働者」でない	×	0＝職場がない	＝	0＝失業保障を享受できない

図29：失業保障の権利構造（1）

　要するに、この時期の失業者概念の変遷は、労働者概念の拡大とほぼ完全に対照することができる。職場があるということは、そこで労働力を提供するか、または提供するであろうことが推定できるので、職場の有無が不可欠であった。このような失業保障の権利構造は、労働権の権利構造に完全に依拠していたと言える。それはあたかも労働と失業が表裏の関係にあるのと同じように、「労働者」であることが、失業者であることも含んだ反面、「労働者」でない就労者は失業者になれなかった。これが、現代中国法において失業者の存在を条文上から消滅させることに成功した要因である。

市場経済期の失業者概念（1）

　失業者概念を労働者概念に取り込んだ立法は、市場経済期を迎えると動揺する。失業者概念は、改革開放による市場競争から単位社会の余力を奪い、余剰人員の救済を十分に保障できなくなったこと、そして、対照できた労働権の権利構造における労働者概念の変化が計画経済期の失業保障の権利構造にとって適合し難くなったことによって、失業者となる範囲を再び調整せざるを得なくなった。

　国務院が1986年7月に公布した待業保険暫定規定［国営企業職工待業保険暫定規定］は、その適用する範囲を国営企業に限定し（1条）、破産宣告を受けた国営企業または破産に直面して法定整理期間中に減員された職員と労働者、および労働契約を中止されたか、または、解除された労働者、ならびに国営企業が解雇した労働者だけを失業者とした（2条）。そして、国務院が1993年4月に公布した待業保険規定［国有企業職工待業保険規定］は、上記の対象範囲に国有企業が法定整理期間以外の減員により失業する労働者を加えた（4条）。

法文上は失業者という文言を確認できないが、労働者概念の中に失業者を取り込んでいた計画経済期のそれとは明らかに異なり、受け皿としての職場がないことを前提に立法している。とはいえ、計画経済期の失業保障の権利構造をそのまま踏襲していることが分かる。

重要なことは、このような失業者概念の限定が、失業者であるが故に失業保障を享受できるという論理に立つのではなく、「労働者」であるが故に享受できるとする論理に立っていたことである。ただし、その保護論理としてみるとき、待業保険規定は使用組織が労働者を解雇する行為を合法と認める一方で、労働者である失業者を、単位社会に代わって待業保険が解雇による生存の危険から保護することを決定づけていた。待業保険規定の立法は、「労働権」の権利構造を維持する反面、連帯型の「労使関係」からやや距離を置いた保護論理として、待業保険と解雇権を組み込んだのである。

市場経済期の失業者概念（２）

しかし、国務院が1999年4月に公布した失業保険条例［失業保険条例］は、失業者であるが故に失業保障を享受できるとする論理に転換した。この転換を可能にした要因は、「労働者」であるが故に享受できるとする論理に立たないことを前提に、失業保険にかかる保険費用を労働者と使用組織とで折半（6条）する形で立法した点にある。つまりこの立法は、解雇権の合法化による労使関係の不均衡の是正措置という意味合いも含んでいたのである。とはいえ全体としてみれば、連帯型の「労使関係」から対抗型の労使関係を根本とする論理に移行する立法であったことは、間違いない。

失業保険条例は、「失業者」が保険費用を納付することによって、解雇権の行使による侵害を補填する合法な失業保障を享受できる仕組みに、現代中国の失業保障制度を修正したのである。尚、失業保険条例は、都市部の各企業すなわち国有企業、集団所有制企業、外資系企業および私営企業ならびに事業組織の失業者［失業人員］を対象とした（2条）。

失業保険条例が立法した失業保障の権利構造の修正は、以上の修正にとど

まるものではなかった。関連の保険費用を納付すれば失業者になれるということは、失業者の出自によって権利主体を確定する仕組みを放棄し、別の仕組みに取って代わることも想定に入れたものであることを示している。この論理に基づけば、出稼ぎ農民であっても関連の保険費用を納付していさえすれば失業者として確定できることになる。

失業保険条例21条は、都市部の各企業が農村から採用する契約労働者で、満1年以上就業して雇止めとなるときに、失業保険費を納付していれば、その就業期間の長短に応じて生活補助金を支給するとしている。契約労働者に限定しているため、そこでは労働契約の存在による「労使関係」と労働力の提供を推定できる反面、失業保険費の納付を不可欠の要件として規定していた。ここには、第6章第2節でみたように、労働契約の有無を「労働権」の有無に直結させる労働法制全般の動向に沿う立法が行なわれたと言える。

失業保険条例の条文構成全体からみると、失業保障における権利主体は、失業保険条例14条が規定する①失業保険に加入して満1年の納付義務を完了しており、②本人の意思によらずに就労が中断し、③失業登録を行なって、就労意欲のある失業者である。したがって、同21条は、出稼ぎ農民が失業保障の保護論理による適用を求められる限定的な手段を規定したと言える。

そうすると、「失業者」であり保険費用の納付がある場合に失業保障の権利を享受できるとする権利構造が原則であって、出稼ぎ農民は、労働契約書を所持する農民のみに限定して失業保障を提供するというのが失業保険条例の立法趣旨であると考えられる。

したがって、当時の失業保障の権利構造を示すと、下の式が得られる。

$$\begin{pmatrix} 1 = \text{「失業者」である} \\ 0 = \text{「失業者」でない} \end{pmatrix} \times \begin{pmatrix} 1 = \text{保険費用の給付がある} \\ 0 = \text{保険費用の給付がない} \end{pmatrix} = \begin{pmatrix} 1 = \text{失業保障を享受できる} \\ 0 = \text{失業保障を享受できない} \end{pmatrix}$$

$$\begin{pmatrix} 1 = \text{失業保障を享受できる} \\ 0 = \text{失業保障を享受できない} \end{pmatrix} \times \begin{pmatrix} 1 = \text{法文に準拠した要求} \\ 0 = \text{法文に準拠しない要求} \end{pmatrix} = \begin{pmatrix} 1 = \text{失業保障を提供する} \\ 0 = \text{失業保障を提供しない} \end{pmatrix}$$

図30：失業保障の権利構造（2）

第7章　社会保険法における変化

　要するに、この時期の失業者概念の変遷は、労働者概念の変遷と対照するか、それとも独立するかを曖昧にしながら、現実の要請に対応していた時期にあった。1994年に公布された労働法は「労働者」を自明のものとした反面、誰が「労働者」であるかの判断を立法関係者が独占していた。失業保険条例は、失業者を自明のものとしない反面、誰が失業者であるかの判断に、保険費用の納付を追加した。その背景には、失業保障の提供の実質が失業保険金の支給にあることから、その元手となる基金を充実させるという実務感覚が優先されたと言われている。

　いずれにせよ、計画経済期の失業者概念が何らかの修正を余儀なくされたことは、社会秩序を維持するという大前提から求められていたことは間違いない。法学としてはこのような権利構造の変化を計画するためには失業保障制度の整合性を無視したものでなかったことを論証しなければならない。

第3項　失業保障の歴史的整合性について

　現代中国における失業保障の変遷は、失業者概念の構成から2つに区分でき、計画経済期と市場経済期の時期区分と一致する（表13）。計画経済期の失業者概念は、労働者概念を前提に構成され、その認定も立法関係者が独占していた。しかし、市場経済期の失業者概念をみると、労働者概念を前提にしないで、失業保険費用の納付の有無を認定基準とするようになった。

　とはいえ、失業保障の論理整合性について検証するならば、いずれの失業保障も中国的権利論の枠組みを超えるものではない。なぜならば、失業者で

表13：失業保障法制の変遷

法令名	時期区分	対照関係	認定基準
失業労働者暫定弁法	計画経済期	労働者＝失業者	立法
中国労働保険条例			
改正労働保険条例			
待業保険暫定規定	市場経済期	労働者≠失業者	費用納付
待業保険規定			
失業保険条例			

あるか否かということと、合法行為であるか否かということが、失業保障を享受する権利構造であり、保護論理だからである。立法により合法な権利として認定されない限り、失業保障による保護が生じない点は一貫している。

興味深いことは、労働者と対をなす失業者が労働者概念を必要としなくなった点である。それぞれが独立独歩するということは、何を中核に権利構造を維持するのかという問題が顕在化することを促すことになる。言い換えれば、失業者概念が独立して失業保障を構成するならば、権利主体として失業者を名宛人とすればよいので、失業した労働者というように労働者を前提とする必要がなくなる。そして、この失業者概念を自明のものとすれば、失業した個人であればよいことになるので、自然人といった抽象的な個人を前提とする権利構造に代替する方が、概念上の齟齬を回避するためにも合理的であろう。

このような自然人を中核に権利構造を再構築するならば、それは、労働者が主人公の国家であることを標榜する現代中国法の憲法秩序と整合しなくなるので、憲法秩序の転換を始め、中国的権利論の廃棄をも促すことになろう。

第4節　社会保険法における変化

第1項　社会保険法と失業保障

社会保険法［中華人民共和国社会保険法］は、第11期全人代常務委員会第17回会議を経て2010年10月に公布された。失業保障に関する草案段階の法文を確認すると、その権利主体としては「労使関係」下の「労働者」のみを認め、都市部の職をもたない人、自営業者および農民への適用は予定していなかった。また、基本養老保険等の他の社会保障制度についてみても、その権利主体を職員労働者［職工］としていた。つまり、社会保険法は、その草案段階において「労使関係」を前提とした「労働権」の権利構造から構成していたのである。

国際的にみると社会保険制度は6つの部分から成り立っている。すなわち、年金保険制度、医療保険制度、失業保険制度、労働災害保険制度、生育保険制度および介護保険制度である。このうち失業保険制度が他の制度と違う点は、それが失業者に対する失業保険金の支給による生活保障と同時に、職業訓練や技能訓練による労働者の技術向上を通じた就労保障・再就職支援を複合するところにある。

　因みに、社会保険法と日本の社会保障制度を比較すると下の表14が得られる。日本の社会保険制度が単一の法令を複数立法することを通じて構成されている一方で、中国の社会保険制度は、社会保険法が社会保険制度を構成する大部分の制度を含む形で立法し直して体系化することを優先したことが分かる。今後、社会保険法に関連する行政法規や部門法規を修正補充することを通じて依るべき法のない状態を解消した後に、単一の法令を立法していくと言われている。社会保険法は、憲法を頂点とする法体系において憲法が根本法となるように、社会保険法を頂点とする現代中国の社会保障体系の根本法であると説明されるのは、このためである。

表14：日本と中国における主な社会保障制度の比較

	中　国　法	日　本　法
養老保険	「社会保険法」（10-22条）	国民年金法
医療保険	「社会保険法」（23-32条）	国民健康保険法
労災保険	「社会保険法」（33-43条）	労働者災害補償保険法
失業保険	「社会保険法」（44-52条）	雇用保険法
生育保険	「社会保険法」（53-56条）	－
最低生活保障	「最低生活保障条例」1999年9月	生活保護法
農村保護	「農村五保供養工作条例」2006年1月	－
都市保護	「流浪・物乞い救助管理弁法」2003年6月	－
救済寄贈等	「公益事業寄贈法」1999年6月	恩給法
	「自然災害救助条例」2010年7月	災害救助法

　中国における様々な議論を見ると、一般に、社会保険法は現代中国における社会保障法制の建設に向けた一里塚であるとされ、中国的特色をもつ社会主義法体系の支柱的作用を発揮する重要な法律であると喧伝される。これは、

社会保険法を始めとする若干の体系化した法律を立法することによって、現代中国法の再体系化を目指す論調と連関する可能性が生まれるからである。そうすると、理論的には、憲法改正の問題が生じることになる。

現時点で多くの見解は、その根拠を現行憲法45条1項に求めている。現行憲法45条は3つの項から構成される。第2項で退役軍人とその遺族に対する社会保険を、第3項で聾唖者を含む障害者の労働、生活および教育に対するそれを規定する。第1項は次のとおりである。あくまで社会保険法は、軍人や障害者を含まない「公民」を権利主体の基本とする法令であると想定されている。社会保険法の依拠する法的論理の内容次第では、憲法と社会保険法との関係が今後、再び議論の中心となろう。

　　第45条1項
　　　中華人民共和国の公民［公民］が、老齢、疾病又は労働能力の喪失となるときは、国家及び社会から物的支援を得る権利を有する。国家は公民がこれらの権利を享受するために必要な社会保険、社会救済及び医療衛生事業を発展させる。

　　第2項　失業保障の権利構造について

社会保険法の公布後、人力資源社会保障部は2011年6月に社会保険法実施の若干の規定［実施《中華人民共和国社会保険法》若干規定］を公布している。社会保険法の立法内容とあわせて、その失業保障の権利構造を明らかにしておく。

社会保険法は、失業保険について第5章、計7条で規定した。まず、失業保険に職員労働者が参加し、使用組織と職員労働者が失業保険費を折半することを確認している（44条）。失業者［失業人員］は、失業までの満1年間の失業保険費を納付済みであること、本人の意思によらずに就労が中断する場合であること、および失業登録を完了して就労の意思があることの3つを、失業保障を享受する要件としている（45条）。

212

次に、納付額・期間に応じて、失業保障の給付期間が変動すること（46条）、就労意欲を喪失するようなモラルハザードを回避するために、給付金額が最低生活水準を下回らないようにすること（47条）、失業中の医療保険の適用を可能にすること（48条）等を規定した。

最後に、再就職したときや養老保険の受給到達によって失業保障による支援を停止する場合を明記し（51条）、労働力移動に伴う失業保障の享受のために通算制を採用すること（52条）を言明した。

社会保険法における失業保障の権利構造を解明するうえで重要なことは、同45条の要件をどのように認定し、合法な権利として主張、享受させるかである。社会保険法50条は、使用組織に失業者へ労使関係解除の証明書を発行すること、および関連機関へ失業者リストを提出することを義務付けた。また、失業者が失業保障を享受するためには、労使関係解除証明書と身分証明書を関連機関へ提示することを要件とした。つまり、失業者であり、かつ、保険費用の納付があるときは、失業保障を享受できる権利主体として認定される。そして、前述した法文に準拠した要求であれば、失業保障の提供を獲得できる。

基本的な構造は失業保険条例が立法した権利構造およびその保護論理と同じである。しかしながら、現代中国で社会保険法の実施に伴い実際に生じたことは、失業保障の享受を困難にする問題ばかりであった。例えば、解雇した使用組織が労使関係解除証明書すなわち解雇通知書を発行しなかったり、そもそも失業保険費の未納が発覚したり、あるいは就業人数を過少申告していたことの発覚を恐れて失業者リストの提出を拒否したりといったこと等である。

これらの問題に対応するために、社会保険法実施の若干の規定が立法された。例えば、解雇通知書を発行しない場合には失業者が本来享受できる権利の賠償責任を使用組織に負担させること（19条）、職員労働者が納付するはずの失業保険費も使用組織に代行納付することを義務づけた（20条）。

このほか、本人の意思によらずに就労が中断する場合か否かの判断基準を

示した（13条）。具体的には、①雇止め、養老保険の受給資格の到達または使用組織の閉鎖によって、労働契約が終了するとき、②雇用条件の不適合、内規違反、二重就労等によって、労働契約を解除するとき、③協議により労働契約の解除に合意するとき、④使用組織による解雇、および⑤労働者による離職の場合が妥当すると列挙した。

以上から明らかなことは、社会保険法実施の若干の規定が、社会保険法により踏襲した失業保障の権利構造を修正するのではなく、法文の適用を容易にし、社会保険法の実施可能性を高める立法であったということである。

　第3項　社会保険法の意義

とはいえ、社会保険法の依拠する法的論理の内容が中国的権利論に与えた影響は小さくない。それは「失業者」を自明のものとした法的論理の構成をさらに進めていることから明らかである。権利主体として失業者を名宛人とするならば、労働者を前提とする必要がない反面、失業した個人を権利主体として置くことが可能となるので、内国人と外国人に対して平等に適用する法的論理の構成を促すことが可能となる。

例えば、社会保険法97条は、この論理を展開した立法である。すなわち、外国人が現代中国で就業するときは、社会保険に加入すると規定した。従前の中国的権利論に従うならば、外国人を権利主体とする権利構造とその保護論理を提示する必要がある。同条が第12章付則に置かれていることから、これを何らかの事情による例外規定と評価することも可能である。

しかし、それでは内国人と外国人の違いによって二重の基準を立法によって言明することになるし、「失業者」を自明のものとする法的論理を展開していく中で、何らかの支障が生じないとは言えない余地をわざわざ残すことになる。

この点からみると、人力資源社会保障部が2011年9月に公布した社会保険加入暫定弁法［在中国境内就業的外国人参加社会保険暫行弁法］を立法したことは重要な意味をもつ。同弁法は、社会保険法に基づいて立法したことを言明している。言い換えれば、社会保険法97条を例外規定として評価し、社

会保険法の権利構造の範囲外のものとして解決する余地はないことを示したのである。

社会保険加入暫定弁法2条は、「外国人就業証」等の就労証明書と外国人居留証明書を取得して中国国内で合法的に就労する非中国籍の人［人員］を対象とする、と規定した。つまり、現代中国で就労する外国人すべてに社会保険への強制加入を義務付けたのである。

そもそも社会保険法1条は、公民が社会保険に加入し、社会保険の待遇を享受する合法な権利を保護するために立法したと規定し、現代中国内の使用組織と個人［個人］に、社会保険費を納付することで、納付記録等の調査権を始めとする合法な権利（4条）を与えている。中国的権利論に照らすと、社会保障の権利構造として次の式を示すことができる。そこでは「公民」を権利主体の基本としながらも、現代中国において生存する個人が、保険費用の納付の有無によって社会保障の権利構造とその保護論理を使用できることを認めている。これが社会保険法における失業保障制度の権利構造である。

$$\begin{pmatrix} 1 = 在中の個人である \\ 0 = 在中の個人でない \end{pmatrix} \times \begin{pmatrix} 1 = 保険費用の納付がある \\ 0 = 保険費用の納付がない \end{pmatrix} = \begin{pmatrix} 1 = 社会保障を享受できる \\ 0 = 社会保障を享受できない \end{pmatrix}$$

図31：失業保障の権利構造（3）

要するに、社会保険法は、出自による権利主体の区分という従来の法的論理から完全に決別し、労働者を前提としない論理構成を採用した。ただし、この修正は、市場経済期の失業保障の権利構造と重ならないこともないので、中国的権利論の基本を完全に逸脱したとは言い難い。

社会保険法における変化が中国的権利論を放棄して別の権利論に代替したと判断する指標としては、上記の方式が通用しない事例の出現である。すなわち、保険費用の納付が何らかのやむを得ない事情（過失、不作為等）によって確認できない状況の下で、社会保障を享受させる論理構成が提示されるか否かが指標となろう。ただし、既にみたように、保険費用の未納の場合は、

まず使用組織に相応の負担を求める法文を用意している。したがって、上記の方式が通用しない事例の出現は、かなりレアなものになろう。

第5節　中国的権利論との関係

　本章は、労働者と対をなす失業者について、失業者という権利主体が中国的権利論に基づいて、どのように調整され、現在それがどのように変化しているのかを分析してきた。現代中国における失業保障の変遷をその権利主体に注目して整理すると表15が得られる。

　計画経済期の失業保障の権利構造と市場経済期の失業保障のそれは、その権利主体を「労働者」に置くか、失業者に置くかの違いがある。そしてこの

表15：失業保障における権利主体の変遷

	失業労働者暫定規定	労働保険条例	待業保険暫定規定	待業保険規定	失業保険条例	社会保険法
公布日	1950年6月	1951年2月	1986年7月	1993年4月	1999年1月	2010年10月
権利主体	特定の企業事業で就労した失業又は無職或いは無収入者	同左	労働契約を停止・解約された労働者／解雇された職員労働者／破産宣告企業の職員労働者／破産に瀕した企業の法定整理期間中の退職者	同左／同左／同左／同左／生産中止・整理期間中に減員された職員労働者／撤退・解散された企業の職員労働者／待業保険を受給するその他の職員労働者	都市の企業・事業組織の失業人員	失業人員

権利構造の変化が徐々に展開したものであることをみてきた。また、失業者を自明のものとして立法するようになる中で、失業者か否かの判断をその保険費用の納付の有無に求め、これが中国的権利論に重大な影響を与えていることは注目されるべきである。今後の現代中国における失業保障の運用が、関連費用の未納の場合を救済する余地を造り出しており、これが憲法秩序の改正を促す要因となり得るからである。

実際の実現可能性からみれば、保険費用の納付が保険基金の確保と直結することから、当時の保険基金のひっ迫が大きな問題であったことは先行研究が既に明らかにしている。しかし、この問題の解決が、法的論理の整合性を確保するわけではないし、中国的権利論を放棄する理由になるわけでもない。失業保障の変遷に対する法学的評価において重要なことは、その法文上の変遷を論理一貫して説明できることに尽きる。そして、このことを本章は論証してきた。

社会保険法における変化は、一見すると中国的権利論から完全に転換したかのように映る。しかし、権利主体を個人という抽象的な概念で立法できる布石は、失業保険条例を立法する段階において造られていた。出稼ぎ農民のうちで契約労働者である失業者に対して失業保障を享受できる仕組みを例外規定として立法していたのは、この例である。すなわち、権利主体の転換を出自によるものから保険費用の納付によるものへ移行する構成論理を調整する土壌は、失業保険条例が既に用意していたのである。

中国的権利論の基本と比較すると、社会保険法は非常に先進的な法的論理を打ち出していると言える。権利主体について言えば、個人という抽象性の高い概念を導入しており、これは現代中国における失業保障の変遷が日本法の失業保障の変遷に追いついた印象を与える。権利客体を特定する法律行為について言えば、保険基金と直結する納付行為を要件としており、これも日本法の失業保障の変遷に追いついた印象を与える。

しかしながら、保護論理については中国的権利論の基本を踏襲している。社会保険法は、社会保険の待遇を享受する合法な権利しか保護しないのであ

る。この合法な権利が何であるかの判断権限は、労働契約法における変化と同じように立法関係者の独占ではなくなっている。とはいえ、合法な権利の範囲を超えて保護することを言明しているわけでもない。つまり、別の権利論に転換したと判断できる事実は現在のところ確認できないのである。

　中国的権利論の通用しない事例が仮に出現するとしたら、立法による救済をリアルタイムで期待することは現実的ではないだろう。そこでは、法の臨床空間としての性格が大きい司法による救済を期待すべきではなかろうか。そして、この司法による救済を通じて、中国的権利論は、大きな社会の変化に抗いきれず、他の権利論に取って代わられていく運命で歩むことになるのだろうか。

〔主要文献〕
飯島渉＝澤田ゆかり『高まる生活リスク――社会保障と医療』岩波書店、2010 年
上原一慶『民衆にとっての社会主義：失業問題からみた中国の過去、現在、そして行方』青木書店、2009 年
王偉『中国社会保障法律制度研究』中央民族大学出版社、2008 年
大塚正修＝日本経済研究センター編『中国社会保障改革の衝撃：自己責任の拡大と社会安定の行方』勁草書房、2002 年
熊本学園大学附属海外事情研究所＝深圳大学中国経済特区研究中心編『日中両国の政治・社会・経済的諸課題』御茶の水書房、2007 年
謝徳禄著、武吉次朗訳『大破産：中国の国有企業改革』東方書店、1997 年
常紀文主編『社会保険法熱点、難点、難点問題全釈』中国制出版社、2011 年
沈同仙＝楊海燕編著『公民的労働権益保護』中国経済出版社、1999 年
袖井孝子＝陳立行編著『転換期中国における社会保障と社会福祉』明石書店、2008 年
田多英範編『現代中国の社会保障制度』流通経済大学出版会、2004 年
中国研究所編『中国は大丈夫か？ 社会保障制度のゆくえ』創土社、2001 年
張紀潯『現代中国社会保障論』創成社、2001 年
趙明華＝趙炜＝範璐璐主編『中国労働者維権問題研究』社会科学文献出版社、2011 年
中江章浩『21 世紀の社会保障：日本と中国の現状と課題』第一書房、1998 年
日本労働研究機構編『中国国有企業改革のゆくえ：労働・社会保障システムの変容と企業組織』日本労働研究機構、2001 年

広井良典＝沈潔編著『中国の社会保障改革と日本：アジア福祉ネットワークの構築に向けて』ミネルヴァ書房、2007年
籾井常喜編『戦後労働法学説史』労働旬報社、1996年
楊燕綏主編『社会保険法精釈』法律出版社、2011年
劉暁梅『中国の改革開放と社会保障』汐文社、2002年
林嘉＝張世誠主編『社会保険立法研究』中国労働社会保障出版社、2011年

【注】

（1）合理的低賃金制に関する先行研究については、山本恒人『現代中国の労働経済』創土社、2000年参照。
（2）上原一慶『民衆にとっての社会主義：失業問題からみた中国の過去、現在、そして行方』青木書店、2009年、115頁参照。
（3）中江章浩『21世紀の社会保障：日本と中国の現状と課題』第一書房、1998年参照。
（4）田多英範編『現代中国の社会保障制度』流通経済大学出版会、2004年、195頁参照。
（5）張紀潯『現代中国社会保障論』創成社、2001年参照。
（6）飯島渉＝澤田ゆかり『高まる生活リスク：社会保障と医療』岩波書店、2010年参照。

第8章　民事訴訟法における変化

第1節　現代中国における民事裁判

第1項　民事裁判と訴訟当事者の確定問題

　本来、私人間の民事紛争は、私人の私的利益に関する争いである。そのため、紛争当事者の自主的な解決に任せるのが適当である。しかし、自主的な解決が期待できない場合を否定できない。そのような場合に、不当な自力救済を禁止し、紛争当事者が、紛争の強制的な解決を求めるようになったときに、この強制的な解決を行なうために、国家が設立したのが民事裁判である。
　一方、当事者の仲裁契約に基づいて、仲裁人が紛争の解決にあたる仲裁やADR（裁判外紛争解決手続）といった紛争解決制度は、紛争当事者の合意を前提とする自主的な解決手段である。これらの紛争解決制度は、紛争当事者の合意が成立しない限り、最終的には国家による民事裁判がその背後に控えていなければ、私人の私的利益についての権利確定とその実現を保障できない。民事裁判という最終の段階がない状態は、国家が、その私法秩序を支える保護論理に強制力を与える意思のないことを意味する。
　現代中国においては、長らく調停前置主義が通用してきたとされる。とはいえ、民事裁判の仕組み自体を廃止していたわけではないので、現代中国の私法秩序を支える保護論理に強制力を与えていたと言える。尚、現代中国においては、陳情制度を利用する中で、法律問題を含むことが発見されれば、民事裁判に移行する。この仕組みは、労使紛争に限ったものではなく、各種の陳情手続きも同様に民事裁判等（場合によっては刑事裁判）への移行の手続きを予定している。要するに、現代中国における民事裁判も、国家が最終的判断を下すという私たちが一般的にもつ考え方が通用しているのである。

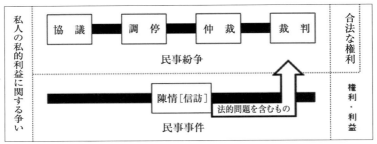

図32：合法な権利と民事紛争の関係

　比較法的に見て、民事裁判は、社会を構成する個々人の間の私的な利害衝突によって生じる、様々な紛争の終局的かつ強制的な解決を実現する仕組みである。注意すべきは、民事裁判で得られる解決が、関係者すべてを幸せにすることを保証するものではないということである。利害の対立である以上、どこかに妥協や譲歩が不可欠となるはずだからである。ただし、理不尽な要求であったり、法に抵触する要求に対しては、妥協することも譲歩することもないのは当然のことである。

　この利害衝突の基本は、二当事者の対立である。確かに、環境訴訟等を想定すると、民事裁判が、多くの訴訟当事者の参加する多数当事者訴訟になることもある。また、利害の衝突が予想外の利害に波及し、三方以上の多数当事者の対立から構成される民事裁判になることもある。とはいえ、これらの法律関係を分解すると、個々の二当事者の対立に還元できるので、民事裁判の基本は、二当事者の対立構造とみるべきである。

　そうすると、民事裁判は、対立する二当事者すなわち原告および被告、ならびに、その紛争の終局的かつ強制的な判決を下す裁判官を権利主体とする仕組みであることになる（図33参照）。原告と被告が確定されない限り、民事裁判の運用自体が困難となるから、この仕組みで重要な手続きは、利害衝突を引き起こした根本の原告と被告をどのように確定するかである。これが訴訟当事者の確定問題である。

　訴訟当事者の確定問題の解決方法は、大きく分けて2つある。1つは、利

害衝突した根本の権利関係から、原告と被告を確定する方法である。この方法は、19世紀末頃までのドイツの訴訟理論で支配的な見解であった。(1)しかし、権利を有しないにもかかわらず権利者であるとして訴える者や、他人の間の権利関係の確認を求める者等が、民事裁判をおこせるかが問題となった。このような訴えを無条件に認めるならば、膨大な訴訟を生み出すことになり、それは訴訟経済上、好ましくないと考えられたからである。

　こうして、利害衝突の根本の権利関係に基づき確定することから必然的に生じる諸問題について、公平な観点から裁かなければならない裁判官等の第三者が、法廷で審理する前に、実情を知らなければ対処できない状況を想定せざるを得なくなった。とはいえ、法廷審理の前に裁判官が実情を知るということは、裁判官に予断を与えるかもしれず、それは公平な裁判という理念を突き崩すおそれがなかったわけでもない。そのため、次第に次の見解が生まれた。

　それが、民事裁判をおこす者とその相手方または判決の名宛人から、原告と被告を確定するという方法である。前述した諸問題からドイツの訴訟理論もこちらが主流となっている。日本の訴訟理論も、この当事者概念を採用している。すなわち、訴訟当事者とは、訴訟手続きにおいて、当事者として取り扱われ、判決の名宛人となる者をいうとされる。

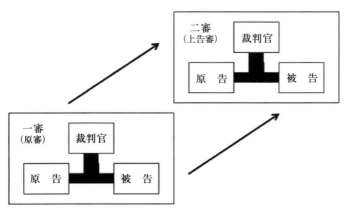

図33：現代中国における二当事者対立構造の見取り図

いずれの解決方法を採用するにせよ、訴訟当事者の確定は、その判断の権限を裁判官に委ねざるを得ないものであることは間違いない。原告は、被告を特定することはできても、特定した被告が適切な被告であるか否かについては、法的な問題がかかわるので難しい。これは、医者の診察を受ける前に、医者に自己の病名を告知するようなものである。

　民事裁判全体からみても、当事者を確定できてこそ、訴状の送達、普通裁判籍、裁判官の除斥原因、二重起訴の禁止、および既判力の主観的範囲等の諸問題を判断できることになる。そのため、訴訟当事者の確定は、民事裁判のすべてに影響を及ぼすと言える。したがって、裁判官をはじめとする裁判所に訴訟当事者を確定する権限を認めるのが合理的である。

第2項　民事裁判と中国的権利論の関係

　現代中国における民事裁判は、利害衝突のこじれから裁判所すなわち人民法院へ、原告が起訴する権利を行使することによって開始する（直接に人民法院へ訴えることができない点については、第5章とくに図23を参照）。そこでは、利害衝突の中に保護を求める実体法上の権利が存在するし、人民法院へ起訴し、裁判する中に、手続法上の権利が存在する。実体法上の権利に中国的権利論が通用することは言うまでもないが、手続法上の権利についても同様に通用することを論証できなければ、中国的権利論の理論的価値は存在しないに等しい。

　現代中国の訴訟理論は、利害衝突の存否の判断すなわち、利害関係要件の要否をめぐって学説が対立している。例えば、争いのある実体法上の権利の管理権をもつ破産清算組織や遺言執行者等を訴訟当事者に含めるか否かの問題、正当でない当事者を訴訟当事者とすべきか否かの問題が議論されてきた。学説上は、利害衝突の根本の権利関係に基づいて訴訟当事者を確定することを求める主張が根強い[2]。

　また、正当な当事者［正当当事人］を判断する時点についても認識上の違いがある。多数説と思われる見解は、民事裁判を開始した時点において訴訟

当事者が正当であるか否かは証明できず、その判断は、当事者による挙証、証拠調べ、および弁論等の法廷審理を通じて初めて確定できると主張する。(3)このような見解は、人民法院による法廷審理を重視するものであり、現代中国の民事裁判を、現代化や国際化という名の下に、西欧的な構造に改革しようとするものである。思うに、これらの見解が生まれた背景には、社会の変化が関係している。

計画経済体制下では、行政機関による紛争解決で事足り、人民法院が二次的な地位にとどまっていた。市場経済体制下では、権利主体が多様化の一途をたどり、新たに登場する権利主体が合法化の手続きを経る前に、利害衝突を起こすことは容易に想像できる。つまり、実社会の変化との間のミスマッチを改善するために法廷審理を活用せよ、というわけである。

とはいえ、中国的権利論に基づくならば、法廷審理に完全に委ねることは認め難い。中国的権利論は、立法により保護する権利を限定する点に特徴があり、権利の合法性を認定する権限を立法関係者が独占してきたからである。言い換えれば、手続法上の権利にも中国的権利論が通用してきたからこそ、上記の論争が生まれる余地が存在するのである。したがって、上記の論争の対象である利害関係要件の要否は、中国的権利論の存否にかかわる問題であると言える。

第3項　起訴権の権利構造と中国的権利論

手続法上の権利に中国的権利論が通用することを前提にしたうえで、これが成り立つかどうかを論証するためには、訴訟当事者の確定問題の要となる原告が訴えを提起する「起訴権」の取扱いについて、法文がどのように調整してきたかを分析すればよい。中国的権利論に基づけば、合法な原告でない限り起訴権を認める必要はないし、また、合法な起訴権でない限り、法による保護を認める必要もない。それ故に、起訴権の権利構造を論証すれば、それは原告だけでなく、訴訟に参加する主体すべてに適用できることになる。

中国的権利論に基づく起訴権の権利構造を図示すれば、次の式が得られる

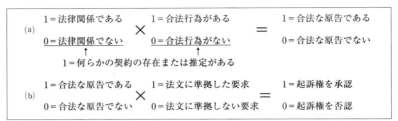

図34：現行法における起訴権の権利構造（1）

（図34）。前提として、利害衝突した権利が法文の根拠をもつこと、そして権利行使が法文に準拠したものであることが、原告を合法化する（a）。ただし、合法な原告であればよいだけでなく、法文に準拠した要求を行なうことで、起訴権が合法化される（b）のである。これが、現代中国法における起訴権の基本的な権利構造である。

全人代常務委員会が2012年8月に一部改正した民事訴訟法［中華人民共和国民事訴訟法］は、その任務として当事者が訴訟上の権利を行使することを保護し、人民法院が法廷審理を通じて法令を正しく適用し、民事上の権利義務関係の確認と、民事上の違法行為を制裁することを保証し、当事者の合法な権利を保護すること等を目的とすることを明らかにしている（2条）。ここに言う当事者とは、公民、法人およびその他組織である（48条）。

外国人や無国籍者のほか、外資企業等も内国人と同等の訴訟上の権利義務を有するとされている（5条）。そのため、起訴権の権利主体としては「労働権」のような身分的な差別はない。現代中国の法文に基づく法律関係が存在し、法文に基づく行為を行なえば、誰もが合法な訴訟当事者になれる。尚、現代中国の民事裁判は、民事上の違法行為の制裁と訴訟当事者の合法な権利の保護を併設しているので、合法な権利が保護できない状況を作らせないことが優先されることになる。したがって、場合によっては、外国人当事者の出国拒否が当然に認められることになる。

第4項　起訴受理制度の意義

ところで、前述したように、市場経済体制下で権利主体が多様化の一途をたどり、新しい権利主体や権利が合法化の手続きを経る前に利害衝突を起こすことは容易に想像できる。このような実社会の変化との間のミスマッチをどこまで改善するかが、現代中国の民事裁判には求められている。問題は、実体法上の権利をいまだに有しない訴訟当事者の起訴権までも合法な権利として認めるか否かである。この判断は、起訴受理制度が担っている。

現行法119条は、訴えを提起する場合に満たすべき条件（起訴審査）として、①原告が本件と直接の利害関係を有する公民、法人またはその組織であること、②明確な被告［明确的被告］がいること、③具体的な請求および事実ならびに理由があること、④人民法院が民事裁判として受理でき、かつ、その管轄の範囲内であることを規定した。この四要件が起訴権の合法性を判断する基準である。

人民法院は原告の起訴権が合法であることを判断した後、7日以内に裁判を開始することを決定［立案］する（受理審査）。因みに、起訴審査（a´）における起訴要件④は、民事裁判における起訴権の成否について判断するだけであり、紛争処理全体から見れば、受理審査（b´）において意義がある。

受理審査において、訴えの内容が行政訴訟の規定するものであれば、民事訴訟ではなく行政訴訟を提起するよう人民法院は原告に告知する。また、他の機関が処理する内容であるときは、関連機関へ処理を求めるよう告知す

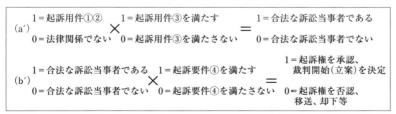

図35：現行法における起訴権の権利構造（2）

る等して、訴えを受け取った人民法院が訴えを受理しないことを認めている（124条）。尚、四要件を満たさないときは、不受理通知を原告に送付する（123条）。

以上の起訴審査と受理審査を合わせて「起訴受理制度」と呼ぶ。現行法の法文は、中国的権利論から解釈可能な内容であることが分かる。とくに受理審査について見ると、裁判管轄権のない訴えについて、それを受け付ける機関を指示することになっている。これは、法廷で審理する前に、原告の訴えの内容とその根本の利害衝突の実態を調べることを強く推測させるものである。

言ってみれば、現行法における起訴受理制度は19世紀末頃までのドイツの訴訟理論において支配的であった見解に似ている。故に、現代中国の訴訟理論において起訴受理制度をめぐる論争が常に行なわれているのである。そこでは、西欧的な構造に改革しようと、中国的権利論を前提としない新たな起訴受理制度の確立を提言するものまで存在する。

仮に中国的権利論に基づいた手続法上の権利でないならば、起訴権の合法性の認定要件に直接の利害関係を要求する必要はないので、起訴要件①を廃止してよいことになる。なぜなら、法廷の審理において請求に理由がないということ、すなわち、法文の根拠がないことを認定し、原告敗訴の判決を出せば済むからである。こうすると、訴えを処理する人民法院の作業量は形式的な審査のみに限定できることになろう。しかしながら、実社会の紛争は未解決のままで放置されることにもなるので、この間隔をどのようにして埋めていくかが問題となる。

本書は、中国的権利論が手続法上の権利にも通用しているとの前提に立つ。ただし、西欧的な構造に改革しようとする見解が問題視する部分を無視しているわけではない。現行法が規定する起訴権の権利構造は、訴訟の乱発抑止や起訴権の濫用抑止の意図を指摘することができないこともなく、それは人民法院の負担減にもつながるからである。しかし、大きな流れとして、①の権利関係要件を取り除き、四要件を三要件に変更することによって法廷審理を実質化させたいという多数説からの見解は、私たちが慣れ親しむ秩序によ

る民事裁判の仕組みの確立への動きにも見えないこともない。

とはいえ、このような変化が完全な転換を可能とするものであるかについて検証し、現代中国における起訴受理制度の変遷が、従前の法制と論理整合性を確保しているか否かを明らかにすることが、法的安定性の面では必要である。この論理整合性の内実を明らかにすることによって、社会の変化に適応する法改正とその法的論理の転換の限界が見極められよう。

第2節　起訴受理制度という枠組みからの検討

第1項　民訴試行法以前の起訴受理制度の変遷

現代中国で、正式に民事訴訟法という法令名称が登場したのは、1982年の民訴試行法［中華人民共和国民事訴訟法（試行）］からである。しかし、民事裁判に関する立法は、建国の翌年1950年12月に早くも行なわれている。因みに、現代中国の裁判所は「〇〇人民法院」と呼ばれるが、この名称に統一されたのは、建国前の華北人民政府が公布した法令による[4]。

建国後の起訴受理制度

中央人民政府法制委員会が、1950年12月に公布した訴訟手続き試行通則草案［中華人民共和国訴訟程序試行通則（草案）］は、民事訴訟法を公布するまでの間は、当該通則草案に基づいて裁判を行なうように規定した（2条）。原告は、裁判管轄権を有する人民法院に、訴訟関係者［訴訟人］、関連の事実、証明方法および請求内容［請求法院如何判決］を記載した起訴状を、訴訟関係者の人数分、提出しなければならなかった（18条）。起訴受理制度に関する規定は見当たらないが、上記の規定から存在を推定できる。

また、当該通則草案30条は、裁判に不可欠の手続きではないとしながらも、軽微な民事事件については、人民法院が具体的な状況を観察し、法廷審理に先行して調停［調解］を行なえるとした。調停が不調に終わったときは、

法廷審理を行なうとされた。何が軽微な民事事件であるかは、実際にその利害衝突の実態を調べる必要がある。故に、ここからも、法廷で審理する前に、紛争の実態を検討することが予定されていたと言える。

その後、最高人民法院が1956年10月に公表した各級人民法院民事事件審判手続き総括［各級人民法院民事案件審判程序総結］は、最高人民法院院長に「復職」した董必武の号令の下、当時の各地の民事裁判の実態を総括して調整したものである。当該総括では、一審の民事事件の受理の仕方について、原告が人民法院へ起訴状を直接提出する場合と、他の人民法院から移送されてくる場合があると報告された。そして、今後、移送案件については一律受理するものとし、移送されてきた案件について意見があるときは、一旦受理した後に、上級の人民法院へ意見を提出するよう調整した。

当該総括は、案件の審理前準備の業務として、審判員［審判人員］に対し、案件を受理しなければならないか否か、起訴手続きの要件を完備しているか否かを審査するように規定した。案件を受理するときは、原告に請求権があるか否か、人民法院が処理しなければならない案件、すなわち事件か否か、当院の管轄に帰するか否かを審理し、原告に請求権がないときは、裁定により取り消し、裁定書を原告に送達するよう規定した。

行政機関によって処理する案件であったり、本院に裁判管轄権がない案件であったときは、関係機関へ移送するよう求めている。尚、起訴手続きの完備についての審査は、受理を決定した後も想定されていた。この場合に不備が見つかったときは、原告に告知して補正させなければならないとした。

中国的権利論に基づけば、実体法上の権利は、法文が合法としない限り、保護を求められない。手続法上の権利も同様に解釈できるので、立法して法文が増加すればするほど、人民法院を通じて利害衝突を解決できることになる。しかし、その反面で、仮に立法が停滞し、法文が増加しなければ、人民法院を通じた解決は期待できなくなる。

それでは、現代中国の歴史はどちらを歩んだのか。その後を見ると、1958年12月に、中国共産党の中央政法小組が、中共中央と毛沢東に向けて「刑

法、民法、訴訟法は、現代中国の実際に基づいて見たところ、既に制定する必要はなくなった」と報告したことが影響し、立法作業が停滞したと言われる。民事裁判においても、管見の限り関連の法文をほとんど確認できないので、立法作業が停滞していたことは、ほぼ間違いないであろう。しかし、当時の裁判実務は、民事訴訟法が将来制定されることを予定して運用していたわけであるから、民事裁判に対する影響がなかったとは言えない。

大躍進、文化大革命と起訴受理制度

大躍進［大跃進］政策とは、一般に1958年から1960年にかけて現代中国で実施された農業・工業の大増産政策を指す。それは、数年間で、経済的にアメリカやイギリスに追いつき追い越すことを目標とした。しかし、結果的に推計2,000万人から5,000万人の餓死者を出す失敗に終わり、毛沢東が国家主席を引責辞任することで幕が引かれたと言われている。

ところで、この大躍進政策は、司法の現場にも波及していた。そこでは、大衆を動員して悪人や悪事を摘発するという方法、大衆に深く入って生産労働と結びつき、現地で紛争を処理するという方法のほか、審判と大衆弁論を結びつけて「弁論会」を開催する方法等が報告された。これらの方法は、人民法院等の「司法」機関と大衆を結びつけ、法律による制裁と大衆による摘発および批判、法廷による審判と大衆による弁論等の統合を促したものとして評価されていた。日中戦争時の解放区において行なわれていた馬錫五の裁判方法を、馬錫五裁判方式としてモデル化し、人民法院の裁判のあり方を共通化していく動きも、この前後から始まっている。そして、これらの動向が大衆路線［群衆路線］という政治運動・論理で整合されていくことになる。

司法における大躍進は、裁判に行き着くことなく紛争を解決することを美徳としていたことが、少なからずの論考で指摘されている。例えば、李林（当時、広東省高級人民法院副院長）の体験談[5]によれば、司法において大衆路線を徹底することが、案件処理の質と効率を向上させ、人民法院の教育作用を拡大でき、現地での宣伝、現地での調停、現地での審判が可能になるという。

あるいは、案件を紛争所在地の人民に渡して弁論させれば、弁論させればさせるほど事実が明白となり、審判員が法文を適用する上で正確になるといった指摘も散見できる。これらの見解が当時の状況の中で上梓＝支持できた理由は、このやり方が「事実を根拠とし、法律を基準とする［以事実為根拠，以法律為準縄］」という審判の原則を徹底することになるとされたからである。

しかし、ここには別の視点が成立する余地もある。基準とする法律の立法が停滞する以上、人民法院が法廷審理を通じても合法な権利を判断できない状況に陥ったために、現地での宣伝、現地での調停、現地での裁判を行なわざるを得なかったのではないか。

そして、このような状況においては、何を合法とするかを決める立法関係者または合法認定者による人的要因が影響し易くなることは避けられないために、「人治」が蔓延することになったのではなかろうか。最高人民法院が文化大革命元年の1966年3月に公表した各級人民法院民刑事事件審判手続き総括の修正に関する通知［関於修改《各級人民法院刑、民事案件審判程序総結》的通知］は、立法関係者による合法性の付与権限の拡大を認め、人民法院が条文解釈を通じて権利を合法化する権限を放棄することを言明した。

当該通知は、各級人民法院民事事件審判手続き総括が、一部で適応できなくなっているとし、適応できない部分、特に大衆に依拠して案件を処理することを妨げる内容については、それを破棄するとした。そして、党委員会の指導の下の大衆路線に適合する制度手続きを創設する予定であると言明していた。ここでは、党委員会が立法関係者として位置づけられている。党の指導が権利の合法化を担うとし、人民法院が独立して権利を保護することを放棄したと言える。

その後に立法された法令は、管見の限り黒竜江省高級人民法院が、1975年6月に公表した民事事件審理手続き制度の試行意見［民事案件審理程序制度的試行意見］のみであり、人民法院による権利保護を肯定する条文は見られない。起訴受理制度に関する部分について言えば、案件の受理手続きや案件の審理前準備の業務が問題とされた。例えば大衆に依拠して事件を処理する

うえで、原告が訴えるときに起訴状を用いなければならないことが、大衆に依拠して事件を処理することに適応しないとされた。

　要するに、大躍進政策や文化大革命における人民法院は、立法が停滞し、法文が増加しない以上、起訴受理制度の運用においても立法関係者（党の指導者）の指示が不可欠とされる状態に置かれた中で、大衆に依拠して事件を処理しなければならないとされ、当時、訴えを受理する際に、関係機関の紹介状（［紅頭文件］等）を添付することを求める等して対応し、訴訟当事者の確定問題に対する自らの責任を放棄していたのである。

文革終結と起訴受理制度

　文化大革命が終結し、社会主義法制の強化がうたわれる中で、最高人民法院は、1979年2月に民事事件審判手続き制度の試行規定［人民法院審判民事案件程序制度的規定（試行）］を公布した。そこでは、紹介状を案件受理の必要条件としないことが言明され、明確な原告・被告と具体的な請求内容［具体的訴訟要求］があり、人民法院が審理して処理しなければならない民事紛争であれば受理し、裁判の開始を決定するとした。

　試行規定は、起訴状を受理した後に、3つの業務を行なわなければならないとした。第1に、起訴手続きを完備しているか否かの審査である。書類等の不備については補正することが予定された。第2に、起訴状の副本を被告に送達し、期日をさだめて答弁（応訴）を求めることである。被告が答弁するか否かにかかわらず、審理は継続するとされた。第3に、原告被告を含む訴訟当事者に、訴訟当事者が有する訴訟上の権利を告知することであった。

　法廷審理の前に紛争の実態の検討を認めるか否かについて、試行規定は、起訴状に、具体的な請求内容と訴える被告とを関連づけて記載することを条件として対応した。当時、これを勝訴の可能性と結びつけて説明している。このことにより、濫訴を防止したというのである。つまり、起訴状に原告が勝訴できる内容が含まれていれば、法廷審理前に紛争の実態を調査することが肯定された。

中国的権利論に基づけば、合法な権利であれば保護することになるので、そこには合法な権利を侵害する違法な権利主体が当然想定されている。故に、起訴状の作成に当たって、その勝訴の可能性の要求を原告に求めることは、論理的には合致しているし、この要求が濫訴の防止になるという実務上の言い分にも叶っていた。

　この試行規定は、民事訴訟法を公布するまでの試行という位置づけであったが、文革以前に犯していた人民法院の過ちを正した点も確認できる。すなわち、起訴要件に勝訴権の有無を加えることによって、法廷審理前の実態調査を人民法院が自らの権限として取り戻すことを言明し、訴訟当事者の確定問題に対する人民法院の当然の権限を再び担ったのである。ただし、法実務においては、勝訴権の証明度については客観的な判断基準が示されなかったため、結局、裁判外の立法関係者の裁量による構造を、人民法院の裁量による構造に移管したにすぎないものであった。この法制上の不備が、訴え難い[起訴難]という問題を生じさせていくことになる。

第2項　民訴試行法における起訴受理制度

民訴試行法と起訴受理制度

　ほどなく全人代常務委員会は、1982年3月に民訴試行法を制定した。民訴試行法は、訴えを提起する場合の要件として3つ規定した。第1に、原告が本件と直接の利害関係を有する個人、企業事業組織、機関または団体であること。第2に、明確な被告と具体的な請求内容および根拠事実[事実根拠]があること。第3に、人民法院が管轄する範囲で、受理する人民法院に裁判管轄権があることであった（81条）。この点までは、従前の試行規定までの枠組みと変わらない。

　起訴受理制度について民訴試行法が言明した点は、事件の審理前準備の規定に現れている。民訴試行法90条は、原告または被告が当事者の条件に合致しないとき、人民法院が条件に合致する当事者に訴訟へ参加するよう通知し、条件に合致しない当事者と交代しなければならないと規定した。

上記の起訴要件を参照すると当事者のうち原告に関する条件は、明らかである。原告は、訴えを提起する事件と直接の利害関係がなければならない。そうすると、原告が当事者の条件に合致しない場合とは、直接の利害関係がないときである。直接の利害関係の有無は、事件の実態調査を法廷審理の前に行なわなければ判断できない。そのため、当該条文は、法廷審理前の実態調査の機能を人民法院が有することを確認した法文であると言える。

さらに重要なことは、当事者の条件に合致する起訴状に記載されていない真の訴訟当事者に対して、人民法院がその出廷を通知し、かつ、条件に合致しない訴訟当事者と交代させるとした点である。この制度を、とくに当事者交替制度［更換当事人制度］と呼ぶ。

当事者交替制度は、訴訟経済の観点からみると、非常に有益な制度であったと考えられる。そのために、最高人民法院は、1984年8月に公表した民訴試行法の貫徹執行における若干の問題に関する意見［関於貫徹執行《民事訴訟法（試行）》若干問題的意見］においても、その運用について規定した。

それによれば、法廷審理が進む中で、当事者の条件に合致しない原告であることを発見した場合で、この原告が退廷しないときは、訴えを取り消せるとしたほか、当事者の条件に合致する者が、訴訟参加を望まないときは結審するとした。さらに、被告が当事者の条件に合致せず、原告がその当事者の交代に同意しないときは、訴えを取り消すとした（10条）。

当事者の主観的な事情によることなく法律をポジティブに実現することが、社会主義法には求められているとしたソ連法的論理の継受（第2章第1節）も維持されていることが垣間見られる。それと同時に、これらの立法の背後には、原告の勝訴権の問題があると推測できる。そこには、勝訴権がない限り、その起訴権を成立させることもないし、法文に準拠した対応を原告がとらない限り、その裁判を継続する必要もないという、中国的権利論の思考を見て取れるのである。

当事者交替制度は社会主義国家に特有か

　この当事者交替制度は、日本法には存在しない。ところが、社会主義国家においては一般的な制度であったようである。

　旧ソ連は、1961年に制定した「ソ連邦及び加盟共和国民事訴訟の起訴」において当事者交替制度を規定した。(6)そこでは「不適格な当事者の交代」として、「裁判所は、事件の審理時に、訴えが、請求権の帰属していない者によって、あるいは、訴えに応じなければならない者にではなく、提起されていることを確定したならば、原告の同意を得て、事件を終結することなく、最初の原告又は被告と適格を有する原告又は被告との交代を許すことができる」とした（26条1項）。原告が被告の交代に反対したときは、裁判所が、その者を第二被告として訴訟へ参加させることになっていた（26条2項）。

　つづく1964年制定の「ロシア共和国民事訴訟法典」は、「不適格当事者の交代」として、「裁判所は、事件の審理に当って、訴えが請求権の属しない者によって、あるいは請求について、責任を負うべきでない者に提起されていることを確定した場合、原告の同意を得て、訴訟を停止することなく、最初の原告又は被告と適格を有する原告又は被告との交代を許すことができる」とした（36条1項）。原告が被告の交代に反対するとき、その者を、係争物に対して独立した請求を申し立てた第三者として訴訟に参加できることをその者に通知し、また、裁判所は、その者を第二被告として訴訟に参加させることができるとした（36条2項、3項）。さらに、当事者を交代した後は、必ず事件の審理を最初から行なうと言明していた（36条4項）。

　尚、旧ソ連の当事者交替制度においては、請求権の帰属しない者が訴訟から脱退することに同意したが、請求権の帰属する者が訴訟に参加することに同意しなかったときは結審させることになるという。(7)このように当事者の同意を必要とする当事者交替制度は、ポーランド、モンゴル等の法文においても確認できる。

　次に、朝鮮民主主義人民共和国は、1976年と1994年に「朝鮮民主主義人民共和国民事訴訟法」を制定し、当事者交替制度を規定した。両法の文言上

の違いは、「当事者」(1976年)が「訴訟当事者」(1994年)に訂正されただけである。現行法では、当事者交替制度について、原告になれない者が提起した訴訟、または被告になれない者を相手として提起した訴訟について、裁判所は事件を棄却せず、資格のある訴訟当事者に交代させることができ、訴訟当事者が同意しない場合でも、資格のある当事者を、原告または被告として引き入れることができるとしている(8)。

民訴試行法が規定した当事者交替制度は、訴訟当事者の同意を不要としている。どちらかと言えば、北朝鮮の当事者交替制度に類似すると言えよう。

第3項 民事訴訟法における起訴受理制度

民訴法と起訴受理制度

全人代常務委員会は、1991年4月に公布した民訴法［中華人民共和国民事訴訟法］において、当事者交替制度を廃止した。当事者交替制度が社会主義国家に特有の制度であるならば、その廃止は現代中国が社会主義国家を標榜する姿勢を見直すことを意味するのではないかと一部では見て取られた。また、これが後の民事裁判制度改革［民事審判制度改革］において、裁判モデルとして当事者主義モデルを標榜する検討が主流的な見解になることを後押ししていたように思われる。では、実際の法文はこのような動向に同調したと言えるだろうか。

民訴法は、民訴試行法が規定した訴えを提起する3つの要件を4つに細分した。訴えを提起する場合の要件は、第1に、原告が本件と直接の利害関係を有する公民、法人またはその他組織であること。第2に、明確な被告がいること。第3に、具体的な請求内容および事実ならびに理由があること。第4に、人民法院が民事訴訟の範囲として受理し、受理する人民法院に裁判管轄権があることであった(108条)(9)。

明確な被告がいることと具体的な請求内容および事実との間に、起訴受理制度の過程で関係性の審査を求める必要はないという立法判断であったと言われている。つまり、民訴法は、起訴権に勝訴権を含まないでよいとしたの

である。これは、従前の仕組みが当然の前提とした法廷前の実態調査を肯定する根拠を失わせたことを意味する。

　因みに、先行研究においては、民事訴訟法の立法を、職権主義または超職権主義の裁判モデルから当事者主義の裁判モデルへの転換を示すものとして描くものが多く、当事者交替制度を職権主義の象徴の１つとしてきた。その当事者交替制度が廃止され、起訴要件も四要件に変化したことから、現代中国における社会主義の終焉が意識されても不思議ではなかった。

　しかしながら、当事者交替制度の作用については、訴訟経済の観点からみると、十分に肯定されてよい仕組みである。また、当事者主義の裁判モデルに転換したとしても、それに適応するように制度を修正すればよい。仮にそれが当事者交替制度の名称をもたなかったとしても、である。

当事者交替制度は不要か

　法文上、当事者交替制度が姿を消してしまったことは事実である。しかし、理論研究においても、当事者交替制度の継続・非継続について議論がある。

　当事者交替制度の再設置に反対する見解は、大方、次のように主張する。すなわち当該制度が①「訴えなければ裁判なし」の訴訟原理に反すること、②被告と原告の平等な勝訴機会を失わせ、挙証責任の均衡を崩すものであり、当事者の公平性を担保できないこと、③濫訴を誘発しかねないというのである。[10]

　当事者交替制度の再設置に賛成する見解は、原告の交代は、基本的に必要ないが、被告側の交代は、訴訟経済の観点からみて妥当であるし、司法の公正を実現するうえで、当事者交替制度は積極的な意義を有するとする。[11]

　反対説の理由①について言えば、確かに被告を交代させるか否かは原告の訴訟上の権利である。故に、人民法院が原告の同意なしに交代させるならば、原告の訴訟上の権利を否定し、原告の訴えを人民法院が取り消すことにほかならない。しかし、旧ソ連のような当事者交替制度であれば妥当しない。

　次に反対説の理由②について言えば、確かに起訴状に記載される訴訟当事者が適格であるか否かは、実際の法廷審理において判断されるべきである。

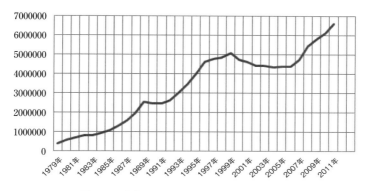

図36：民事裁判における一審受理件数の推移

　仮に被告が原告の不適格を証明できた場合は、人民法院による当事者の交代によって適格な原告が被告の面前に登場することになるので、被告の勝訴権が侵害されることは間違いない。しかしながら、中国的権利論に基づけば、合法な権利しか法が保護しないのであるから、この場合の被告の勝訴権は法による保護に値しない。公平性を担保できないとは言えない。

　最後に反対説の理由③について言えば、当事者交替制度に原告が依存し、人民法院へ誰もが訴えを提起することになる可能性がないとは言えない。しかしながら、中国的権利論に基づけば、権利の保護は権利主体の事情によらないので、侵害された権利をすべての国家機関が自動的に保護するように設計しなければならない。この前提に立ちながら、濫訴を防止するために人民法院に、訴えに対する処分権限を付与したことを考えれば、中国的権利論を維持する限り反対説の見解は妥当しない。尚、統計上は、当事者交替制度の存廃にかかわらず、人民法院が受理する件数は増加している(12)（図36）。反対説の理由③も成り立たない可能性を否定できない。

　このように、当事者交替制度の再設置に反対する主張に十分な理由があるとは言えない。とはいえ、実務上では、当事者交替制度は廃止されたとの理解が早々に言明された(13)。しかし、その後の民訴法の改正において、一部復活していることも見逃せない。

民訴法における変化

　民訴法を施行した後、最高人民法院は、1992年7月に民訴法適用における若干の問題に関する意見［関於適用《中華人民共和国民事訴訟法》若干問題的意見］を公表した。そこでは、人民法院が共同訴訟の訴訟当事者を追加するときは、その者に通知できるとしたり、追加すべき原告が訴訟への参加を望まないにもかかわらず、実体法上の権利を放棄しないときは、共同原告として追加する（58条）等、部分的に当事者交替制度の作用を復活させている。

　その後、民訴法は、2007年に一部改正を経て、全人代常務委員会が、2012年8月に最新の改正を行なった。起訴受理制度における改正点は、人民法院に、訴訟当事者が法文に照らして有する起訴権［起訴権利］の保障を要求し、訴えを提起する四要件に合致する起訴状を、必ず受理しなければならないと規定した点である（123条）。一般に、起訴難の問題に取り組んだ成果であると言われている。

　改正内容が中国的権利論を否定するものでないことは明らかである。原告に対して、起訴権の行使に対する義務すなわち起訴状の作成義務を課すという法文に準拠した要求の内容を追加したにすぎないからである。その一方で、法治国家としてより成熟させたいという現代中国全体の傾向が、民事裁判を当事者主義の裁判モデルへ近づけてゆく論調を強めていることも事実である。

　考えてみれば、起訴受理制度は、勝訴権の要件を外し、法廷審理前の実態調査機能を放棄する形で展開している。事前審査の必要性が高い民事事件であればあるほど、中国的権利論に基づくことが、当事者主義モデルを訴求する上で障害となる。ここに起訴受理制度が直面する課題を見て取れる。

第3節　起訴受理制度の今日的課題

　本節では、事前審査の必要性が高い民事事件として、名誉権紛争について、民事裁判の場合に限って検討しておくことにする。現代中国における名誉権は、民法通則101条を根拠とし、民法通則120条、134条または権利侵害責

任法［中華人民共和国侵権責任法］2条に基づいて保護論理が展開される。

　民法通則101条は、公民が名誉権を有することを認め、その人格の尊厳を法が保護し、侮辱や誹謗等の手段で侵害することを禁止するとした。因みに、現行憲法38条も、公民の人格の尊厳は侵害を受けないと規定している。また、民法通則は、名誉権の保護態様として、侵害の停止、名誉の回復、影響の除去、謝罪命令および損失の賠償を認め、権利侵害責任法2条は、侵害者に権利侵害責任を負わせている。

　起訴受理制度の運用について見ると、これらの法文は、個別の民事紛争別に具体的な規定を置かなかったため、2つの司法解釈によって立法された。この2つとは、最高人民法院が1993年8月に公布した名誉権事件の審理における若干の問題に関する回答［関於審理名誉権案件若干問題的解答］と、1998年8月に公布した名誉権事件の審理における若干の問題に関する解釈［関於審理名誉権案件若干問題的解釈］である。

　これらの司法解釈によれば、まず、名誉権紛争の訴えは、民事訴訟法108(14)条の起訴要件を充足すれば受理する反面、権利侵害の事実が欠けているにもかかわらず、頑なに訴えを固持する場合は、裁定により訴えを取り消すと言明した。起訴審査における四要件の徹底を指示していると言える。

　次に、裁判管轄権について、民事訴訟法29条(15)に基づいて行為地［侵権行為地］か、または被告所在地［被告住所地］の人民法院とした。行為地には、行為発生地と結果発生地を含むとしている。そのうえ、侵害を受けた公民、法人およびその他組織の所在地を結果発生地として認定し、訴え易くした。

　さらに、名誉権侵害の客体としては、①関連組織が編纂出版したもので、指導部門の内部閲覧用として刊行したものを掲載した投書や文書、②機関、社会団体、学術機構、企業内において組織的に発行する刊行物や内部資料、③国家機関、社会団体、企業組織がその構成員に対して行なった結論や処理決定、④他人の違法行為を関係部門に検挙または起訴した公民について、⑤検挙や起訴を利用して侮辱または誹謗する行為について判断している。

　司法解釈は、①③④については受理しないとし、名誉権侵害の客体から除

外した。②および⑤の場合が名誉権侵害の客体となる。とはいえ、上記の司法解釈だけでは運用が困難であろう。例えば、④に関するマスコミの報道については、その情報源の情報が真実であれば、名誉権の侵害を構成しないと説明される。しかしながら、情報の真実性をどこまで許容するかを明らかにしていない。⑤については、検挙や起訴が、侮辱または誹謗と多かれ少なかれ関係するので、検挙や起訴を行なう動機との関連性を証明することになる。とはいえ、どこまで証明すれば、名誉権の侵害を構成するのかについて明らかにしていない。

　以上から言えることは、名誉権紛争も起訴受理制度の対象としているが、名誉権侵害の客体において人民法院が審理する名誉権紛争の範囲を限定している。限定した客体の侵害行為の成否については、情報の真実性や動機との関係性を基準とする。しかし、真実性や関係性の判断を、起訴状の内容から判断することは実際上困難である。同時に、民訴法は、法廷審理前の実態調査機能を認めていない。したがって、その判断は、法廷の審理に委ねざるを得ないことになる。

　問題は、中国的権利論に基づく限り、情報の真実性や動機との関係性に関する程度判断が、比較考量して決まることはないところにある。何が合法であるかは、事前に確立していることが前提となるため、利害衝突している利益同士を比較して、そのいずれかの合法の認定を行なうという手法を認めることが自己否定となるからである。仮に、情報の真実性や動機との関係性について、それが侵害行為か合法行為かを判断するのであれば、事前に審査して合法行為か否かを確定しておかなければ、法廷審理において合法行為と合法行為の対立という、あってはならない事態が生じ、立法関係者が独占してきた合法性の付与権限を、裁判官個人の解釈権に基づく比較考量による合法性の付与という、容認できない事態を招くことになる。

　裁判官個人の解釈権による合法性の付与を肯定する論理は、権力分立制から生じる憲法秩序に基づくものである。これは、権力集中制［民主集中制］を国家体制の根本にしている現行の憲法秩序と相容れない論理であり、当然

容認する余地はない。そうすると、当事者主義モデルへと展開してゆくならば、どこかの段階で、事前審査を不要とするためにも中国的権利論と決別する必要がある。名誉権紛争に照らして言えば、合法か違法か等を抽象化した普遍的な名誉権概念を認め、起訴受理制度を非常に形式的な書類審査に近い運用に転換すべきである。形式的な書類審査となる以上、そこでは裁判官の裁量権限を拡大していく方向での調整も含まざるを得ない。

こうすることで、その権利を保護する場合と保護しない場合とを比較考量し、判決の妥当性を探究する権利構造が確立していくことになるが、現行法は、ここまで踏み込んだ改善を実現できていない。

第4節　中国的権利論との関係

第1項　現行法に対する評価

起訴受理制度における今日的課題から、私たちは現代中国の民事裁判の変化をどのように評価できるだろうか。

中国的権利論を前提にすると、裁判の開始が決定されるまでに結論が出ていることになる。起訴受理制度において、法が保護しなければならない合法な権利が、訴訟当事者とともに確定するからである。したがって、先に判決を決め、後から審理する［先定後審］ことも、審理する者が判決を下さず、判決を下す者が審理しない［審者不判，判者不審］ことも当然の構造ということになる。

現行法までの変遷を見てくると、起訴受理制度における事前審査の必要性を低下させ、当事者主義モデルを目指す法動向も見てとれる。当事者交替制度の廃止は、この動向を象徴する事実として受けとめられている。私たちからすれば、法廷の審理を経て結論を導く方が、より公平な判断になり易いという思い込みから、法廷審理前に結論がほぼ決まる人民法院の審理方法を公平でないと見がちなことも影響しているかもしれない。

民訴法の変化をこのように評価するならば、現行法までの評価は、現代中国の民事裁判を、法廷審理中心のモデルに転換しつつある反面、中国的権利論に基づき合法化の認定を独占してきた立法関係者にとっては、その既得権益の放棄を求めているように映ることだろう。

第2項　中国的権利論の有効性

しかしながら、起訴受理制度において事前審査の必要性が高い名誉権紛争の訴えに関する立法動向をみても、中国的権利論を放棄する変化に依然としてなっていない。本章では割愛したが、起訴受理制度にかかわらず、中国的権利論を支える立法も確認できる。例えば、民事事件名称規定［民事案件案由規定］は、最高人民法院が、2011年2月に改正し、民事事件の名称をいっそう細分化している。民事事件名称規定は、訴訟当事者が、どの種の民事事件にかかわっているかを理解し、適切な攻撃防御方法を選択する等の訴訟戦略に有効であるとされる。その一方で、民事事件名称規定は、どの種の民事事件かを特定することによって、起訴受理制度が法廷審理前の実態調査を行なう必要性を低下させ、民事事件ごとの適切な法律関係に照らして訴訟当事者の確定問題を解決することが期待できる。そこでは、合法な権利を有する原告が、違法行為等によってその合法な権利を侵害した被告を訴えるという図式が自動的に形成され、比較考量による合法性の付与という可能性を最小化しているからである。

また、最高人民法院が、2001年12月に公布した民事訴訟証拠に関する若干の規定［関於民事訴訟証拠的若干規定］は、人民法院が事件の事実を正確に認定することを保証するために制定された立法である（1条）。そこでは、証拠の交換について裁判官［審判員］の指揮の下で行なうこと（39条）等、裁判官による訴訟指揮権の内容を調整する反面、他人の合法な利益を侵害するか、または、法文が禁止する規定に違反する方法によって取得した証拠について、事件の事実を認定する根拠にできない（68条）等、中国的権利論の特徴を反映する規定も散見される。裁判官個人の解釈権は、極めて厳格な規定

群によって制約されているのである。

　さらに、最高人民法院が、2003年1月に公布した民事訴訟証拠文書試行書式［「関於民事訴訟証拠的若干規定」文書様式（試行）］は、上記の民事訴訟証拠に関する若干の規定を徹底するために立法したとされる。そこでは、応訴通知書、挙証通知書、挙証期限延長許可通知書等のほか、訴訟当事者の追加に基づく挙証期限変更通知書等、31の文書書式が策定されている。これは、民事裁判における訴訟行為の合法化に向けて、立法関係者としての最高人民法院が、その責任を十分に果たそうとしていると評価することが可能である。

　要するに、民訴法の現行法までの変化は、現代中国の民事裁判を法廷審理中心に移行するにせよ、それが私たちの想定する当事者主義モデルのものに展開するかは依然として未知数である。むしろ、中国的権利論から説明できる立法動向の方が多い。これは、合法化の認定を独占してきた立法関係者がその既得権益を放棄することが期待できないことを意味する。

第3項　「案例指導制度」の意義

　こうしてみると、民事裁判における変化が中国的権利論に与える影響は、事前審査の必要性が高い民事事件について、社会的に問題意識が広く共有されない限り小さい。また、人民法院の内部を見れば、司法解釈として立法する立法関係者が、その下部組織を構成する裁判官を含む審判人員の裁量権を限定する構造は変わっていないので、こちらも中国的権利論に与える影響は小さいであろう。故に、中国的権利論に基づかない私法秩序を確立し、代替することは、非常に困難なように思われる。

　このような中で、最高人民法院は、2010年11月に案例指導業務規定［関於案例指導工作的規定］を立法した。これは、諸外国の判例制度とは異なる「案例指導」の制度であるとされ、今後、案例指導制度を通じて、指導性裁判例［指導性案例］を公表していき、各地の裁判の用に供するとされている。

　当該規定は10条から構成され、まず指導性裁判例の作成過程については、最高人民法院の下に案例指導工作弁公室を設置し、同室が、高級人民法院か

ら推薦された事件について検討し、最終的に最高人民法院の裁判委員会［審判委員会］による決定を経て公布するとされる。

次に、その選出基準については、社会で広く注目されるもの、法律に原則的な規定しかないもの、典型的なもの、複雑困難または新型のもの等を選出するとされる。さらに、その効力については、下級審が類似の案件について裁判するときに、これを参照しなければならない（7条）としている。

公表された指導性裁判例をみると、いずれにも裁判要旨が付けられている点が注目される。そこには法的判断の要点が簡潔に記載されており、民事事件の個別の事実を抽象化、一般化した法的論理の抽出または定立を促していると考えられるからである。この法動向は、立法関係者が現場の審判人員の裁量権限を拡大させるとも考えられるものであり、中国的権利論に基づく私法秩序からの代替を可能にする基礎の一部となり得る。

この意味で、案例指導制度と当該制度を通じて公表される指導性裁判例の今後の推移は注目されるべきである。しかし、指導性裁判例が、司法解釈と同様の立法にとどまるならば、言い換えれば、上意下達の装置としてしか機能しないならば、民事裁判の改革は、私たちの期待するものとは異なった形での実現となる公算が大きくなるであろう。

第4項　小括

本章は、現代中国の民事裁判が、中国的権利論に基づいて、どのように調整され、現在それがどのように変化しているかを、起訴受理制度を対象に、分析してきた。起訴受理制度の目的は、訴訟当事者の確定問題の解決にある。起訴受理制度に注目して分析すると、訴訟当事者の確定基準が、三要件から四要件に変化したこと、その中で、起訴権の内容に勝訴権を組み込むことで迅速な確定が試みられたこともあった。

民訴試行法以前の起訴受理制度は、立法の停滞による法文の欠乏という中国的権利論にとって困難な時期を経た。訴訟当事者の確定は、人民法院が当然に負うべき責任であったが、中国的権利論に基づく運用が十分に行えな

い中で、人民法院は、訴えを受理する際に、関係機関の紹介状を添付することを求めることによって、訴訟当事者の確定問題に対応していた。

　民訴試行法における起訴受理制度は、訴訟当事者の確定を徹底すべく、当事者交替制度という社会主義国家に普及していた制度を採用した。そこでは法廷審理の前に、民事事件の内容を事前審査することが予定されていた。中国的権利論に基づけば、法の保護する合法な権利を確定することが優先される。その一方で、実社会の急速な変化は、立法する前に新たな権利主体や「権利」を生み出し、取引することを求めたため、当事者交替制度を含む起訴受理制度のあり方そのものに疑問を呈した。立法していない権利主体や「権利」について事前審査を行なえるはずがないからである。

　とはいえ、現行法における起訴受理制度は、当事者交替制度の作用を一部復活させ、中国的権利論に基づく起訴受理制度を堅持している。事前審査を不要とする起訴受理制度への転換を求めるならば、中国的権利論に基づかない私法秩序の確立が不可欠である。そのためには、法の保護を求める権利が合法かどうかに限定しない、抽象的な権利概念を認める必要がある。

　また、案例指導制度が、法廷審理を担当する裁判官に、法的論理の解釈権限を十分に与えるものへと成熟するならば、上記のようにして確立する抽象的な権利概念は、中国的権利論に代わる権利論を、現代中国に定着させることになろう。

　いずれにせよ、これらの予想は今後の民事訴訟法における変化次第であり、現行法は中国的権利論に基づいている。したがって、中国的権利論は、訴訟上の権利にも通用していると言える。

〔主要文献〕
王建国『列寧司法司法研究』法律出版社、2009年
王国征主編『民事訴訟法学』北京大学出版社、2002年
何勤華『新中国民法典草案総覧』法律出版社、2003年
季衛東『中国的裁判の構図：公論と履歴管理の狭間で進む司法改革』有斐閣、2004年
紀誠主編『最高人民法院司法解釈：一個初歩的考察』中国政法大学出版社、2007年

江必新主編『最高人民法院司法解釈与指導性案例理解与適用(第1巻)』人民法院出版社、2013年

胡云騰主編『最高人民法院指導性案例参照与適用』人民法院出版社、2012年

呉衛軍『司法改革原理研究』中国人民公安大学出版社、2003年

呉慶宝＝王松編『最高人民法院専家法官簡釈民商裁判疑難問題：新民事訴訟法巻』中国法制出版社、2013年

小嶋明美『現代中国の民事裁判：計画から市場へ、経済改革の深化と民事裁判』成文堂、2006年

小室直人ほか『新民事訴訟法.1』日本評論社、2003年

最高人民法院編『人民法院改革開放三十年・論文集（1978―2008）』人民法院出版社、2008年

最高人民法院民事案件案由規定課題組『最高人民法院案件案由規定理解与適用（2011年修訂版）』人民法院出版社、2011年

司法改革研究課題組編『改革司法：中国司法改革的回顧与前瞻』社会科学文献出版社、2005年

徐行「現代中国における司法解釈と案例」『社会体制と法』11号、2010年

全国人大常委会法制工作委員会民法室編『中華人民共和国民事訴訟法（2012修正版）』北京大学出版社、2012年

張培田『法的歴程：中国司法審判制度的演進』人民出版社、2007年

陳剛『社会主義民事訴訟法簡読：沿革、訴訟主体及証拠制度』法律出版社、2001年

《法治与人治問題討論集》編集組編『法治与人治問題討論集』群衆出版社、1980年

《法律法規案例注釈版系列》編写組編『最高人民法院関於民事訴訟法証拠的若干規定：案例注釈版』中国法制出版社、2010年

『「中国法律統計年鑑」単刊数据庫（1987―2012)』中国学術期刊（光盤版）電子雑誌社

馬原『民事訴訟法条文精釈』人民法院出版社、2003年

劉玉明＝馬軍編『最新法院民事訴訟文書格式様本』中国市場出版社、2013年

【注】

（1）小室直人ほか『新民事訴訟法.1』日本評論社、2003年、74頁参照。

（2）王国征主編『民事訴訟法学』北京大学出版社、2002年、68頁参照。

（3）馮珂「関於正当当事人的若干思考」『河南社会科学』11巻3号、2003年参照。

（4）この法令は、1948年10月に華北人民政府が公布した司法機関の名称を統一して旧司法組織及び審級の規定を回復することに関する通令［華北人民政府為統一各

行署司法機関名称，恢復各県原有司法組織及審級的規定通令］である。
（5）李林「在司法工作大躍進中的幾点体会」『法学研究』5期、1958年参照。
（6）宮崎昇『ソビエト民事訴訟法典』法務大臣官房司法制度調査部法制課、1974年、13頁参照。
（7）陳剛『社会主義民事訴訟法簡読：沿革、訴訟主体及証拠制度』法律出版社、2001年、197頁参照。
（8）大内憲昭「朝鮮民主主義人民共和国民事訴訟法の改正(2)」『戸籍時報』452号、1995年、39頁参照。
（9）2012年8月の最新改正により、当該条文は118条となっている。
（10）張晋紅「非正当当事人及其更換理論的再検討」『現代法学』2期、1997年、75頁参照。
（11）願永忠「応当允許訴訟内有条件地更換被告」楊栄新主編『民事訴訟法修改的若干基本問題』中国法制出版社、2002年、234頁参照。
（12）『「中国法律統計年鑑」単刊数据庫（1987－2012）』中国学術期刊（光盤版）電子雑誌社参照。
（13）馬原『民事訴訟法条文精釈』人民法院出版社、2003年、273頁参照。
（14）2012年8月の最新改正によって118条となっている。
（15）2012年8月の最新改正によって28条となっている。

第9章　刑事訴訟法における変化

第1節　現代中国における刑事裁判

第1項　刑事裁判と公訴権

　刑事裁判は、加害した者すなわち被告人の法律行為が有罪であるか無罪であるかを認定し、刑をさだめて処罰するために、検察官が、被告人を、人民法院に訴える裁判である。訴える主体が原則として検察官に限られている点が、民事裁判や行政裁判と異なる。問題の法律行為が生じた場合、公安または検察によって捜査が行なわれ、被疑者を特定し、必要に応じて逮捕・勾留して取り調べることになる。その後、検察官が起訴するか否かを判断し、公訴を提起する必要があると認められるものについてのみ起訴し、刑事裁判が始まる。故に、刑事裁判が始まるまでの過程は、日本のそれと同様であると言える。

　これまで論じてきたように、中国的権利論に基づく場合、法文が保護するとした権利のみ保護しさえすればよいことになる。しかし、そうであるからといって、法文がまだ立法していない権利利益について、「力づく」といった非合理的な行為を通じて獲得させることを法が黙認するわけではない。このような場合を放置することは、法の傘の下にない裸の権利利益について、それを嗅ぎ付けた力の強い者が強奪することを放任することになるからである。

　端的に言えば、これは法に対する求心力の問題である。力による法律関係の維持を黙認する態度は、法自らの自殺行為であると言ってよい。それ故に、中国的権利論に基づく場合であっても、侵害行為をはじめとする違法・不法な行為を抑止または制止する仕組みとして刑事裁判は不可欠となる。

　ただし、法に対する求心力の問題は、法文に基づかない刑事裁判を認める

ものであってはならない。違法・不法な行為を制止する仕組みである刑事裁判は、同時に、このような刑事裁判を主宰する検察官が、公訴を提起する権限、すなわち公訴権も、法文に基づくことを要求している。中国的権利論に基づかない公訴権の運用もまた、人々の法に対する求心力を低下させる原因となるからである。

したがって、公訴権も他の合法な権利と同様に法文の根拠が必要であり、相応性のある対価を人民法院や被疑者・被告人に対して提供することが、中国的権利論から求められている。言い換えれば、公訴権の合法性を担保する仕組みを立法しておく必要があるのである。そして、公訴権をはじめとする現代中国における刑事裁判を規律する主たる法文が、刑事訴訟法である。

第2項　現行法の改正と人権保障、公訴権

刑事訴訟法は、刑事法を正しく適用し、罪を処罰することを通じて合法な権利と国家および社会の秩序を維持することを目的とする（同法1条参照）。現行法は2012年3月に改正された。この改正については、法治主義と人権保障に対する関心の増大によると言われている。確かに「人権を尊重し及び保障する」（同法2条）と明記されたことは注目されるべきであろう。

しかし、法文上「人民を保護し、国家の安全及び社会公共の安全を保障」（1条）することが、人権保障に先行すると一般に解釈されているし、往々にして、現代中国の裁判が、先に判決を決めて後から審理する［先定後審］仕組みであると指摘されることを鑑みれば、今回の改正が、既存の法的論理をどのように修正または転換したかについて解明する必要がある。

そもそも中国的権利論に基づくと、公訴権の運用にあたって、人民法院や被疑者・被告人に対して相応性のある対価を提供しなければならない。その中で、この相応性を不断に吟味し、実践することが、「人権」を担保することになる。故に、人権保護に対して増大する関心があろうとも、既存の法的論理の修正がない限り、法改正がそれに十分に対応したとは言えない。

本章も、人権保護の要請が今回の改正を促したことを積極的に評価したい

と考えている。しかしながら、人権という普遍的と思われる原理・概念からの分析では、既存の法的論理との比較には無理があるのも確かなのである。したがって、本章も人権保護の観点を軽視するわけではないが、法文上刑事法を正しく適用することが既にうたわれているので、人権概念との比較から分析することはしないことにする。

中国的権利論に基づくからこそ、より検討が必要な対象は、公訴権を有する検察（官）による被告人に対する起訴手続きの運用であると言える。なぜならば、自訴事件を除いて、検察のみに被告人を人民法院へ訴える権利＝公訴権の行使を認めており、そうであるが故に、双方の対価関係を、法文で立法することによって、合法性を与える中国的権利論の徹底が、結果として人権の保護をも強化することにつながると言えるからである。そして、今回の法改正自体は、この公訴権の合法性を何ら修正していない点が注目される。

第3項　現代中国における検察と検察権

現代中国における検察組織は、建国当初、「人民検察署」として設置された後に、54年憲法において「人民検察院」に改称、改編された。その後、周知のとおり、文化大革命の時に検察組織も破壊された。文革が終結した後、78年憲法において人民検察院を再設置して現在に至る。したがって、中華人民共和国が建国されて現在までの間に、検察組織の頂点に位置した機関は、最高人民検察署および最高人民検察院ということになる。

簡単に、こんにちまでの変遷を整理しておくと、次のとおりである。最高人民検察署は、中央人民政府最高人民検察署組織条例（1951年）で、公訴権の行使を含めてその役割が立法された。すなわち、最高人民検察署は、最高検察機関として「政府機関、公務員及び全国の国民の法律の厳格な遵守」について責任を負うとされた（同条例2条）。その後、最高人民検察院に改編されると、中華人民共和国人民検察院組織法（1954年）によって、「国務院所属の各部門、地方各級の国家機関、国家機関の人員及び公民が法律を遵守しているか否か」について、検察権を行使するとされた（同法3条）。

文革時に最高人民検察院をはじめとする検察組織も破壊され、わずかに残された公安組織が検察の権限を代行するようになってゆき、75年憲法において「検察機関の職権は各級の公安機関が行使する」と明記された（25条）。その後、78年憲法43条において法文上も復活し、中華人民共和国人民検察院組織法（1979年）において、最高人民検察院も含めた現代中国の各級の人民検察院が、「国家の法律監督機関」（1条）であると規定されるに至る。

　現行法である改正人民検察院組織法（1983年）は、人民検察院が公訴権を含む検察権の行使を通じて、「一切の反国家的、国家分裂的及びその他の反革命活動を鎮圧し、反革命分子及びその他の犯罪分子を取り締まり、国家の統一を維持し、無産階級専制制度を維持し、社会主義法制を維持し、社会秩序、生産秩序、業務秩序、教学科学研究の秩序及び人民大衆の生活秩序を維持し、社会主義的に全人民が所有する財産及び労働大衆集団が所有する財産を保護し、公民私人が所有する合法な財産を保護し、公民の人身の権利、民主的な権利及びその他の権利を保護し、社会主義現代化建設の順調な進行を防衛する」と規定した（同法4条）。この趣旨は、現代中国における検察組織が、法律監督を通じ、検察権を行使することによって社会秩序を維持すること、すなわち自らの法秩序に対する人々の求心力を保持・上昇させることにある。

　要するに、現行法下の検察組織は、それが最高人民検察院であれ、その下部組織である基層の人民検察院であれ、いずれもが、国家の法律監督機関として検察権を行使することを、法文が認めている。そして、社会秩序の維持を通じて、国家や集団の財産および個人の合法な財産、ならびに人身の権利やその他諸々の権利を保護する。このように保護することによって、結果として人々の法に対する求心力を保持・上昇させることが、検察に課せられた重要な任務であると言える。

第9章　刑事訴訟法における変化

第2節　検察組織・検察権に対する立法の変遷

第1項　建国以降の検察組織の役割

　中国的権利論を前提とした公訴権をはじめとする検察権と、その運用主体である検察組織をこのように位置づけたとしても、現代中国における検察組織が、諸外国の検察と同じように社会秩序の維持を目的とする国家機関であることに違いはない。そうすると、各国の検察が、普遍的に直面する刑事裁判と公訴権の関係すなわち、国家権力の行使手段としての検察と、国家権力を監督または抑止する手段としての検察という問題が、現代中国における検察にも例外なく現れることになる。

　しかし、中国的権利論を前提に現代中国における検察の役割を再検討すると、上記の問題が、他国とは異なる論理形成を経ていることが明らかとなる。まず、最高人民検察署の時期において、基層の検察組織が担う検察権は、各級地方人民検察署組織通則（1951年）2条が規定していた。すなわち、地方人民検察署は、①国家および個人に対する法令順守の監督、②反革命および刑事事件に対する公訴、③人民法院の審判活動に対する監督、④看守所や労働改造機構に対する監督、⑤下級の検察署の不起訴処分に対する不服に関する審査と再審査の請求、⑥民事裁判や行政裁判への参加、である。概括すれば、公訴の職能（上記②と⑤）と法律監督の職能から構成され、かつ、後者は、司法および行政の機関に対する監督（上記①、③および④）と、法秩序に対する監督（上記⑥）から構成されていたと言える。

　ところが、最高人民検察院に改編されると、基層の検察が担う検察権は、中華人民共和国人民検察院組織法（1954年）4条により早くも修正される。すなわち、地方各級の人民検察院は、①′国家および個人の諸行動が法律を遵守しているか否かの監督、②′刑事事件に対する公訴、③′人民法院の審判活動が合法か否かの監督、④′判決の執行と労働改造機関の諸行動が合法か否

255

かの監督、④´捜査機関の捜査活動が合法か否かの監督、⑥重要な民事事件に対する訴えの提起と参加、である。とくに合法性の観点から検察権が制限を受けていることが注目される。合法か否かしか判断できなくなったのである。

第2項　現行法下の検察組織の役割

文革後に改めて制定した中華人民共和国人民検察院組織法（1979年）5条によると、基層の検察が担う検察権は、①´法秩序の統一実施を破壊する犯罪に対する監督、②検察が直接受理する刑事事件に対する公訴、③´人民法院の審判活動が合法か否かの監督、④´判決・裁決の執行と監獄・看守所・労働改造機関の諸行動が合法か否かの監督、④´捜査機関が捜査して申請する刑事事件に対する監督と公訴の判断、および捜査活動の合法か否かの監督とされた。とくに⑥の役割が削除されたことに注目されたい（表16）。

これは、民事裁判や行政裁判に対する監督については個別の立法によるという方針に転換したことが原因である。人民検察院組織法は、名実ともに検察組織の役割の調整に限定されることになった。因みに、民事裁判については民訴試行法12条（現行民訴法14条）に、行政裁判については行政訴訟法（1989年）64条に、そして、刑事裁判については現行刑訴法8条に、検察による法律監督を認める規定がある。留意すべきは、中国的権利論に基づけば、個別の立法が検察権の行使を認めない場合には、国家権力を抑止する手段としての検察が出現する可能性がないという点である。

表16：検察組織の役割の変遷

	公訴職能	法律監督職能	
		対司法・行政	対社会
人民検察署時期 （51年以降）	②、⑤	①、③、④	⑥
人民検察院時期 （54年以降）	②	① ③´、④´（合法性）	⑥
文化大革命			
人民検察院時期 （79年以降）	②	①´（犯罪） ③´、④´（合法性）	⑥´（個別立法）

第９章　刑事訴訟法における変化

　ここで現代中国における自訴事件についても紹介しておくことにしたい。自訴事件に関する規定は、現行刑訴法第３編第２章第２節に存在する。それによれば、自訴事件とは、(1)告訴を待って処理する事件、(2)被害者が証拠を有する軽微な刑事事件、および(3)被害者が被告人の侵害行為について法に基づき刑事責任を追及すべきことを証明する証拠を有するにもかかわらず、警察や検察が被告人の刑事責任を追及しない事件をいう（同法204条）。つまり、自訴事件に当たる場合は、検察に代わって公訴権を行使できることになっている。言い換えれば、自訴事件に当たらない限り、個人が検察に代わって検察権を行使できない。

　以上から明らかなように、現代中国における検察組織の役割は、最高人民検察署から最高人民検察院へ改編する段階で極めて重要な変更が加えられていたと言える。それは、合法性の判断に留まらない一般的な法律監督を認めるか否かの違いである。最高人民検察院に改編されて以降、その検察権は、合法か否かの監督に限定され、さらに刑事裁判をはじめとする人民法院の活動に対する監督も、自らを規律する組織法によって与えられなくなった。つまり、立法関係者が検察権の行使を法認しない限り、国家権力を監督または抑止する手段としての検察が出現しない。そして、自訴事件であると法文が立法しない限り、個人が国家権力の濫用等を通報することも告発することもできないのである。現行法が規定する自訴事件の範囲内では国家権力の侵害行為を監督することは、理論上難しいのである。それ故に、陳情［信訪］を通じた通報や告発に類する行動が誘発され得ると言えるが、本章では割愛する。

　図37は、現行法における検察権と刑事裁判の関係を示したものである。

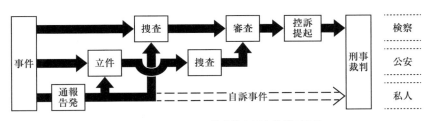

図37：現行法における検察権と刑事裁判の関係

法文で自訴事件とされる場合以外に、個人が刑事事件にかかわることはまずない。そして、現時点で検察による法律監督を認める検察権の対象は、個別の法文に限定されている。したがって、人民検察院に対して国家権力を監督または抑止する手段としての検察の役割は期待できないと言える。

第3項　検察権と中国的権利論

現代中国法は、単一の法令によって総体的な検察権を人民検察院に与えるのではなく、検察権を細分化し、個別の法令によって、人民検察院に部分的な法律監督権を逐一与えるという抑制的な立法態度を示している。

最高人民検察署時期における検察権の規定は、その権限を一般的にさだめ、現場の状況に応じた裁量を認めていた。まさに検察権の運用を促進する立法態度であったと言える。しかしながら、最高人民検察院に改編すると直ちに検察権に対する態度を改め、合法か否かの限定的な検察権へと変更した。さらに、文革後は組織法による一元的な付与から、個別の部門法による多元的な付与へと転換している。このような変遷からみれば、現行法が検察権の運用を抑制する立法態度を示していることは明らかである。それではなぜ、検察権に対して抑制的な立法を示すのであろうか。

想定できる有力な原因として、2つ検討しておくことにしたい。第1に、検察権の運用主体の問題である。検察権の運用において、現場の裁量権を広範に認める場合、その巨大な権限を適切に運用できる検察機構や検察官自身の能力、およびそれに適合的な組織体制が必要となる。これらの組織体制が整備できないために、検察権の運用を抑制せざるを得ないのではないか。

第2に、中国的権利論の浸透の程度問題である。中国的権利論に基づけば、検察官が公訴権に基づき、被告人の有罪認定と量刑認定を人民法院へ求める行為は合法であることが前提となる。そこには、起訴するまでの捜査活動、逮捕・拘留による取調べ活動等の過程における合法性も当然に求められる。そうすると、中国的権利論を貫徹すればするほど、結果として検察権の運用が抑制的になってしまうのではないか。

第9章 刑事訴訟法における変化

第3節　検察改革に対する評価

第1項　人民検察院の機構変遷について

　ここでは、昨今の検察改革について、人民検察院の機構変遷、その組織改革および職能現状について分析し、検察改革の方向性を明らかにすることによって、上記第1の問題について検討してみたい。

　まず、検察権の運用主体の問題、すなわち検察官とそれを支援する人民検察院の機構および組織体制について確認する。中華人民共和国人民検察院組織法（1983年改正）に基づき整理すると、現行の人民検察院の機構は、通常の人民検察院の系統と、軍事検察院および鉄道検察院からなる専門の人民検察院の系統の2つから構成されている。通常の人民検察院は、人民法院の機構と同様に4つの級で階層分けされ、さらに、省級と県級の人民検察院には、同級の人民代表大会常務委員会の承認を経て、その下部組織として下位の人民検察院を、すなわち「派出機構」を設置できる（図38）。

　因みに、人民検察院の設置件数の推移を分析すると、1996年から2001年にかけて極端に増設した後に落ち着き、近年は3,700ヶ所未満で安定して推移していることが分かる（図39）。極端に増設した期間について詳しく分析すると、軍事検察院が年20か所前後、鉄道検察院が年10か所前後の増加にとどまっており、増設の主たる要因でないことは明らかである。増設の要因は、通常の人民検察院の系統にある。尚、2005年と2006年のデータが欠如しているのは関連のデータが公開されていないことによる。

　そこで、通常の人民検察院の設置件数をさらに詳細に分析して急増の要因を確認してみると、この増減の主たる要因が、県級の人民検察院および派出機構の増減にあることがわかる。

　派出機構は、工鉱区、農墾区、林区、監獄・労働教養所、油田、開発区等に設置されている。図40は、近年の派出機構の設置件数の推移を示している。

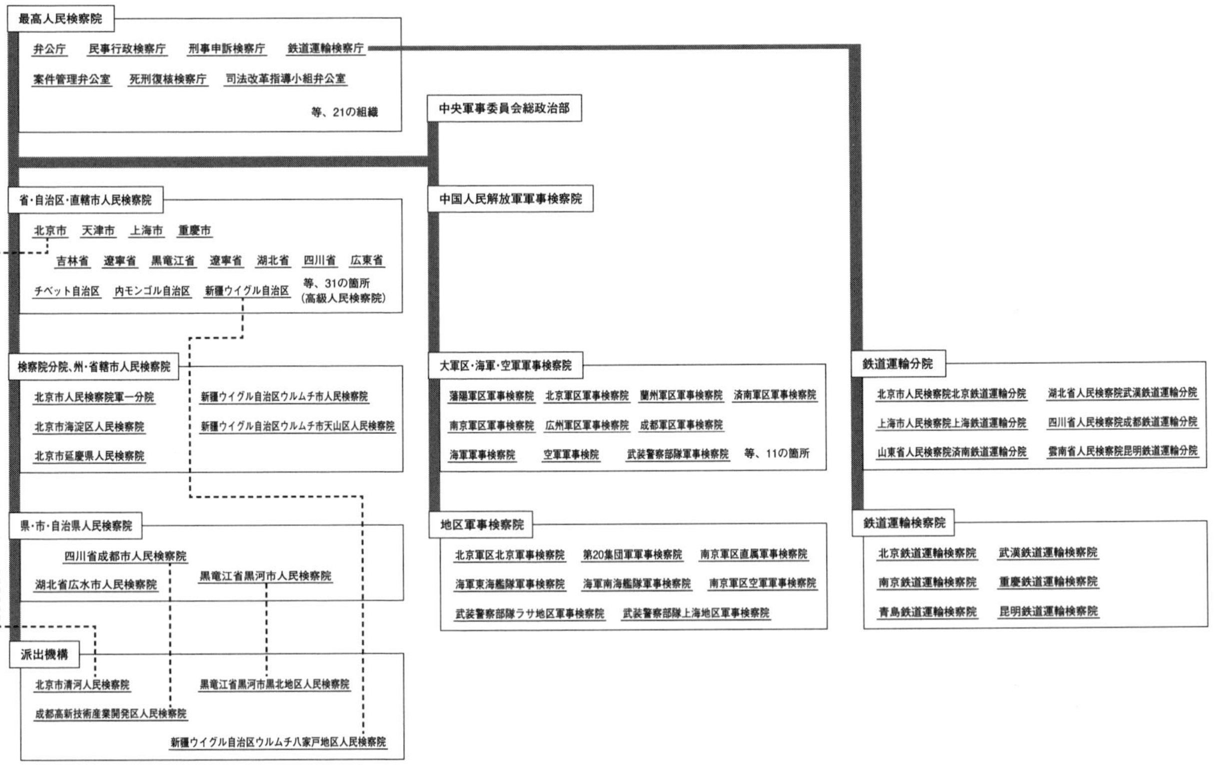

図38：現行法における人民検察院の機構図

最高人民検察院
- 弁公庁
- 民事行政検察庁
- 刑事申訴検察庁
- 鉄道運輸検察庁
- 案件管理弁公室
- 死刑復核検察庁
- 司法改革推進小組弁公室
- 等、21の組織

省・自治区・直轄市人民検察院
- 北京市　天津市　上海市　重慶市
- 吉林省　遼寧省　黒龍江省　広東省
- 湖北省　四川省　内モンゴル自治区　新疆ウイグル自治区
- チベット自治区
- 等、31の箇所（高級人民検察院）

検察院分院、州・省轄市人民検察院 一分院
- 北京市人民検察院第一分院
- 北京市海淀区人民検察院
- 北京市延慶県人民検察院
- 新疆ウイグル自治区クルムチ市人民検察院
- 新疆ウイグル自治区クルムチ市天山区人民検察院

県・市・自治県人民検察院
- 四川省成都市人民検察院
- 湖北省広水市人民検察院

派出機構
- 北京市清河区人民検察院
- 成都鉄新街事業開発区人民検察院
- 黒龍江省黒河市人民検察院
- 黒龍江省黒河市北安区人民検察院
- 新疆ウイグル自治区クルムチ市八家戸区人民検察院

中央軍事委員会総政治部 — 中国人民解放軍軍事検察院

大軍区・海軍・空軍軍事検察院
- 瀋陽軍区軍事検察院
- 北京軍区軍事検察院
- 済南軍区軍事検察院
- 蘭州軍区軍事検察院
- 南京軍区軍事検察院
- 広州軍区軍事検察院
- 成都軍区軍事検察院
- 海軍軍事検察院
- 空軍軍事検察院
- 等、11の箇所

地区軍事検察院
- 北京区北京軍事検察院
- 海軍東海艦隊軍事検察院
- 武装警察部隊ラサ地区軍事検察院
- 第20集団軍軍事検察院
- 海軍南海艦隊軍事検察院
- 武装警察部隊上海地区軍事検察院
- 南京軍区直属軍事検察院
- 南京軍区空軍軍事検察院

鉄道運輸分院
- 北京市人民検察院京鉄道運輸分院
- 上海市人民検察院上海鉄道運輸分院
- 山東省人民検察院済南鉄道運輸分院
- 湖北省人民検察院武漢鉄道運輸分院
- 四川省人民検察院成都鉄道運輸分院
- 雲南省人民検察院昆明鉄道運輸分院

鉄道運輸検察院
- 北京鉄道運輸検察院
- 南京鉄道運輸検察院
- 青島鉄道運輸検察院
- 武漢鉄道運輸検察院
- 重慶鉄道運輸検察院
- 昆明鉄道運輸検察院

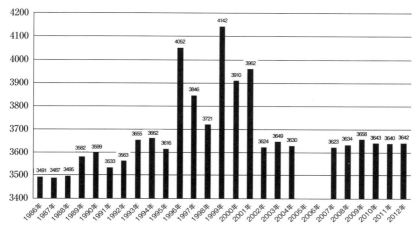

図39：人民検察院の機構設置件数の推移（1986年～2012年）

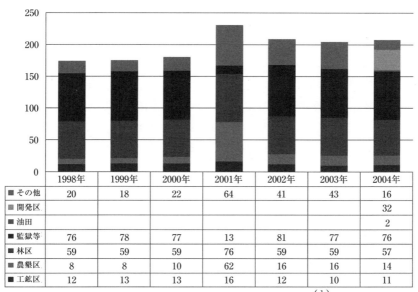

	1998年	1999年	2000年	2001年	2002年	2003年	2004年
■ その他	20	18	22	64	41	43	16
■ 開発区							32
■ 油田							2
■ 監獄等	76	78	77	13	81	77	76
■ 林区	59	59	59	76	59	59	57
■ 農墾区	8	8	10	62	16	16	14
■ 工鉱区	12	13	13	16	12	10	11

図40：派出機構の設置件数の推移（1998年～2004年）[1]

その内訳は、看板の立て替えを頻繁に行なっているかのように変動している。因みに、1996年から2004年の間の派出機構の設置件数は、159件（1996年）、161件（1997年）、175件（1998年）、176件（1999年）、181件（2000年）、231件（2001年）、209件（2002年）、205件（2003年）および208件（2004年）となっている。2001年の増設数が極端に多いが、これは、当年における農墾区の派出機構の設置件数が、前年と比べて52ヶ所ほど増加したことによる。

　因みに、2007年以降の派出機構の設置件数を整理すると、図41が得られる。割合において不動の1位は、監獄等の派出機構であり、林区、開発区、そして農墾区がつづいている。そして、この派出機構の設置については、近年微増傾向にある。この図からは、この傾向を支える原因が、監獄および開発区に設置する派出機構にあると言える。

　もっとも、人民検察院の機構設置件数のピークは1999年であり、派出機構の設置件数の推移と相関していないので、増設の主たる要因は県級の人民検察院の増設にありそうである。県級の人民検察院の設置件数をグラフにすると、その動きが激しく変動していることが分かる。これを人民検察院の機構設置件数の推移と重ね合わせると、図42となる。この図より明らかなように、人民検察院の設置件数の推移は、県級の人民検察院の推移と相関関係があるように見える。

　ところで、人民検察院の設置件数の変動の要因について、先行研究は行政区画の変動、法律制度の変革ないし党組織や政府機関の機構改革および統計基準の変化に伴う人民検察院側の対応にあると推測してきた。[2]前述したように、人民検察院の機構設置件数の推移は、県級の人民検察院の設置件数の推移と相関関係がある。これと行政区画統計（郷鎮行政区を除く）[3]の推移を対照させると、同様に相関関係がありそうに見える（図43）。人民検察院の設置件数の変動が行政区画の変動に伴うのではないかという先行研究の推測は、確かに過去の変動については妥当していると言える。

　しかしながら、近年の行政区画の統計データの推移はほぼ横ばいであるにもかかわらず、人民検察院の設置件数は微増傾向を示している。この微増傾

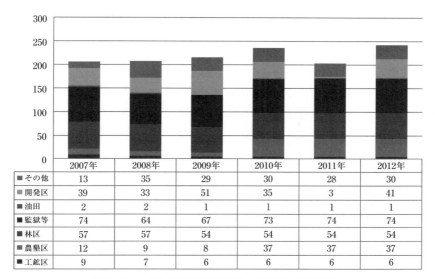

図41：派出機構の設置件数の推移（2007年～2012年）

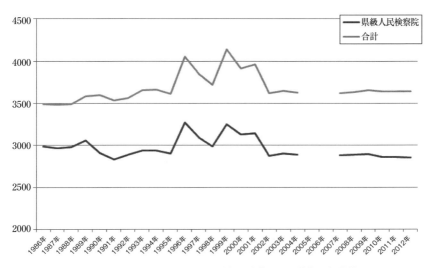

図42：県級の人民検察院の設置件数と全体の設置件数の相関性

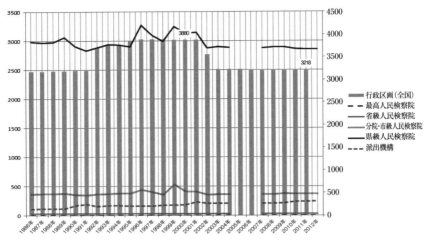

図43：通常の人民検察院の機構設置件数の推移（1986年～2012年）

向の要因は、既に指摘したとおり派出機構の設置にある。そこで別の先行研究の推測、すなわち法律制度の変革や党組織や政府機関の機構改革の変化を原因とする可能性も否定できないが、この推測についてはやや現実的でないように思われる。なぜなら、派出機構の設置申請について、同級の人民代表大会常務委員会による承認（人民検察院組織法2条）を必要とするし、実際には新設する派出機構の人、物、金の問題に対処しなければならないからである。

そうすると、次の要因も推測できよう。すなわち、突発性事件や集団抗議事件［群体性事件］の類が拡大しているとの認識から、末端の行政区画における社会秩序の不安定化に応じて派出機構を設置することによって、秩序維持の任務を果たそうとしている検察を含む国家の政策方針が原因ではなかろうか。実際に、派出機構の設置件数の推移をみると、開発区と農墾区の増設傾向が顕著であると言える。いずれにせよ微増の要因が派出機構の件数の増減にあることは間違いないので、問題の所在が末端の現場にあると考える方が現実的であろう。

要するに、人民検察院の機構変遷について、これまでは、行政区画の変動によって県級の人民検察院の設置に変動がみられたと言えるが、近年の微増

については説明できない。法律制度の変革や機構改革に原因を求めることもできなくないが、短期間で急変する原因としては現実的でない。この微増の要因は、行政区画の変遷が一段落し、問題の重点が末端の派出機構の配置の要否に移行したからであると推測される。したがって、検察改革における今後の人民検察院の機構変遷は、最末端である派出機構の執行状況に関心が集まり、この過程における今後の課題は、設置機構の最適化の問題にシフトしてゆくことが見込まれる。

第2項　人民検察院の組織改革について

　既にみたように、人民検察院の機構変遷は、行政区画の変遷が一段落したことに伴い安定している。これをハード面における問題の改善として理解するならば、これから確認する人民検察院の組織を構成する人員の配置問題をはじめとする組織改革は、ソフト面における問題ということになる。

　人民検察院の組織改革は、2000年前後に開始している。例えば、最高人民検察院が、1999年2月に公布した「検察業務五カ年発展計画［検察工作五年発展規画］」や、2004年9月に公布した「2004年－2008年全国検察人材チーム建設計画［2004—2008年全国検察人才隊伍建設規画］」等がこれに該当する。

　人民検察院の組織体制を大まかに整理すると、①人民検察院全体を統括する指導機構、②実際に検察業務を担う業務機構、③業務を支援する支援機構、および④検察活動を監視する監督機構に分類できる。これを人員の配置から捉え直すと、①および②を検察官が担い、③および④を検察事務官［検察官助理］と職員が担うことになる。

　人民検察院の組織改革では、2008年までに検察官、検察事務官および職員の割合を3：4：3とすることを目標としていた。その一方で、中華人民共和国検察官法（2001年改正）2条によれば、検察官とは「検察権を法に基づき行使する検察（筆者追補：組織の）人員」をいい、監督機構の1つである検察委員会の委員や検察事務官も含むとされている。そのため、指導機構や業務機構を担う検察官と、支援機構や監督機構を担う検察官以外の人員とを区

別することが難しいうえ、上記の割合がどのような基準や背景から打ち出されたかも説明し難い。

そこで、日本の検察組織が定数とする割合（3：7）に準拠して、検察長や検察官のように検察業務を直接に担うグループ「検察系」と、検察業務を直接に担わないグループ「事務系」とに分類し直してみると、図44が得られる。「検察系」は検察官であり、「事務系」が検察事務官と職員に該当する。

そうすると、人民検察院がその組織改革で目標としていた割合（3:4:3）は、日本の検察組織の割合に類似する目標値だったと言える。しかしながら人民検察院の組織構成の推移をみる限り、「検察系」は2008年の時点で5割に近く、直近の統計データも同様の割合を示している。したがって、人民検察院の組織改革における人員再編の目標を達成できていないと考えられる。

人員の再編目標を達成できていないことは明らかである。しかしながら、検察権を運用する主体の能力によって作業効率は影響することがあるので、検察官の学歴に関する推移もみておくことにしたい。管見の限り、連続性のある統計データを確認できない。例えば、大卒・単科大学卒以上の検察官の

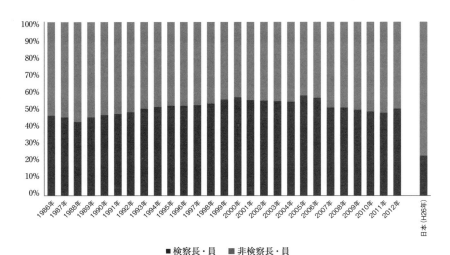

図44：人民検察院の組織構成の推移（1986年～2012年）

割合が 10.1％（1985 年）から 63％（1993 年）へと推移していること、および中華人民共和国検察官法（1995 年）が単科大学卒以上を参入資格としていたのに比べ、改正検察官法（2001 年）が大学本科卒以上を一律の参入資格としたこと等をふまえるほかない。総体的にみて、これらの推移から、検察官が高学歴化する傾向にあると推測される。

因みに、一部の報告では、大卒・単科大学卒以上の検察官のうち、3 割弱が法律学の未修者で、任官した後に訓練を受けることも明らかにされている。法制度的にふりかえってみても、人民検察院組織法（1979 年）も同改正法（1983 年）も、検察官の任免の方法および手続きを規定しておらず、人員の養成やキャリアシステムについて不明瞭であった。

この点については、地方各級人民検察院の幹部配置に関する法文、すなわち「地方各級の人民法院及び人民検察院の幹部配置の強化に関する通知［関於加強地方各級人民法院検察院幹部配備的通知］」（1985 年）等に基づき任用していたという先行研究がある。要するに、当時は政治意識が高く、党の路線、方針および政策を貫徹し、原則を堅持すると同時に、法を公正に扱い、相当の文化水準と実務経験を有し、法律を理解し、検察業務能力を有する幹部を任用するとされていたようである。

検察官法（1995 年）は、検察官の任用基準を初めて客観化した。その基準とは、中華人民共和国の国籍保持者であり、23 歳以上で憲法を擁護し、良好な政治意識と業務素質、品行方正で健康体であること。そして、単科大学の法律学既修者または、法律学未修者の場合は 2 年間の業務経験を有する者、学士（法学）卒で 1 年間の業務経験を有する者、あるいは、修士（法学）卒以上の者であることと規定した。

尚、1995 年当時の検察官の任用方法には 2 つのルートが存在したと言われる。すなわち、①初任の検察員および検察事務官は、公開試験と評価査定によって、徳と才能を兼ね備えた者を、任用基準を満たした人員の中から選出し、また、②検察長、副検察長、検察委員会の委員については、実際の業務経験者の中から選出していたという。したがって、旧検察官法は、形式的

な基準に比べ、法文に明記されていない実質的な基準が、実際の任用過程において幅を利かせていたと言える。

　この点について、改正検察官法（2001年）は、任用基準において司法試験の通過を要求した。そして、任用時の職位に応じて昇進基準を区別している。すなわち、単科大学の法律学既修者または法律学未修者の場合、省級の人民検察院または最高人民検察院の検察官に任用されるには満3年間の業務経験が要求され、修士（法学）卒以上の場合は、満2年間の業務経験が要求されている。

　さらに、「2014年－2018年基層人民検察院建設計画［2014―2018年基層人民検察院建設規画］」によれば、2018年までに、基層の人民検察院の指導グループの構成員の3分の2以上が法学単科大学卒以上の学歴を有すること、基層人民検察院の構成員の90%前後が法学単科大学卒以上の学歴を有すること、同時に人員の欠員を2%以下にとどめる等の目標を設定している。したがって、将来的には、実際の任用過程において、形式的な基準が軽視されなくなるであろうと期待されるし、専門化の傾向にあると推測される。

　人員再編の目標を達成できなかったことを加味しても、検察官の人員編成において、高学歴化に加え、将来的には、専門化の傾向が強まっていると言える。とはいえ、人民検察院の組織改革においては、検察組織内の構成員の再編を意図してきたが、検察業務部門および非検察業務部門の構成目標を達成できていないと言わざるを得ない。その一方で、検察業務部門を担う検察官については、高学歴化と専門化が進んでいることが注目される。

　総じて、業務の効率性においては若干の懸念が残るものの、ソフト面における問題としては、法的素養をもち、論理的思考に長ける人材の配属が促される体制が整いつつあると理解できよう。したがって、今後の人民検察院の組織改革は、高学歴化と専門化をいかに徹底するかにあると言える。故に、組織体制の未整備によって、検察権の運用を抑制せざるを得ないという理由は、当面の間、合理性を有すると考えられる。

第9章 刑事訴訟法における変化

第3項 人民検察院の職能現状について

最後に上記第2の問題、すなわち、中国的権利論の浸透の程度の問題について、人民検察院の職能と検察官の解釈裁量の分析を通じて検討しておく。人民検察院の職能には、被告人の罪名を認定し、それに相応する量刑を、人民法院へ請求する公訴職能のほか、公安の捜査活動や人民法院の審判活動、および監獄等における法の執行活動の監督職能、司法解釈による検察活動の指導等がある。そして、人民検察院を外部から監督するものとして、来信来訪いわゆる陳情［信訪］への対応や、人民監督員制度および検察業務監察制度［検務督察制度］が用意されている。

人民検察院の職能のメインは、やはり人民検察院に原則、唯一与えられている公訴職能である。人民検察院が直接受理して捜査起訴する場合、すなわち自ら立件した公訴を提起すること［自己立案］も認められている。しかし、統計からも明らかなように、公安等による逮捕申請の承認と起訴審査を人民検察院が行なった後に人民法院へ起訴する、いわば立件を受けて公訴を提起する［公訴提起］件数が圧倒的多数を占めている（図45）。

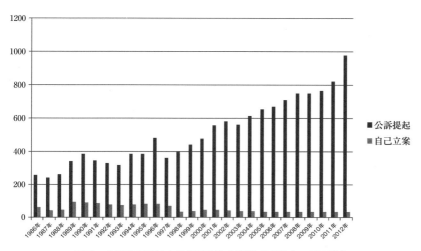

図45：人民検察院による公訴件数の推移（1986年〜2012年）

269

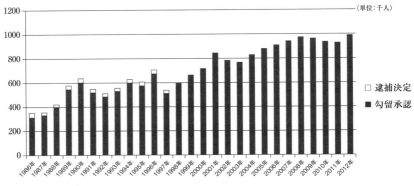

図46：逮捕決定件数と勾留承認件数の推移（1986年～2012年）

そうすると、人民検察院の監督職能の動向が注目される。第1に、逮捕・勾留に対する監督についてみると、全体的に増加傾向にあることがわかる。ただし、人民検察院が自ら逮捕を決定した件数については、1997年11月に制定された「人民検察院刑事賠償業務暫定規定［人民検察院刑事賠償工作暫行規定］」以降、データが公表されていないために評価できない。その一方で、公安の捜査活動における勾留申請による勾留承認の統計は、2001年10月に最高人民検察院と公安部が連名で公布した「逮捕措置の法に基づく適用に関連する問題に関する規定［関於依法適用逮捕措施有関問題的規定］」直後、一旦は減少したものの、データを公表し続けている（図46）。

勾留承認の統計データも、公訴提起の統計データと同様に、全体的に増加傾向にあることを示している。被疑者の逮捕または勾留の承認件数が増加することは、必ずしも好ましい状態であると言えない。しかしながら、人民検察院の監督職能が適切に機能していることによって、法文に基づく捜査活動が定着していることを、間接的に示していると言えなくもない。

第2に、審判活動に対する監督をみてみると、刑事裁判、民事裁判および行政裁判のいずれにおいても、人民検察院の監督職能は機能していると言える。このうち圧倒的に多いのは、民事裁判に対する再審理請求［抗訴］であり、全体の約8割を常に占めている。尚、最近では刑事裁判に対する再審理

請求が全体の2割に迫る勢いで増加していることが注目される（図47）。

　統計として現れている以上、人民検察院の公訴職能および監督職能が機能していないとは言えない。公訴件数が増加傾向であることについては様々な要因を想定できるが、特定するためにはさらに詳細な分析を必要としよう。その一方で、逮捕・勾留承認の件数がデータとして統計できる点は、監督職能が一定程度機能している裏返しであると言える。さらに、刑事裁判の再審理を人民法院へ求める件数が増加傾向にあることは、被告人の権利を擁護する意識が高まりつつあることや、公訴権の合法性を維持向上させるための法律監督の活性化を推測させるものでもあろう。

　いずれにせよ、近年、検察活動が活性化していることは間違いない。その一方で、検察活動が国家権力を行使するための手段としての役割しか担っていないこと、そしてそれが、中国的権利論に基づく制約を受けていることは既に確認したとおりである。したがって、検察活動の活性化の結果、検察権に対する制約の緩和を求めたり、あるいは、検察権の行使における独立性の拡大を目指して、新たな法文の立法を求めたりすることが生じることは容易に推測できる。しかし、このような要求が、国家権力とくに合法性の権限を付与する立法関係者層を監督または抑止するための手段としての役割を求める動きにつながることは有り得るのだろうか。

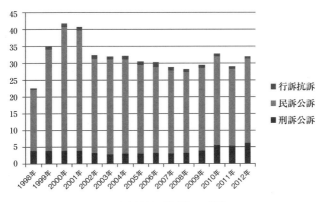

図47：監督職能（裁判）の推移

第4節　国家権力に対する監督手段の可能性

第1項　司法解釈と中国的権利論

　国家権力の監督または抑止の手段としての検察を分析する場合、人民検察院の指導職能の1つである司法解釈について確認しないわけにはいかない。なぜなら、中国的権利論を前提にすると、立法関係者（第5章とくに第2節第2項を参照のこと）が、どの権利を合法な権利として法によって保護するかの権限を独占することになるので、現場の状況に応じた末端の検察官による解釈裁量を当然に期待できない。そのため、末端の検察官が自らの解釈裁量を比較的容易に拡大させる手段としては、検察系統の頂点に位置する最高人民検察院が立法できるとされている司法解釈に依存するほかないのである。

　最高人民検察院が立法する司法解釈によって、検察活動の独立性がどの程度末端の検察官の独立性に反映されるかが、ここでの注目点となる。この点について、最高人民検察院は、過去に2度、司法解釈に関する法文を公布している。そのうち「司法解釈業務暫定規定［最高人民検察院司法解釈工作暫行規定］」（1996年）が、初の法文である。

　同規定は、全国人民代表大会常務委員会が制定した「法律解釈業務の強化に関する決議［全国人民代表大会常務委員会関於加強法律解釈工作的決議］」（1981年）に基づき制定したとされる。その制約事項としては、検察業務に関する法適用の問題に限定し（2条）、法文の内容を超えてはならないこと（3条）、そして、最高人民検察院内の法律政策研究室が、司法解釈の策定を主管すること（5条）を明らかにしていた。ただ、司法解釈の策定に対しては、各級の人民検察院からの問い合わせ［請示］や各方面からの策定要求に基づくこととし（10条）、末端の検察官による現場の声を反映できる立法となっていた。尚、必要に応じて他機関との連名による公布も予定された（16条）。

　その後に制定した「司法解釈業務規定［最高人民検察院司法解釈工作規定］」

(2006年)においては、司法解釈の策定が、国家の法律の統一的で正しい実施を保障し、司法の公正を維持するものであることを求める (4条) とともに、その策定の主な原因を、省級の人民検察院からの問い合わせや報告または建議、最高人民検察院の指導者による指示、最高人民検察院内部からの建議、関係機関や組織との共同策定等の建議および全国人民代表大会の代表か全国政治協商会議の委員による提案に限定した (6条)。ここでは末端の声が届きにくくなったことを見て取れる。

尚、必要に応じて公聴会を開催して内容を検討したり、パブリックコメントを求められる等すること (13条) によって、大衆化を高めようとしている。しかしながら、これは別の意味での末端の声の「拾い上げ」であり、対象が異なる。さらに、最高人民検察院が公布する司法解釈については、検察委員会の審議と採択を必要とすること (15条) が明記された。これは、立法関係者が合法性の付与権限を独占することを再確認したものと言える。これらの点については、手続き上の公正性に配慮する内容を追加したと評価することもできるが、末端の検察官の独立性の観点から言えば、明らかに後退である。

第2項 大衆化は必ずしも監督手段とならない

留意すべきは、最高人民検察院が司法解釈を策定する場合の原動力、すなわち「策定の主な原因」を限定した点と、公聴会やパブリックコメントの募集等に見られる「大衆化」要素を導入した点である。前者の改正は改悪にすぎない。司法解釈として立法する実質的な権限を最高人民検察院の検察委員会が掌握し続けることを言明している。故に、これを末端の裁判官による現場の状況に応じた解釈裁量の問題として考えた場合、解釈裁量の問題を改善するものではなく、策定される司法解釈が、末端の検察官の独立性の拡大に影響することは期待できない。

後者の改正は、大衆化という名目の下で、司法解釈の正当性を、公聴会やパブリックコメントに求めるようになっただけのことであり、これが司法解釈を実質的に立法する最高人民検察院検察委員会の作業をどれほど制約する

ものなのかをさらに分析してゆく必要がある。因みに、先行研究の中には、このような公聴会やパブリックコメントといった要素が制度に組み込まれることを、肯定的に評価するものもみられる。しかしながら、それを監督手段として評価するならば、監督による実効性を証明しなければ適切な評価を下せないと言うべきである。そして、現時点で大衆化が中国的権利論の弊害を改善するまでに至るという論理を私たちは究明できていない。

ここには大きな矛盾が存在している。例えば、人民検察院の職能の現状を例にとると、前述したように、人民検察院の職能は中国的権利論の枠組みを逸脱できない。そのため、人民検察院がその職能を機能させるには、根拠となる法文の充実すなわち、司法解釈によって合法な検察権（公訴権を含む）の範囲を拡大するほかない。しかし、その一方で、検察業務に常日頃から従事する現場の検察官ないし検察組織の人員にとって、司法解釈による合法な検察権の拡大が、必ずしも自分たちの解釈裁量の余地を広げるものでもないのである。

むしろ司法解釈の立法に対して現場の声は遠ざけられていると言うべきである。したがって、中国的権利論が貫徹されればされるほど、検察権の運用は立法関係者の意向に制約され、解釈裁量が狭まるはずなのである。司法解釈の活発化が、結果として末端の検察活動の独立性をさらに抑制してしまうのである。

総じて、中国的権利論の貫徹によって検察権を抑制せざるを得ないという理由も、当面の間、合理性を有することになる。尚、司法解釈と中国的権利論の問題は、同じく司法解釈を制定可能な人民法院においても同様である。そして次に論じる検察改革と中国的権利論の関係は、裁判改革すなわち「司法改革」にも完全に当てはまることを付言しておく。

第3項　検察改革と中国的権利論の関係

検察権の抑制的な運用の原因は、検察改革における組織体制の未整備と、中国的権利論を前提とする運用が定着しているためである。確かに、近年の

検察改革は、機構変遷において行政区画の変遷が安定したため、前者の問題に限って言えば、最末端である派出機構の設置と設置機構の最適化という次のステージがみえている。しかし、目標とする人員の配分は実現できていない。その中で、検察業務に従事する人員の高学歴化と専門化は、組織体制の改革を推進する資源となり得るが、その徹底状況については今後の推移を注視する必要がある。

　後者の原因は、より深刻である。確かに、人民検察院の公訴職能や監督職能は、法文が充実することによって、一定程度成果をあげていると言える。しかし、これを検察業務の現場において差配する検察官や検察組織の人員からみると、組織として法文に基づく業務遂行を実現しているにすぎない。自らが行使する検察権の独立性が十分に確保されたわけでも、積極的な活動を保障する法文の根拠が得られたわけでもなかった。つまり、中国的権利論が検察改革を推進し、この中国的権利論が、同時に検察権を抑制していると言える。

　こんにちまでの検察改革は、中国的権利論を前提とする機構、組織および職能を最適化する改革にとどまっている。そして、この限界性は、現代中国における検察の歩んだ歴史とその枠組みを与えている中国的権利論の影響が大きい。それ故に、この構造を前提としない「人権」保護の観点が、現状を改善する有効な対策を提案できると期待することは合理的ではない。

　既にみてきたように、人民検察院の有する検察権には、国家権力を行使する役割としての検察権と国家権力を監督する役割としての検察権のうち、後者の役割が、合法性の判断という限定的な審査に制約されたために存在していないか、または著しく小さいまま歩むこととなった。つまり、現代中国における検察権は、国家権力を行使する役割としての検察権を、中国的権利論によって辛うじて肯定する構造なのである。そしてこの構造が、こんにちまで継続してきたと言える。

　検察改革に関する議論を概括すると、例えば、末端の検察官が守るべき法益に基づいて検察権を行使できていないこと、人員配分に改善の余地があること、検察権の行使が法文に限定されていること、および検察権の内容が合

法性の審査にとどまっていること等を問題とするものが多い。これらの内実については、前述してきたとおりである。この究極的な原因は、検察権の一面性すなわち、検察改革と中国的権利論の関係に尽きる。

仮に、検察改革において、人民検察院の検察権に、国家権力を監督する役割を与え直すことを企図するならば、①末端の検察官の質を高め、②末端に解釈裁量の余地を与え、③人材と機構の設置配分を最適化し、④合法性の審査にとどまらない検察権を認めることを、そのロードマップとして示せる。そして、このうち①および③については、既に見てきたように今後の組織改革の進展次第で迅速に解決できると思われる。

そうすると、検察改革を次のステージへ進めるためには、②の課題と④の課題をどのように解決するかが重要となる。そしてこのとき、司法解釈が、②の課題を解決できる可能性は極めて低いことを既に明らかにした。したがって、末端の検察官に解釈裁量の余地をいかに与えるかが、課題であると言える。尚、④の課題の解決は、中国的権利論の放棄と別の権利論の確立となるので、本章では述べない（後述する付章を参照のこと）。

第5節　検察官への解釈裁量付与の可能性について

第1項　指導性裁判例制度の導入とその展開

末端の検察官への解釈裁量付与の可能性についてみるとき、2010年に最高人民法院が公布した裁判例指導業務規定［最高人民法院関於案例指導工作的規定］は、人民検察院の外部から、検察権の合法性を拡大させる法文の根拠となり得る可能性がある。裁判例指導業務規定に基づき正式に合法化した指導性裁判例制度［指導性案例制度］自体が対象とするのは、主として人民法院・裁判官［法官］である。そのため、上記の可能性の指摘は奇妙に映るかもしれない。そこで、まず、指導性裁判例制度について確認しておくことにしよう。

そもそも現代中国法は、人民法院が下す判決に対して「判例」としての効

力を認めてこなかった。この理由については、社会主義法に適用される革命史観から説明されることが多い。革命史観とは、すなわち、革命を行なうための歴史観であり、過去に拘束されてはならないとする思考である。それ故に、革命史観によれば、「判例」は過去に拘束される危険なものであり、受容できないことになる。

とはいえ、判決に対して「判例」としての効力を認めてこなかった理由を中国的権利論から説明することも可能である。すなわち、人民法院が下す判決は、保護すべき権利利益の合法性を確認するものにすぎないので、立法により合法的な権利利益の範囲を拡縮させる中国的権利論が、「判例」制度を受容することは、その内部に論理矛盾の温床を孕ませることになる。それ故に、「判例」は、現代中国法の基本理論である中国的権利論を、換骨奪胎させる危険なものであり、受容できないことになるのである。

ところで、指導性裁判例の本格的な制度化は、最高人民法院が公表した改革綱要において、裁判例指導の制度化を明記して以降のことである。この最高人民法院の改革綱要は、こんにちまでに3回公表されている。人民法院第一回五カ年改革綱要（1999年）、同第二回五カ年改革綱要（2005年）および同第三回五カ年改革綱要（2009年）がある。このうち、第三回五カ年改革綱要においては裁判例指導に関する内容がみられなくなっており、量刑指導における裁量権の統制が強調されるようになっている。裁判例指導業務規定は、この延長線上にあり、より一般化した形で立法したものである。

裁判例指導業務規定は、「全国の人民法院の審判及び執行業務における指導作用を有する指導性裁判例について、最高人民法院が確定し、統一して公布する」（1条）と規定する。そして、指導性裁判例を確定する手段及び組織のほか、指導性裁判例を、基層の人民法院が、類似の紛争を処理するときに参照することを求めている（7条）。このように、指導性裁判例制度に関する立法は、一見すると「判例」という考え方を現代中国法が受け入れて、グローバル化した法の世界をキャッチアップする姿勢を示したかにみえる。

しかしながら、指導性裁判例については「裁判官を統制する制度」であり、

表17：第一回～第七回までの指導性裁判例一覧表

指導性裁判例	No.	名称	事件分類
第一回	1	上海中原物業顧問有限公司訴陶德華居間合同糾紛案	民事事件（契約紛争）
	2	呉梅訴四川省眉山城紙業有限公司買売合同糾紛案	民事事件（契約紛争）
	3	潘玉梅、陳寧受賄案	刑事事件
	4	王志才故意殺人案	刑事事件
第二回	5	魯瀕（福建）塩業進出口有限公司蘇州分公司訴江蘇省蘇州市塩務管理局塩業行政処罰案	行政事件
	6	黄沢富、何伯瓊、何熠訴四川省成都市金堂工商行政管理局行政処罰案	行政事件
	7	牡丹江市宏閣建築安装訴牡丹江市華隆房地産開発有限責任公司、張継増建設工程施工合同糾紛案	民事事件（契約紛争）
	8	林方清訴常熟市凱萊実業有限公司、戴小明公司解散糾紛案	民事事件（商事紛争）
第三回	9	上海存亮貿易有限公司訴蒋志東、王衛明等買売合同糾紛案	民事事件（契約紛争）
	10	李建軍訴上海佳動力環保科技有限公司公司決議撤銷糾紛案	民事事件（商事紛争）
	11	楊延虎等貪汚案	刑事事件
	12	李飛故意殺人案	刑事事件
第四回	13	王召成等非法買売、儲存危険物質案	刑事事件
	14	董某某、宋某某搶劫案	刑事事件
	15	徐工集団工程機械股份有限公司訴成都川交工貿有限責任公司等買売合同糾紛案	民事事件（契約紛争）
	16	中海発展股份有限公司貨運公司申請設立海事賠償責任限制基金案	民事事件（海事紛争）
第五回	17	張莉訴北京合力華通汽車服務有限公司買売合同糾紛案	民事事件（契約紛争）
	18	中興通訊（杭州）有限責任公司訴王鵬労働合同糾紛案	民事事件（労働紛争）
	19	趙春明等訴煙台市福山区汽車運輸公司衛徳平等機動車交通事故責任糾紛案	民事事件（交通事故）
	20	深圳市斯瑞曼精細化工有限公司訴深圳市坑梓自来水有限公司、深圳市康泰藍水処理設備有限公司侵害発明専利権糾紛案	民事事件（知財紛争）
	21	内蒙古秋実房地産開発有限責任公司訴呼和浩特市人民防空弁公室人防行政征収案	行政事件
	22	魏永高、陳守志訴来安県人民政府収回土地使用権批復案	行政事件
第六回	23	孫銀山訴南京欧尚超市有限公司江寧店買売合同糾紛案	民事事件（契約紛争）
	24	栄宝英訴王陽、永誠財産保険股份有限公司江陰支公司機動車交通事故責任糾紛案	民事事件（交通事故）
	25	華泰財産保険有限公司北京分公司訴李志貴、天安財産保険股份有限公司河北省分公司張家口支公司保険人代位求償権糾紛案	民事事件（契約紛争）
	26	李健雄訴広東省交通運輸庁政府信息公開案	行政事件
第七回	27	臧進泉等盗窃、詐騙案	刑事事件
	28	胡克金拒不支付労動報酬案	刑事事件
	29	天津中国青年旅行社訴天津国青国際旅行社擅自使用他人企業名称糾紛案	民事事件（商事紛争）
	30	蘭建軍、杭州小拇指汽車維修科技有限公司訴天津市小拇指汽車維修服務有限公司等侵害商標権及不正当競争糾紛案	民事事件（商事紛争）
	31	江蘇煒倫航運股份有限公司訴米拉達玫瑰公司船舶碰撞損害賠償糾紛案	民事事件（海事紛争）

「法を創造するものではない」といった厳しい評価が多いことからも推測されるように、「判例」制度を導入したものではないと認識されている。筆者も同様の認識を有するが、それでも尚、指導性裁判例制度を裁判官による法

の適用方法の標準化と、そして末端の裁判官に対して解釈裁量の余地を与える契機であるとして積極的に評価したいと考える。後者の評価が、結果として末端の検察官への解釈裁量付与の可能性を生み出しているのである。

こんにちまでに、指導性裁判例は、裁判例指導業務規定に基づいて既に7回公表されている。(4) 2011年12月に第一回指導性裁判例が公表されたのを皮切りに、第二回指導制裁判例（2012年4月）、第三回指導性裁判例（2012年9月）、第四回指導性裁判例（2013年1月）、第五回指導性裁判例（2013年11月）、第六回指導性裁判例（2014年2月）および第七回指導性裁判例（2014年6月）となっている（表16）。その内訳は、民事事件が18件、行政事件が5件、刑事事件が8件となっている。掲載する形式は、キーワード、裁判の要点、関連の条文、裁判の概要および結果ならびに論旨の6つの部分で構成される。

ここでは、上記の指導性裁判例のうち、収賄罪に関する指導性裁判例3［指導性案例3］を分析する。当該指導性裁判例が、結果として末端の検察官への解釈裁量の余地を与えることを期待できると言えるからである。本件のキーワードは「刑事、収賄罪、共同経営会社の収賄、不動産の安価購入、利殖の承諾、収賄額の計算、隠蔽のための財物返還」である。

裁判の要点

裁判の要点は、次のとおりである。

1、「公務従事者」(5)が、自らの職務上の権力または立場を利用して、請託者の利益を図り、請託者と共同経営する会社の名義で利殖を得、実際には出資せず、経営に関与しなかったときは、収賄罪が成立する。

2、公務従事者が、他人の請託内容を明らかに知りながら、その財物を収受することは、他人の利益を図ることの承諾に当たる。実際に他人の利益を図ったか、または実際に他人が利益を取得したかは、収賄罪の成立に影響しない。

3、公務従事者が、自らの職務上の権力または立場を利用し、請託者

の利益を図り、市場価格より明らかに低く、安価に請託者の建物等の物品を得たときは、収賄罪が成立し、その収賄額は、取引時の現地の市場価格と実際に支払った価格の差額とする。

4、公務従事者が、財物を収受した後に、その収賄と関係する人または事柄にかかわる調査から犯罪を隠蔽するために、その財物を返還したとしても、収賄罪の成立に影響しない。

関連の条文は刑法385条1項である。すなわち法文は、「公務員が、職務上の立場を利用して、他人に財物を要求し、又はこれを不法に収受し、他人の利益を図ったときは、収賄罪とする」とさだめる。ここから、現代中国法における収賄罪の構成要件は、①国家の業務に従事する者すなわち、公務従事者であること、②職務上の立場の利用であること、③他人に財物を要求するか、または違法ないし不法に収受すること、および④他人の利益を図ることから構成されることが分かる。したがって、条文の解釈上は、財物の要求または取得ならびに職務と請託の関連性が問題になると言える。

第2項　指導性裁判例3「潘玉梅及び陳寧の収賄事件」の分析

裁判の概要

裁判の概要は、次のとおりである。

2003年8月から9月の間に、被告人潘玉梅および陳寧は、江蘇省南京市棲霞区邁橋街道工作委員会書記と邁橋弁事処主任の職務上の立場を利用して、南京某不動産開発有限公司の総経理である陳某が、邁橋創業園区における100ムーの土地を低価格で獲得する等の便宜を図り、あわせて同年9月3日に、上述の土地を開発するために、その親族の名義で、陳某と南京多賀工業貿易有限責任公司（以下、多賀公司とする）の設立を共同登録した。潘玉梅と陳寧は、実際には出資せず、当該会社の経営にも参加しなかった。

2004年6月に、陳某が、多賀公司の名義で、当該会社およびその土地を、南京某体育用品有限公司に譲渡した。潘玉梅と陳寧は、利益分配の名目で参

加し、陳某からそれぞれ 480 万元を収受した。2007 年 3 月に、陳寧は、潘玉梅が調査されたことを受けて、自身がアメリカに出張する期間中に、陳某へ 80 万元を返還するよう運転手に指示した。事件が発覚した後、潘玉梅と陳寧が取得した財物および財物から得た収益は、いずれも強制的に没収した。

2004 年 2 月から 10 月の間に、被告人潘玉梅および陳寧は、江蘇省南京市棲霞区邁橋街道工作委員会書記および邁橋弁事処主任の職務上の立場を利用して、南京某不動産購入発展有限公司の邁橋創業園における土地の購入に対して便宜を図り、あわせて前後 4 回にわたって、当該会社の総経理である呉某からそれぞれ 50 万元を収受した。

2004 年上半期に、被告人潘玉梅は、邁橋街道工作委員会書記の職務上の立場を利用して、南京某発展有限公司が譲り受けた金橋ビルプロジェクトのために、100 万元の費用を減免する便宜を図り、あわせて相手が開発した不動産の一箇所を購入する際に、当該会社の総経理である許某からその不動産価格の差額と関連の税金 61 万元余り（税金を含めた不動産価格は 121 万元余で、潘玉梅は 60 万元を支払った）を収受した。2006 年 4 月に、検察が、許某の会社の帳簿上から、潘玉梅の不動産購入で支払った費用の状況を掌握したことから、潘玉梅は、許某へ 55 万元を「返還」（筆者追補：実質的には、潘玉梅が市場価格との差額分を追加で支払ったことを指す）した。

このほか、2000 年の旧正月前から 2006 年 12 月までに、被告人潘玉梅は、職務上の立場を利用して、邁橋弁事処第一党支部書記兼南京某貿易売買有限公司の総経理である高某から 201 万元および 49 万米ドルを、浙江某不動産集団南京不動産購入有限公司の范某から 1 万米ドルを収受した。2002 年から 2005 年の間に、被告人陳寧は、職務上の立場を利用し、邁橋弁事処第一党支部書記の高某から 21 万元、邁橋弁事処副主任の劉某から 8 万元を収受した。

総じて、被告人潘玉梅は、792 万元余りと 50 万米ドル（人民元に換算して約 398 万元）、計 1190 万元余を収賄したのであり、また、被告人陳寧は、559 万元を収賄した。

裁判の結果

裁判の結果は、次のとおりである。

江蘇省南京市中級人民法院は、2009年2月25日の（2008）寧刑初字第49号刑事判決において、被告人潘玉梅が収賄罪を犯したと認定し、2年間の執行猶予付きの死刑判決および政治的権利の終身剥奪、ならびにその全財産を没収すると判示した。また、被告人陳寧が収賄罪を犯したと認定し、無期懲役および政治的権利の終身剥奪ならびにその全財産を没収するとした。

判決が宣告された後に、潘玉梅および陳寧は上訴した。江蘇省高級人民法院は、2009年11月30日に、同様の事実および理由によって、（2009）蘇刑二終字第0028号刑事裁定を行ない、上訴を取り消して原審の判決を維持し、一審による被告人潘玉梅に死刑（執行猶予2年）および政治的権利の終身剥奪、ならびにその全財産の没収を科した判決を承認＝支持した。

裁判の論旨

裁判の論旨は、次のとおりである。

多賀公司が土地開発により獲得した480万元の利潤を収賄として認定すべきではないという弁護意見について。潘玉梅は、当時、邁橋街道工作委員会の書記であり、陳寧は、邁橋弁事処主任であった。邁橋創業園区の企業誘致業務および土地譲渡について指導する責任を負うか、または、協調［協調］する職責を担っていたと言える。両人は、各自の職務上の立場を利用し、陳某が創業園区の土地等を低価格で取得するために便宜ないし支援を図ったことは、職務上の立場を利用して、他人の利益を図ることにあたる。

また、この期間、潘玉梅と陳寧は、陳某と協議して多賀公司を設立させ、多賀公司が上述の土地を開発している。多賀公司の登録資金はすべて陳某によるものであり、潘玉梅と陳寧は、実際に出資しなかっただけでなく、会社の経営にも参加していない。

したがって、潘玉梅と陳寧が、職務上の立場を利用して陳某の利益を図るために、陳某と共同して設立した会社が当該土地を開発するという名目で、

それぞれ取得した480万元は、会社の利潤ではない。職務上の立場を利用して、陳某に土地を低価格で取得させ、転売した後に得た利益の一部であって、収賄罪における権力と金銭の取引の本質をあらわしている。故に、共同経営会社を名義とする形を変えた収賄にあたるので、収賄として論じるべきである。

潘玉梅は、許某のために利益を実際に取得していないという弁護意見について。請託者である許某が、潘玉梅に贈賄するときに、金橋ビルプロジェクトを譲り受ける中で、100万元の費用を減免するよう要求し、潘玉梅は、許某の請託内容を明らかに知りながら、賄賂（筆者追補：ここにいう賄賂とは、当時の市場価格で税込121万元余りの不動産を60万元で購入した差額および関連の税金を含む61万元余りのことである）を収受している。

この許某の請託は実現しなかった。とはいえ、「他人の利益を図ること」の内容には承諾、実施および実現という異なる段階の行為を含んでいる。その中の1つがあれば、他人の利益を図ることに当たる。「他人の利益を図ること」の承諾は、他人が利益を取得する明示的な意思表示、もしくは黙示的な意思表示から認定できる。潘玉梅は、他人が請託を有することを明らかに知りながら、その財物を収受しており、他人が利益を取得することを承諾していたと見なすべきである。実際に他人が利益を取得したか、または、利益を手に入れたかどうかにいたっては、収賄罪における情状の問題にすぎないので、その認定に影響しない。

潘玉梅が購入した許某の不動産を収賄として認定すべきでないという弁護意見について。潘玉梅が購入した不動産は、その市場価格が税込みで121万元余りとなるものであるにもかかわらず、潘玉梅は、60万元しか支払っていない。これは、取引時の現地の市場価格より明らかに安い。

職務上の立場を利用して、請託者が利益を手に入れるために、市場より明らかに安い価格で、請託者が販売する不動産を購入した潘玉梅の行為は、形式的に一定の金額を支払うことによって、その収賄における権力と金銭の取引の本質を隠す手段であるので、収賄として論じるべきである。また、収賄

した額は、事件にかかわる不動産取引時の現地の市場価格と実際に支払った価格の差額に照らして計算する。

　刑事告発される前に不動産売買の差額を支払ったときは、収賄と認定すべきでないという弁護意見について。事件が発覚する前の 2006 年 4 月に、潘玉梅は、許某が開発した不動産を購入したときに生じた差額のうち 55 万元を支払っている。しかしながら、低価格で購入した 2004 年上半期から 2 年近くが経過しており、巨額の差額を速やかに支払ってはいない。

　潘玉梅の行為は、検察機関が許某の会社の帳簿から潘玉梅が購入した不動産の支払い状況を掌握した後に、犯罪を隠蔽する目的から出た財物の返還行為によるものである。したがって、潘玉梅が犯罪を隠蔽するために差額を支払ったことは、収賄罪の認定に対して影響しない。

本件の分析

　以上が、指導性裁判例 3 において公表された内容のすべてである。

　現行刑法 385 条 1 項が規定する構成要件に照らして分析すると、指導性裁判例 3 は、次の点を具体化していると言える。すなわち、請託者の利益を図るために職務上の立場を利用すること（②と④に該当する）、および、収賄行為に当たる取引で安価に購入する等の場合は、市場価格との差額を収賄とすること。そして、犯罪を隠蔽する目的から行われる財物の返還行為については、収賄行為の認定に影響しないということ（③に該当する）である。

　因みに、指導性裁判例 3 の論旨は、2007 年に、最高人民法院と最高人民検察院が共同で制定した司法解釈の内容を拡大している。2007 年の司法解釈とは、「収賄にかかわる刑事事件における法律適用の若干の問題に関する意見［関於弁理受賄刑事案件適用法律若干問題的意見］」である。

　そこでは、共同投資の名目で公司の設立等を行なったうえで収賄することについて、「公務従事者が、職務上の立場を利用して、請託者のために利益を図り、請託者が出資する企業の設立を共同して行なうか、またはその他の共同投資を行なうときは、収賄として論じる。収賄額は、請託者が公務従事

者に支払った出資額とする」とし、あわせて「公務従事者が、職務上の立場を利用して、請託者のために利益を図り、会社を共同設立するか、またはその他の共同投資の名目で利潤を獲得し、実際に出資しないか、あるいは管理ないし経営に参加しないときは、収賄として論じる」と規定していた。

当該意見をめぐっては、様々な議論が生じた。例えば、刑法385条1項の主体を公務従事者とする関係で、国家機関において契約労働者として働く人であっても公務に従事すると収賄罪が成立する可能性が生じることになるので、これを真正身分犯として論じられるか否かという刑法理論上の問題や、事件が発覚する前に、犯罪の隠蔽目的からではない財物の返還行為が存在する場合における認定の問題等がある。

要するに、当該意見も、そして刑法条文についても、条文解釈の問題として解釈しておくべき余地が多く残されていたのである。この空白について、指導性裁判例3は、犯罪の隠蔽を意図した財物の返還行為によって収賄罪を不成立とすることを認めない、としたのである。それ故に、このような不十分さから指導性裁判例3として公表した類似の事件について、基層の人民法院が事件を同様の論理に基づいて処理するように仕向けているようにもみえる。そのため、司法解釈と同様に上意下達の道具として指導性裁判例制度を評価する先行研究が当然に多くなるのである。

しかしながら、指導性裁判例が司法解釈とは異なる論理を含んでいることを重視すべきであると考える。なぜなら、指導性裁判例には、次の理由から上意下達の道具としての論理とは別の論理が組み込まれているからである。

第3項　国家権力を監督する手段としての検察権の可能性

末端の検察官による検察権の行使という観点からみると、積極的に肯定できる点がある。既にみてきたように、中国的権利論に基づく限り、検察権の行使は、常に、立法関係者による立法の制約を受けることになる。これに対して、指導性裁判例制度に基づく指導性裁判例の公表は、現場の検察官が、状況に応じて解釈できる部分を少なからず含ませるものになっている。

言い換えれば、末端の検察官が、指導性裁判例が示す裁判の論旨に基づき、状況に応じて解釈裁量を駆使し、法文による制約を一定程度緩和して、自らの検察権の運用を活性化させる可能性を容認している。これは、結果として、末端の検察官に、その検察権の行使に伴う条文解釈を行なう余地を与えることにつながるので、立法関係者による合法性の付与権限の独占状態を打破することになる。

　事実、指導性裁判例3は、社会秩序の維持という大義の下で、公務従事者による収賄という違法行為について、合法な公訴権を発動し易くしている。確かに指導性裁判例3は、収賄罪に関する公訴権の発動可能な範囲を拡大するだけにとどまるものであるが、それでも従前の人民検察院に期待できなかった国家権力を監督する手段としての役割について、期待を抱かせるのに十分である。仮に立法関係者がその合法な検察権の行使範囲を限定しようとしても、裁判の要点や裁判の論旨から、条文解釈を通じて論理整合性を保持できれば、法文が明文で限定する範囲を、末端の検察官が、幾ばくかは拡縮できることになるからである。

　公表されている31件の指導性裁判例に共通して言えることは、指導性裁判例の公表が、その射程に入る事件群に対する人民法院による判断内容の外枠を明らかにする効果を有している点である。これらの指導性裁判例は、必ずしも個々の権利主体の合法な行為や権利の拡大を目的とするものではない。とはいえ、指導性裁判例が主たる名宛人とする人民法院の判断内容の外枠を示し、これに応じて基層の人民法院が新しく示す判断をめぐり、更に様々な検討を経て、合法な権利の拡縮運動を促すことは間違いない。そして、この拡縮運動について、人民法院の外部から働きかけることもまた、以前に比べて容易になったと考えられる。

　要するに、指導性裁判例が示すやや抽象化した規則性が、中国的権利論に基づく限り立法関係者に合法性の付与権限が集中せざるを得ない弊害を、少しでも改善し、合法性の付与権限が分散することによって、権利利益の保護態様を、社会の変化に少しでも適合的なものにする期待がもてると言える。

第9章　刑事訴訟法における変化

それ故に、指導性裁判例による波及効果を検証することは、重要な意義を現代中国法研究に与えることになるし、また、国家権力を監督する手段としての検察の可能性も、指導性裁判例制度の運用次第であると言える。

第6節　指導性裁判例制度と中国的権利論

第1項　本章のまとめ

　本章では現代中国の刑事裁判について、公訴権を原則行使する検察を対象に分析し、その今日的変化について、検察改革と指導性裁判例から分析してきた。まず、検察権の権利構造も中国的権利論に基づくものであった。検察の変遷は、国家権力を行使する手段としての役割しか担わなくなっている一方で、中国的権利論の徹底や司法解釈の活性化が検察権の行使に対して矛盾する効果をもたらすことを論証した。

　次に、現代中国における検察改革について、本章は、機構、組織およびその職能の最適化過程として評価できるとする一方で、検察改革を次のステージに進めるためには、末端の検察官に対して解釈裁量を付与すること、および合法性の判断に限定されない一般的な検察権を確立することが課題であることを示した。そして、これらの課題を解決する方法として、司法解釈は適切でないこと、および司法解釈と指導性裁判例制度とを同列に論じられないことを論証した。

　最後に、指導性裁判例の公表によって、末端の現場関係者に少なからず法文の解釈裁量を与える可能性があることを指摘した。検察改革を次のステージに進めるための適切な方法になり得る現存の資源の1つとして、指導性裁判例を評価できると言える。

第2項　指導性裁判例制度の方向性

　終わりにあたり、指導性裁判例制度の方向性について、中国的権利論と関

287

連させて整理しておくことにする。指導性裁判例制度に関する評価において、共通することは、いずれもが、指導性裁判例の導入を、基層の人民法院の判決に問題が多いという事実を、中央（例えば、最高人民法院）が深刻に受け止めた結果であると考えていることである。

基層の人民法院の判決に問題が多い原因についてよく指摘されることは、裁判官の質の問題であったり、独立した裁判を行なえないことによって、法の運用が適切でないという司法の独立（とくに裁判官の独立）の問題であったりである。そうすると、指導性裁判例制度を通じて権威づけられたとしても、それに従う何らかの正当性を見出すことは困難である。

そもそも裁判官の質や司法の独立は法理論の問題ではなく、政策論ないし立法論だからである。また、このような指摘に基づけば、司法解釈の制定権を最高人民法院に与えて、基層の人民法院やその裁判官による恣意的な解釈を防ぐという制度設計と同様の途を、指導性裁判例制度も辿ることになるという懸念も、当然に生じることになる。

しかしながら、これらの指摘に基づき展開してゆくと、詰まる所は社会構造を変えない限り問題を解決できないことになるし、その目標とする社会構造を（低く見積もっても）適切なものであると決めつけて、それを現代中国に押し付けていることになりはしないだろうか。なぜならば、これらの指摘（例えば、司法の独立の問題）は、現代中国に現存しないし、法文の根拠を有するものでもないからである。これらの指摘を理論の問題にするためには、目標とする社会構造を一時保留し、現代中国に現存する論理や法文等の資源を前提にして展開し、改善を促せる要因を明らかにする必要がある。

そうすると、中国的権利論は、合法性の付与権限を与える主体とその制度を通じて法的保護を確保する論理である一方、指導性裁判例制度は、この論理を変えることなく、立法関係者によって合法性の付与権限が独占されている状態を部分的に打破する修正を加えるものであると評価できる余地のあることが注目される。このような仕組みを前提にすると、裁判官による恣意的な解釈を防ぐという制度設計自体が問題なのではないと言える。

問題は、司法解釈に加えて指導性裁判例制度を創設した理由にある。それは、中国的権利論の弊害を改善することであり、無から有を生み出そうとする試みであって、末端の非立法関係者が恣意的な解釈を生み出す危険をあえて負いながら、それでも獲得したい何かがあると見るべきであろう。

指導性裁判例制度があえて危険を冒しながらも得たいと考える果実については、多くの見解が期待するように、「法創造機能」であるかもしれない。しかし、これは、中国的権利論からは論理的に生まれることのない機能である。立法関係者でない機関・主体から合法性の権限が付与されることになるからである。

法創造機能とまでは言えないにしても、末端の臨床空間において、法の適用に柔軟性を与えるという意味で、指導性裁判例制度が危険を冒しながら得たいと考えるものが「自由裁量権」であるとは考えられないだろうか。仮説として、自由裁量権が改善を促せる要因であると提示しておきたい。そして、軌を一にする指導意見が最高人民法院から公表されている。

最高人民法院は、2012年2月に「自由裁量権の行使に関する指導意見［最高人民法院関於審判執行工作中切実規範自由裁量権行使保障法律統一適用的指導意見］」を公表した。同意見は、現代中国が重要な転換期を迎えているとしたうえで、「人民法院には、法の統一適用の強化が求められると同時に、司法政策を正しく適用し、自由裁量権の行使を規律し、法律の正しい実施、当事者の合法な権利及び利益の維持、司法の公正の維持及び司法の公信力の向上等」における自由裁量権の積極的な運用が求められているとする。

同意見は、自由裁量権を「案件を審理する過程で、法律の規定及び立法の精神に基づき、正しい司法理念を掌握し、科学的方法を用いて、案件の事実認定、法律の適用及び手続処理等の問題を分析判断し、併せて法に基づき証拠を収集し、公平かつ公正で、人情や道理にかなう裁判の権威を最終的に作りだすもの」と定義づけている。そして、人民法院が自由裁量権を行使できる5つの場合の1つとして、「案件の具体的な状況に基づき、法律の精神及び規則若しくは条文について解釈する必要がある場合」において、解釈権を

行使することを容認しているのである。

この解釈権の行使については、「立法趣旨及び本来の意図、法律上の原則、国家の政策、司法政策等の要素を結びつけ、各種の解釈方法を総合的に用いて、法文について、社会の公平及び正義を最も良く実現できる現実的且つ合理的な解釈を行なう」と同時に、「案件に係わる利益関係を総合的に考慮し、相互に衝突する権利若しくは利益について、比較と取捨を行ない、公共の利益と個人の利益及び人身上の利益と財産上の利益、生存上の利益と商業上の利益の関係を正しく処理し、合法な利益を保護し、違法・不法〔非法〕な利益を抑制し、利益の最大化と損害の最小化の実現に努めなければならない」とする。

結局のところ、解釈権の行使は、案件に適用する法文とその落とし所との射程距離を合理的な範囲内にとどめることが求められているのであり、この合理的な範囲を素描するものが、指導性裁判例制度を通じて公表される「裁判の要点」なのである。これは、立法関係者が独占する合法性の付与権限を、現場の関係者が共有するものではないにしても、何が合法であるかについて、いわば予備的な合法性の付与を可能にし、末端の現場で素描できる合理的な範囲内について、融通の利く空間を生むものと言える。指導性裁判例制度の方向性は、このようにして自由裁量権の行使できる主体を拡大してゆくことで、中国的権利論の弊害を改善するところにあるのではなかろうか。

第3項　中国的権利論転換の可能性

要するに、指導性裁判例制度の方向性は、最高人民法院や最高人民検察院による解釈権の行使を強化すると同時に、紛争の落とし所として合理的な範囲を示し続けることによって、問題の多い基層の人民法院の判決に至る経路と結論の軌道修正を実現する一方で、末端の裁判官や検察官に、限定的な自由を与えることによって、社会の変化に対して独立、迅速に対処させてみるという覚悟を決めたところにある。しかし、そうすると、中国的権利論の論理と整合しない可能性が生まれてくるという危険を負うことになる。

既に指摘したように、指導性裁判例制度は、これまで立法関係者が独占してきた合法性の付与権限を緩和する方向に働くものである。何が合法な権利であるか、また、何が合法な行為であるか等について、法文に依拠するほかなかった段階から、指導性裁判例が示す規則性を逸脱しない範囲であれば、立法関係者でなくとも合法性の認定が可能となる段階へと進んでゆくことを期待できよう。

　指導性裁判例制度の方向が指し示す先には、合法か否かを明示する必要のない普遍的・抽象的な権利とその権利保護を支持する規則の蓄積、すなわち主として判例法系を前提とする普遍的権利論の希求が生まれるかもしれない。そして、普遍的権利論の希求とそれに対する人々の求心力は、現代中国法を支えてきた中国的権利論との決別であり、社会秩序の転換を意味している。このような転換の可能性がないとは論理的に言えないが、この転換を可能とするのが決して外部者の要求によるのでないことは、論理的に言える。結局のところ、中国的権利論の転換の可能性は、現代中国に住む人々が、どちらの秩序に依存することを望むかという、いわば主権の問題にほかならない。

〔主要文献〕
曲新久『共和国六十年法学論争実録・刑法巻』廈門大学出版社、2009年
教育部人文社会科学重点研究基地＝法学基地（9+1）合作編『中国法学三十年（1978－2008)』中国人民大学出版社、2008年
小口彦太＝田中信行『現代中国法［第2版］』成文堂、2012年
候国云「市場経済下罪刑法定与刑事類推的価値取向」『法学研究』3期、1995年
滋賀秀三『清代中国の法と裁判』創文社、1984年
周道鸞『司法改革与司法実務探究』人民法院出版社、2006年
朱景文主編『中国法律発展報告：数据庫和指標体系』中国人民大学出版社、2007年
朱景文主編『中国人民大学中国法律発展報告.2012：中国法律工作舎的職業化』中国人民大学出版社、2013年
徐行「現代中国における司法解釈と案例」『社会体制と法』11号、2010年
蔣徳海「法律監督是否可能」『社会科学』第4期、2005年
沈志先編『法律適用精要』法律出版社、2010年

沈志先編『法官自由裁量精義』法律出版社、2011 年
任哲『中国の土地政治：中央の政策と地方政府』勁草書房、2012 年
但見亮「「案例指導」の現状と機能」『比較法学』43 巻 3 号、2010 年
田中信行「現代中国法の構造と機能」『社会科学研究』1996 年
趙娟「案例指導制度的合法性評析」『江蘇社会科学』6 期、2011 年
張軍『人民法院案件質量評估体系理解与適用』人民法院出版社、2011 年
張志銘「中国法院案例指導制度価値功能之認知」『学習与探索』3 期、2012 年
卞建林『共和国六十年法学論争実録・訴訟法巻』厦門大学出版社、2009 年
法務省大臣官房司法法制部『中華人民共和国刑事訴訟法（2013 年 1 月 1 日施行）』法務資料第 463 号、2013 年
李艶紅「中国指導性案例制度の現状と課題：最高人民法院『案例制度に関する規定』と指導性案例を中心に」『比較法学』47 巻 2 号、2013 年
劉金友＝奚瑋『附帯民事訴訟原理与実務』法律出版社、2005 年
早稲田大学大学院法学研究科組織的な大学院教育改革推進プログラム『法学研究の基礎：法と権利』2011 年

【注】

（1）1996 年および 1997 年の派出機構の内訳については公表されていない。
（2）例えば、朱景文『中国法律発展報告：数拠庫和指標体系』中国人民大学出版社、2007 年、266 頁等。
（3）公表されている行政区画統計では、2002 年以降、郷鎮級すなわち農村における行政区画統計のデータも公表されるようになった。本書では都市部に限定することで一貫した論理を探究する目的で、郷鎮級の統計を差し引いた。
（4）本章において紹介する指導性裁判例はすべて最高人民法院が公表したものである。尚、最高人民検察院も同様に指導性裁判例を 2010 年 12 月より公表している。第一回（2010 年 12 月）、第二回（2012 年 11 月）、および第三回（2013 年 5 月）の計 3 回を数える（2013 年 11 月末時点）。
（5）同じく現行刑法 93 条 1 項が、「本法にいう国家の業務に従事する者とは、国家機関において公務に従事する人員をいう」と規定し、同条 2 項が「国有の公司、企業、事業組織又は団体において公務に従事する人員、並びに、国家機関、国有の公司、企業又は事業組織が、国有でない公司、企業、事業組織又は社会団体に人員を派遣して、その公務に従事するもの、或いは、法令に基づきその公務に従事する人員については、国家の業務に従事する者として論じる」とする。したがって、条文解釈上は、日本語の公務員よりも広い概念であることは明らかであるので、

第 9 章　刑事訴訟法における変化

本書では公務従事者としておく。
（6）仮に多賀公司が土地開発によって獲得した利潤を 480 万元であるとすると、潘玉梅と陳寧がそれぞれ 480 万元ずつ収賄したという事実は金額の上で整合しない。しかし、裁判の概要から、人民法院が確定した収賄額を計算すると、下の表が成立する前提に立っていることが分かる。すなわち、人民法院は、多賀公司が獲得した利潤を、潘玉梅と陳寧のそれぞれが収賄したものとして解釈し、収賄にかかわった利潤を一個のものとして適用しているのである。

	潘玉梅		陳寧	
2000年旧正月〜2006年12月	201万元	高某より		
	49万ドル			
	1万ドル	范某より		
2002年〜2005年			21万元	高某より
			8万元	范某より
2004年2月〜2004年10月	50万元	呉某より	50万元	呉某より
2004年上半期	61万元	許某より		
	▲60万元			
2006年4月	▲55万元			
2004年6月	480万元	陳某より	480万元	陳某より
2007年3月			▲80万元	
小　計	792万元		559万元	
	50万ドル			
合計（元換算）	1190万元余		559万元	

注）▲は事後に請託者へ支払ったか、または返還した金額を示している。

付　章　中国的権利論と法学研究

第1節　本書のまとめ

第1項　法による支配か、法の支配か

　本書は、現代中国法の前提とする権利論が私たちの前提とする権利論と同じではないという仮説に立ち、それを「中国的権利論」として論証してきた。この仮説の提示は、一見すると、先行研究の認識そのものに対して疑義を唱えているかのように映るが、決してそうではない。例えば、序章において日本における現代中国法研究の動向について、法道具論に関する議論を題材にして整理した。法道具論が現代中国法を分析する中で切り口となった理由は、文化大革命が終結した後に、中華人民共和国が法治国家の途を再度歩みつつあるという認識が広がる中で、それを、法による支配（rule by law）から法の支配（rule of law）への移行・転換として期待していたからである。1989年6月の天安門広場をみて、欧米的な民主化を期待していたことも、この背景と軌を一にするところがあった。

　本書が「中国的権利論」として論証することによって注目したいことは、「法による支配か、法の支配か」という古典的な問いが、現代中国法の現在を新鮮に描き、そしてその中で法変動が生まれ続けているという事実、法道具論がキー概念となっていた時期が依然として続いているという現実である。そして、それを現代中国法の問題として発見するのではなくて、現代中国法の論理として発見する点が、これまでの主流の研究方法と異なるにすぎない。

　この点を念頭に置けば、本書が論証してきたことに目新しいものはない。すなわち、本書が第Ⅰ部において中国的権利論として描く現代中国法の姿は、まさに「法による支配」を投影している。現代中国法は、「法による支配」の

枠組みの中で自らの維持改善を進めてきたのである。そして、第Ⅱ部において描いた現代中国法の姿は、この「法による支配」の変容にとどまる。現代中国法の起点から現在までに通底する不変的な論理に基づくと、現時点において、現代中国法が「法の支配」へと転換しているとは論証できない。

　ところで、日本における中国研究の議論を集約すると、現在の中国社会には何らかの変化が生まれており、転換期にあるとみるべきことが共通の理解となっているように思われる。法学、政治学、社会学等の従来の学問領域からのアプローチであれ、地域研究や複合新領域からのアプローチであれ、いずれも現代中国を転換期として捉え、論じている。現代中国が転換期にあるとの理解は本書も支持するところであるが、この「何らかの変化」を明確には説明できていないように感じる。

　当然のことだが、転換の前後を明白に描けなければ明確な説明はできない。そのため、まだ転換後ではない現在の位置から説明しようとするとき、そこには、多分に転換後を推測する必要が生じる。そもそも推測は、個人の主観からは逃れられないので、どこまでも個人の認識の限界がつきまとうことになり、脱主観の課題を解決できない。その一方で、相対的なものではあるが、転換前の姿をより明らかにすることで、転換中の「何らかの変化」に対して、より明確に説明できる可能性も認められよう。結局のところ、どのような学問領域からアプローチするにしても、転換前の姿を明白に描くためには、固有の研究方法論を基にして工夫を加えたオリジナルの方法論をぶれることなく用いて転換前の姿を描き切ることが、脱主観の課題を一応解決し、間主観（共同主観）の状態で現代中国の変化を解明することにつなげられると思われる。

　このうち、法学（研究）からアプローチする場合は、法学と法律学で目的を異にする点に注意する必要がある。端的に言えば、法律学は、法文の解釈を通じて、目の前の対立を間主観的にみて合理的と思われる落としどころへ導けることを論じるいわば「説得」の学問である。その一方で、法学は、法律学が社会に存在する諸々の対立に対処する中で生成してきた様々な論理の

付章　中国的権利論と法学研究

間の整合性を保持しながら統合する論理、すなわち法原理＝真理の究明を論じる「解説」の学問である。法学と法律学とは、このように目的を異にするので、どちらの方法を基にするかによって、現代中国法の研究方法論にも大きな差が生じることになる。本書は、法学の研究方法論を基にして、現代中国法にアプローチしている。尚、法学と法律学の間の補完関係が、法に対する人々の求心力の生成と強化につながることに留意したい。ただ１つの真理の転換は、多数の論理による修正が生み出すのであり、１つの真理の転換が１つの論理による修正で生み出されるならば、そのような法を、人々が信用するはずもないからである。

　要するに、「法による支配か、法の支配か」という古典的な問いは、現代中国法を対象とする法学研究にとって、古典である以上に実践的な問いなのである。この問いに対する答えに注意しながら学問としての現代中国法を追究しなければ、中国社会で生活する人々に対する現代中国法の求心力が強化されるはずはないし、現代中国法に対する私たち自身の認識上の偏向（bias）も解消されない。そして、同様の偏向が仮に日本社会に溢れていたとしても、それを蚊帳の外におき、中国社会に存在する特別な問題であると非難する道化を演じるだけとなろう。畢竟、それはどんなに情に叶う問題の指摘に思えても脱主観の課題に絡めとられてしまい、学問的価値を喪失してしまう。この意味では、「法による支配か、法の支配かという枠組み」そのものも問われ直される必要が生じるかもしれないことを、私たちは意識すべきである。

第2項　中国的権利論の基本

　第Ⅰ部においては、現代中国法のもつ不変の論理を論証するために仮説を提示し、論じてきた。その中で、現代中国法の姿が「法による支配」を投影するものであったことは、既に述べたとおりである。ここでは、仮説をどのようにして提示し、論証してきたのかを整理しておくことにする。

　第１章では、現代中国法の法的論理が形成を始めた始点を確認すると同時に、権利論を生成するための基本となる「権利を享有する主体」すなわち、

権利主体を特定した。現代中国法の法的論理の始まりは、歴史的事実として1949年2月に公布した国民党六法全書廃棄の指示［中央関於廃除国民党《六法全書》和確定解放区司法原則的指示］および同年4月に華北人民政府が公布したいわゆる国民党六法全書廃止の訓令［華北人民政府為廃除国民党六法全書及一切反動法律的訓令］である。そこでは、現代中国の建設にあたって国民党の法を継承しないこと、そして解放区の法制を継承し、発展させることを言明していた。

したがって、中華民国法を前提とする法的論理の継承は、論理の整合性を破壊することになるので、中華人民共和国が成立する以前の法の継承を認めるか否かの問題、すなわち法継承性論争は、現代中国法の根本にかかわる問題であると言える。後述する一国二制度や台湾をめぐる法的問題として、今後再びホットな論点となろう。

権利主体の抽出について、本書は、歴代の憲法秩序において不変であった幾つかの権利主体の中から、「労働者階級が指導する国家である」という不変の論理に基づいて、「労働者」を抽出した。本書は、この労働者が権利主体として享有する権利すなわち労働権の保護論理を、中国的権利論の基本として設定した。そして、労働権をめぐり、そこに法学と法律学の間の補完関係を当てはめて、労働権の十全な保護すなわちその保護論理の整合性（の維持・強化）が、現代中国法の求心力の問題に直結するとした。

つまり、本書は、基本的人権や自由権、社会権といった普遍的権利論の前提をあえて取り除き、現代中国の基本的な法秩序から不変の保護論理および現代中国法が規定する権利論の原型として「労働権」を抽出したのである。

第2章では、現代中国法における労働権の形成過程を分析した。明らかとなったことは、当事者の事情とは関係なしに、法が保護すると言明した権利、すなわち「合法な権利」のみを保護するという法的論理をもつ労働権の形成である。これを、法律関係理論という。法律関係理論は、法律関係すなわち法文の存在とそれが対象とする権利の内容（契約・給付・反対給付の行為）しか法は保護しない。法文が規定する権利を享有する主体＝権利主体は、これ

付　章　中国的権利論と法学研究

らの権利内容を法が保護する結果として保護されるにすぎないとする。言い換えれば、法文の存在が保護論理の絶対条件なのである。

　このような保護論理の枠組みの中で、現代中国法が規定する労働権は、労働者個人の所有権を否定したうえでの権利であったために、不労所得が合法な権利とは認められないこととなった。それ故に、現代中国法が規定する労働権には「労働しない自由」がなかった。そして、労働者でなければ労働権を享受できないばかりか、労使関係も労働者対「使用組織」の対立構造を強制されたため、労使間の実質的な対立が、法廷のような臨床空間に持ち込まれ難かったのである。故に、現代中国法が規定する労働権＝法文が規定する内容と一致すること、すなわち合法性の有無が、労働権の保護論理のすべてとなった。本書は、これを中国的権利論の基本であると評価した。

　第3章では、このような労働権を享受する主体（権利主体）が、市場経済の導入によって、身分によらない平等性を求められ、拡大する推移を分析した。労働権を享受する権利主体の拡大は、実質的には労働契約制度によってもたらされた。尚、この労働契約制度自体は、計画経済期における農村の労働力を臨時に活用する手段として、一時的に農民に「労働者」の身分を貸し出すための法制度として利用されていたものであった。

　個々人を平等に扱う市場原理の導入は、従来型の中国的権利論に基づく労働権の保護論理に対して修正を求めたことを意味し、それに応じたのが労働契約制度の進化であった。つまり、法律関係理論に基づく従来の労働権の法律関係を、今後は、労働契約（書）に反映させることとしたのである。この労働契約の締結が、（労働者身分でない）働く人の労働権の存在を確認することにつながり、労働契約の存在をもって、中国的権利論に基づく保護を拡大している。現在の現代中国法は、あらゆる場面で契約をはじめとする証拠の存在を重視しているが、これは、市場経済の導入に伴い、外国法が求めた「法の支配」の要素を中国的権利論へ取り込んで、その改善要求に応じ、今日的な保護論理として進化する基礎としたからである。

　第4章では、法廷のような臨床空間における労働権の保護の要否が、労働

権の有無にあることを論証した。現代中国における労働紛争［労動糾紛］を、労使紛争と訳せない根本の理由は、労働権の権利主体が歴史的に狭義の労働者に限定されていたからである。それ故に、現代中国においては、労働者が法廷等に訴える紛争を、法的保護の対象となる内容によって分類する必要があるのである。

そこで本書は、現代中国における労使紛争を中国的権利論に照らして整理することにした。法的保護の対象となる労働権にかかわる労使紛争を、労働争議紛争とする一方で、法的保護の対象とならない労使紛争を労働争議事件とした。いずれも保護の要否は合法的な権利の有無に求められることになる。

しかし、両者の法律戦には大きな違いがある。労働争議紛争に整理される労使紛争の場合は、その合法的な権利は労働権であるので、挙証責任の転換といった労働者優位の法律戦を想定できる。他方、労働争議事件に整理される労使紛争の場合は、労働権の有無と因果関係をもち、かつ、法文の内容に基づいた擁護行動を採って、何とか労働争議紛争に整理し直してもらうことに成功しなければ、対等の当事者として法律戦に挑まなければならない。以上の論理が従前の裁判においても反映していることを確認し、「中国的権利論」を法実務からも裏付けたのである。

付け加えて言うならば、このようにして法廷において審理される内容は、法文の根拠を有するか否かという審判が原則となるにすぎない。それは、私たちの裁判所が、実際の紛争を分析し、それと関連する法文との因果関係を捕捉し、両者が納得できるだろう均衡点すなわち落としどころへ導けるように法文の内容を解釈する審理を原則とすることとは異なっている。それ故に、人民法院を「裁判所」であると認識することに対して、私たちは躊躇を覚えてきたのである。

第3項　中国的権利論の応用

第Ⅱ部においては、この中国的権利論を現代中国法の変化をみる「物差し」として用い、転換期の現代中国法の実態について分析した。以下の分析は、

現代中国の法変動がグラデーションのように多彩な変化を示していること、そして、その原因が中国的権利論そのものにあることを明らかにしている。

第6章では、労働契約法の制定に伴って、労働権の法律関係が、従来の枠組みを大きく突破したことを論証した。この下地が計画経済期の農村労働力の活用時に培われていたことは、既に述べたところであるので繰り返さない。

労働契約法の画期的な点は、労働契約を締結する当事者の合意そのものに、労働権の合法性を付与することを認めたことである。この立法判断に伴い、労働者か否かが問題とならなくなった。問題の所在は、労働契約書を所持するか否かへ移行している。中国的権利論からみれば、立法関係者が合法性の付与について、そのキャスティングボードを放棄した点が際立っている。

第7章では、社会保険法の制定に伴い、出自により権利者を区別するという従来の枠組みを、保険費用の納付の有無で区別する枠組みに転換したことを論証した。これも労働契約法の場合と同じように、労働者か否かが問題とならなくなったと言える。

ただし、社会保険法が労働契約法と異なる点は、労働者を前提としない一方で、保険費用を納付する個人を前提に、失業保険等の社会保険制度の整備を進めていることである。この背景には、保険基金の不足といった実質的な原因も指摘できるが、保険費用の支払いという法律行為に対する相応の対価としての保険金という合法な権利を投影しているとも言える。つまり、中国的権利論における合法な行為に対する対価としての権利利益の関係を、保険原理が示唆するところの多数でごく少数の危険を引き受けること、すなわち個別のギブアンドテイクの集合体を、個別の法律関係の集合として書き換えているのである。労働契約法の立法に、このような関係を背景とする論理は存在しない。

第8章では、民事訴訟法の制定・改正に伴う職権主義モデルか当事者主義モデルかの評価が、学問的には意味のないことを論証した。民訴法の改正は、法廷の審理を通じて審判官［法官］が保護する権利（とその内容）とその落としどころを特定し、落としどころまで法文を解釈して導くメカニズムを目指しているとは認められないからである。

現行法も、法廷において合法性が付与されるのではなく、争点となっている権利利益の合法性の有無を判定するにすぎない。このように、現行の民訴法においても合法性の付与については立法関係者によることが堅持されていると言わざるを得ない。ところで、このような中国的権利論を前提とする「司法」を、私たちの用いる司法と同列に論じてよいかどうかは引き続き問われ続けなければならない。人民法院を裁判所と訳すことが誤りである理由は、既に述べたように、人民法院の審判が、現実の紛争とその落としどころとを、現場の判断者の関連法文に対する解釈権を通じて結びつけていないからである。

　しかし、それでもなお、人民法院を裁判所と訳し、私たちの司法と同様に認識する動向が存在するのは、「素朴な無視アプローチ」(ドナルド・C・クラーク)すなわち、法の支配パラダイムが、私たちの中にすり込まれているからである。そうであるからこそ、私たちの前提とする権利論が現代中国の裁判にも通用することを期待するのである。しかし、その一方で、本書が論証するように、中国的権利論は今日でも現代中国の裁判に通用しているのである。

　第9章では、刑事訴訟法における変化と検察改革の関係から、中国的権利論が、国家権力に対しても一定程度通用していることの論証と、検察改革の今後を展望した。現代中国における検察改革は、その機構、組織および職能の最適化プロセスを遂行している。立法関係者による合法性の付与が法制度を統率している以上、例えば、先進国の制度導入の如何についても立法がすべてであるので、法体系間の差異が支障を来すことは論理的に存在しない。

　しかしながら、最適化プロセスを超えて、次のステージすなわち「法の支配」を投影する法運用へと進めるためには、末端の検察官への解釈権限の付与と合法性の判断に囚われない抽象的な検察権を容認する必要があることを指摘した。「司法」的救済における現代中国の法変動は目に見えないが、地球の気候変動と同じように、その変化が一気に来る可能性がないとは言えない。

　以上の中国的権利論の応用現象は、一方で、現代中国法が、法律関係理論の枠組みを維持し、部分的な改善に努めていることを見て取れる。他方で、例えば、法律関係理論の限界を露呈していることも見て取れる。従来の労働

者概念を堅持することには、最早何らの意味もないように思われる。価値観が多様化する中で、法文の保護すべき価値観を限定することが無理な話なのである。言い換えれば、多様化する価値観を包含する上位の価値観＝法の支配を創出するか、多様化する価値観を前提に中国的権利論を再構築するかの課題に、現代中国法は直面している。これは、法による支配か、それとも法の支配かという古典的な問いと再び向き合っていることを示しているとも言える。

第2節　中国的権利論のいま

第1項　法の支配へと向かっているのか

現代中国法のいまを見、その社会の変化を観察している私たちは、彼の地で起こっている事が民主化へ、そして法の支配へと向かうプロセスに乗っていると考えようとしている。中国が「転換期」にあることは、自他共に認めていることなので異論を挿む必要はなかろう。しかしながら、その方向性が自他共に一致しているか否かについては、一考の余地がある。

現代中国の将来が民主化し、法の支配の実現へと向かうのであれば、過去において存在した無数の（法的）論理から、図48の円形の方向へと向かうだ

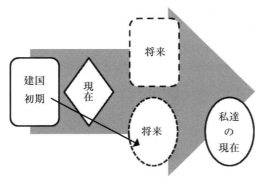

図48：現代中国社会の過去・現在・将来

ろう矢印＝不変の論理を探求して、論証する必要がある。この不変の論理を前提としないで円形の方向へと向かうことを論じることは研究と言えない。尚、図48の円形の方向へと向かうことを前提に現在の状態の問題点を論じる中でも、過去から現在までの、その社会に存在する無数の論理から抽出した不変の倫理を提示できないならば、それも研究ではない。さらに本書は、この不変の論理を示す中で、法学以外の概念によって置き換えることを禁じ、法学的なアプローチすなわち法文解釈に立ち戻ることとした。

　本書が論じてきた中国的権利論は、建国初期の中国に存在する無数の論理から、特定の法的論理を探究して理論化したものである。本書をまとめるにあたり、法による支配から法の支配へという大きな歴史の流れにあると見立てた。しかし、私は、現代中国法が、その将来において特定の方向性を有することを前提に研究していない。要するに、本書は、正確に言えば、あくまで過去から現在までを論証し、転換期の現代中国法の変化について解説したものであり、前節は、その将来が円形のものであるとしたならば、どのようなロードマップを歩むことになるかを示したにすぎない。

　中国的権利論に基づくならば、現代中国の将来が法の支配へと向かっているとは断定できない。むしろ先祖返り的な現象を肯定し易く、「法による支配」を不断に改善するための理論装置となり易いかもしれない。仮に法の支配へ向かうとしても、中国的権利論に照らせば、民事裁判や検察改革の分析から明らかなように、もう数ステップのプロセスが必要である。ここではさらに、中国的権利論の根本から論じておきたい。

第2項　物権法違憲論争と憲法秩序

　中華人民共和国物権法は、2007年に制定された法律である。物権法の起草に長い時間を必要としたのは、それが現代中国における所有制を法的に確定するものであり、過去と現在の所有関係をふまえながら、その将来における所有関係を射程に入れようとした国家百年の大計だったからである。

　本書でも準拠しているように、所有権は、諸々の権利関係を規律する根本

の権利である。人は、自らが所有する物と他人が所有する物との交換をとおして社会的関係を形成してゆくのである。本書が提示する中国的権利論も、その根本は、労働者が所有する権利＝労働権の構造とそのメカニズムを題材に論証している。したがって、所有制を規律する物権法は、中国的権利論のいまを考えるうえで有用な指針になると言える。

この物権法の制定が長引いた理由の1つとして、いわゆる物権法違憲論争が挙げられる。この論争について、中国的権利論の論理で読み直すと、興味深い論点が浮かび上がってくる。

例えば、2005年4月に、鞏献田ら89名が署名する「中共中央、全人代、国務院への建議書」が、インターネット上に公開された。この建議書は、非公36条に関する意見すなわち「国務院の非公有制経済発展の奨励及び支持並びに指導に関する若干の意見［国務院関於鼓励支持和引導個体私営等非公有制経済発展的若干意見］」の基本内容が憲法に違反していること、そして、その内容が根本から公有制の主体的地位と国有経済の主導的地位を動揺ないし改変することになる、と指摘していた。

この建議書は、所有権を抽象的一般的に規定する草案に対する反発として読み込めるが、その反発した論理を展開してゆけば、所有権を具体的個別的に規定する草案を求め、国有経済の主導的地位を確保するための国家所有権の堅持を望むことになるので、市場原理の導入を推進する改革開放そのものに対する再評価を求めていたとも言える。言い換えれば、鞏献田らの意見は、市場経済の導入によって思い描いていた「社会主義」社会と異なる方向へと展開している現状を修正しようとする保守的な動きであった。

また、董之偉による違憲の嫌疑は、さらに真正面から現行法の秩序を堅持せよと訴えた。結局、董は、草案には違憲の疑いのあるものや明確に憲法に合致しない瑕疵のあるものを含んでいたが、違憲の疑いや瑕疵を解消し、最終的には憲法に合致するものに帰したと矛を収めている。しかしながら、解消前の草案内容に対する董の評価は、問題の所在を的確についている。

董は、修正の方法には3つのタイプがあったとする。第1のものは、「物

権法」の草案意見請求稿において明らかに憲法に合致しなかった条項を根本的に改めたもの。第2のものは、「物権法」草案意見請求稿において憲法の規定や精神と合致せず、昨今の現在の実情を正確に反映していない規定を改めたもの。そして、第3のものは、「物権法」草案意見請求稿に潜み隠れていた「物権法」から今後の民事立法において、憲法構造を超越させることを強行する意図を織り込んだものがあったという。第2、第3のタイプとなるにつれて、董の主張が保守的な色彩を帯びていることを見て取れよう。

　本書は現行の憲法秩序を中国的権利論として捉え、法学における古典的な問いが現代中国法に直面していると考えるので、これに照らして董の指摘を言い換えてみると、第1のものは、「法による支配」の枠組みを確認したものと言える。そして、第2のものは、将来の所有関係に対する明確な指針の提示を踏みとどまらせたものであり、第3のものは、中国的権利論から他の権利論へ急転換させる契機ないし土台を消滅させたものと評価できる。したがって、董による違憲の嫌疑も、法の支配へと転換させようとする革新的な動きを制止する保守的な動きであったと言える。

　そうすると、物権法の起草にあたった全人代常務委員会法制工作委員会主任の胡康生が、物権法の制定にあたり、次のように配慮している点は、中国的権利論の論理を今しばらくは堅持することを言明したものと評価できる。すなわち、胡曰く、「物権法制定の全体の原則は、憲法および法律の規定に基づいて、国家、集団および個人の物権に対して平等の保護の原則を実行すること。また、国有財産に対する保護の力を強化して、国有財産の流失を防止すること。現段階における農村に関する党の基本的な政策を全面的に正しく体現して、農民の利益を維持すること。現実の生活において規範化することが早急に必要である問題について、各利益関係を統合協調させて、社会の調和を促進することであった」と。

　要するに、物権法違憲論争は、所有制を規律する物権法の制定によって、憲法秩序そして現代中国（法）を次のステップへと進めたい革新派と、そのような物権法の制定によって、憲法秩序が無価値化することを恐れた保守派

の対立であったという論点も存在した。革新派は、市場経済化が進むことによって発生してきた諸問題に対処する必要を感じていただろうし、保守派は異質な法秩序が生まれることによって、人々に対する法の求心力が分散することを恐れていたのである。しかし、両者ともに、現状維持が困難であるとの共通認識を有していたからこそ、物権法違憲論争が問題化したうえ、物権法の公布が予想以上に難航したのである。

　指摘すべきは、法の求心力は、その法秩序の安定性にかかっていること。そして、この安定性が、不変の法的論理を組み込んだ法制度を継続してゆくことでしか得られないことである。根本的な制度設計について、明確な指針が用意されているか否かは重要な問題ではないし、そのような明確な指針は、往々にして徹底されないことが世の常である。その意味で、現行の法秩序を維持することを胡主任が言明した点こそが、中国的権利論のいまを確認するうえで重要となる。法秩序の安定性が社会の調和を保障するツールとなることを言明せしめたからである。

第3項　物権法と中国的権利論

　物権法違憲論争を経て制定された物権法は、国家の基本的な経済制度と社会主義市場経済秩序の維持を謳い、物の帰属を明確にして物の効用を発揮し、権利者の物権を保護することを目的としている（1条）。そもそも物権とは、権利者が有する法に基づき特定の物に対する直接の支配と排他的な権利をいい、所有権、用益物権および担保物権から構成されること（2条）を再確認している。そして、国家、集団および個人（私人）の物権とその他の権利者の物権は、法的保護を受け、いかなる組織も個人も侵害してはならないとされ（4条）、物権の種類と内容は法律が規定する（5条）こととなった。

　一見すると、物権は抽象的な権利概念を規定したようにみえる。しかし、上記の物権の枠組みにおいては中国的権利論との論理整合性も認められる。例えば、物権を有する資格について、国家、集団および個人を区分した点や、具体的な物権の種類と内容について、法律が規定するとした点は、身分法的

な要素を組み込んできた中国的権利論の歴史や合法性の付与権限が立法関係者に限定される論理からも十分に説明できるからである。

そこで所有権に関する物権法の規定をみてみたい。まず、物権法によれば、所有権者は、自己の不動産または動産に対して、法に基づき占有、使用、収益および処分の権利を有する（39条）。ただし、法律が国家所有に属すると規定する不動産および動産は、いかなる組織も個人も所有権を取得できない（41条）と言明している。この法律が国家所有に属すると規定する財産とは、国家所有すなわち全人民所有に属する（45条）ことになっている。

次に、集団所有の不動産および動産については、法律が集団所有に属すると規定する土地、森林、山林、草原、荒地および砂洲ならびに集団所有の建築物、生産施設、農地水利施設等がある（58条）とされる。最後に、個人は、その合法な収入、家屋、生活用品、生産道具および原材料等の不動産と動産について所有権を有し（64条）、その合法的な貯蓄、投資およびその収益について法的保護を受けるほか、相続権とその他の合法な権利利益は保護される（65条）ことになっている。

個人の所有権については法文において合法性が要求されているので、中国的権利論の論理を繰り返す必要はなかろう。国家の所有権や集団の所有権についても法文による根拠を与えることによって法的保護の対象となるので、立法関係者が合法性の付与権限を引き続き有していると言える。それ故に、現行の法文も中国的権利論を読み込んで十分に解釈できる。

したがって、このような現状において、現代中国法が法の支配へと向かう転換期にあるとは、論理上断言できない。それでもなお、法の支配への動向を導こうとするには、そのための「数ステップのプロセス」を補足説明しておく必要がある。

第3節　中国的権利論の特徴

第1項　その利点

まず、中国的権利論の利点から補足説明しておこう。中国的権利論は、立法関係者が法の守るべき権利を確定し、その権利に合法性を付与するところに特徴がある。それ故に、中国的権利論は、原則禁止の法空間に対して許認可の仕組みを通じて一定程度の自由を与える構造と互換できる。

その利点としては、想定外の行動を抑制できる点および権利者の行動を管理し易い点が挙げられる。原則禁止なのであるから、許認可を経ない行動が刑事罰等の制裁を伴うことを行為者に事前通告するようなものであるし、許認可を経させることによって、不明瞭な行動を思いとどまらせる心理的な制約を与えられるからである。

例えば、知的財産権に関する法令は、何らかの知的財産を独占的に使用できる期間を認めることを共通の約束事として合意するルールである。故に、何らかの知的財産の使用には必ず許認可が不可欠であり、許認可を経ない行動によって制裁を受けることを、誰もが意識するようになっている。問題は、許認可を経ない行動によって得られる利益が、発覚に伴い受けるであろう制裁による損失よりも大きいかどうかである。被る損失よりも獲得する利益の方が大きければ、法文を遵守させ難い。

その一方で、許認可を経て行動する人は、許認可を経ることによる利益の確保・拡大と、不正に対する厳罰を求めるようになる。不正の撲滅が、得られる収益を最大化させるからである。そして、立法関係者が、このような要求に応えるように立法することで、法文の遵守を進め易くなるうえ、人々に対する法の求心力を強化することにつながるのである。

したがって、原則禁止の法空間に対して許認可を与える構造を前提とする知的財産法制や環境法制等の法分野について、中国的権利論は適用し易い

し、これらの法分野における外国法や国際法の内容を現代中国法へ移植することは比較的容易であると言える。なぜなら、それが中国的権利論と互換し易い法的空間だからである。仮にそれが最新の法内容を取り込んだ立法であると言えたとしても、それが法の支配を容認したことには必ずしもならないが、互換し易い法的空間の交流を通して価値観の共通化を実現できる可能性がないとも言えない。

　第2項　その欠点

　次に、中国的権利論の欠点から補足説明しておこう。中国的権利論は、合法性の付与権限を立法関係者が独占しているところに特徴がある。ここには2つの欠点がある。1つは、法廷といった臨床空間の当事者に対して独立した合法性の付与権限を認め難い論理構造をもつこと。もう1つは、立法関係者による合法性付与の正当性の獲得方法が比較的弱いことである。

　前者については、既に述べてきたところなので省略する。後者については若干加筆しておく必要があろう。そもそも正当性の獲得の本質は、その社会を構成する人々の支持による。しかし、立法関係者は社会構成員から直接の支持を得た人員でない。そこには、普通選挙の導入問題や、権力機関としての人民代表大会と国家の生の権力との関係、司法解釈の脱立法化の問題等、正当性をより獲得するために解決すべき多くの問題が存在する。

　さらに、例えば、一国二制度という国際公約の下で、1990年4月に香港基本法［中華人民共和国香港特別行政区基本法］を、また1993年3月にマカオ基本法［中華人民共和国澳門特別行政区基本法］を、現代中国法は立法した。香港もマカオも、いずれもイギリス領時代およびポルトガル領時代の制度を返還後50年間は維持し、「高度な自治」を実現するという国際公約を前提としている。しかしながら、香港基本法も、マカオ基本法も、いずれもその最終解釈権は、国務院すなわち立法関係者が掌握している。そのため、民意を反映した解釈であることを示すためには、いっそうの正当性の確保が必要となる。

　一国二制度との関係で言えば、イギリスの主要法典やポルトガルの主要法

典の内容が、どのような形で現代中国法に取り込まれていくのかについては法学の問題範疇にあり、注目される。例えば、マカオの場合、時代遅れとなったポルトガルの商務法典や民事訴訟法典が今日でも依然として使用されているほか、中国人間の婚姻や相続をめぐる紛争の際には、中華民国が1929年から1931年に制定した民事法を用いているという。また、香港の場合は、労使紛争の処理を労働者か否かという身分で区分して取り扱うようなことはないし、労使の対立を前提に紛争を解決する法曹人材も既に養成されている。

　要するに、香港やマカオの住民は、現代中国法の秩序とは異なる法秩序の下で生活してきたのであり、(法の支配という原理の下の) それらの法秩序の求心力を、現代中国法の求心力へと移行させる必要がある。しかしながら、合法性の付与権限を正当性の乏しい立法関係者が独占する従来型の中国的権利論のまま推し進めることは、彼らの反発を買い、現代中国法の求心力を喪失することになりかねない。それ故に、何らかの形で中国的権利論は法の支配の原理を受け入れざるを得ないが、中国的権利論を有名無実化しかねない「接ぎ木」は元よりできないのである。ここでは価値観の共通化という作業が非常に困難なものとして立ちはだかることになろう。

第3項　その限界

　最後に、中国的権利論の限界から補足説明しておこう。中国的権利論は、現代中国法の規定する法秩序の適用プロセスの問題を扱うところに特徴がある。言い換えれば、国内法と国際法の区別がない。それは、国際的に合意を得た内容を国内法化する場合については利点として働くが、反対の方向については問題化し易い欠点として現れてしまう。

　例えば、2009年12月に島嶼保護法［中華人民共和国海島保護法］を制定し、2010年3月より施行している。同法は、島嶼およびその周辺海域の生態系を保護し、島嶼の天然資源を合理的に開発・利用し、国家の海洋権益を守り、経済社会の継続的発展を促すことを目的とする (1条)。日本では同法の施行後、中国の海洋進出が活発化したように報道されることが多い。

中国側の主張からすれば、それ以前の1992年2月に制定した領海法［中華人民共和国領海及毗連区法］によって、古くは、1958年9月に宣言した領海に関する声明［中華人民共和国関於領海的声明］によって、海洋主権の問題は解決済みであり、あくまで、改革開放以降の経済活動によって破壊された島嶼の生態系を保護することが目的である、とされる。

　問題は、海洋主権という一国家の主権にかかわる点についての論理にある。確かに上記の中華人民共和国側の主張は、「法による支配」の下で人々の活動を管理し、生態系の保護や合理的な開発・利用に資するものであろう。とはいえそれは、中国的権利論に基づいて、中国国内の立法関係者がその権利利益を確定し、国内法としての合法性を付与したにすぎないのである。その権利利益が、中国国内法としての正当性を高めるために立法関係者に対する正当性の強化が必要であることは、既に述べたとおりである。しかしながら、仮に立法関係者に対する正当性が強化されたとしても、中国的権利論は、その権利利益の国際法における正当性を有するものか否かについて説明する資格も、保証する能力も本来的に有してはいない。

　国際問題化した権利利益の正当性の有無は、国際的な合意によるほかない。この国際的な合意それ自体が、その正当性を説明することになる。二国間による合意も国際的な合意であると言えなくもない。しかし、過去の人類史が語るように、それは、強国による圧力統治の産物にすぎない。理想の国際的合意は、多国間においてその権利利益について合意を得ることである。

　いずれにせよ、中国的権利論は、国際的合意によって確定する権利利益の正当性を獲得するプロセスを独自に有しているわけではない。したがって、法の支配のように国際的に普遍と理解される原理を中国的権利論の中に導入することが、試みられることになろう。ただし、ここでも中国的権利論を有名無実化しない留保付きでなければならない。

　このようにみてくると、中国的権利論には2つの方向が示されることになる。第1に、既に述べてきたような、「法による支配」から法の支配へと向かわざるを得ない歴史の流れに依拠するものである。とはいえ、急激な転換

に伴う社会的な影響を考慮すれば、立法関係者のみならず社会管理層が、その段階的な転換を望んでいることも想像し易いのではなかろうか。確かな法秩序が確立されない複数の法秩序の乱立は、無法地帯であることと変わらず、社会管理層の維持も脅かされるからである。

第2に、法の支配から「法による支配」へという誘引を、新たな歴史の流れとして生み出すものである。既に述べたように、中国的権利論は、改革開放政策の導入に伴い、普遍的権利論からの改善要求に応じて「合法な権利」の規模を、立法を通じて拡大してきた。実は、国境紛争等の最近の国際問題は、普遍的権利論の改善要求に応じて進化した中国的権利論が、逆に、普遍的権利論に対して求め始めた改善要求の一端なのではなかろうか。仮にそうであれば、私たちの側に法の支配パラダイムを放棄できる余地はないので、建設的な交渉を実現するためには、例えば「法とは何か」、「権利とは何か」という基本の概念について問い直し、中国的権利論に対して再び改善要求を行なえるだけの、普遍的権利論の進化版を示す必要がある。

いずれにせよ、転換期における現代中国法に対して、私たち当事者すべてが知恵を出し合って建設的な交渉を可能とする土台を整備する必要があることは間違いない。私たちが「法による支配か、それとも法の支配か」という古典的な問いについて問い直す期間は、中国的権利論の生命と共にある。

第4節　法学研究における現代中国法

法律学研究における現代中国法は、特定の法を支える国内外の先行事例や先行研究を参照しつつ、直面している問題の処理結果として合理性が最も高い結論を導くための法的論理の探求に専念して然るべきである。その一方で、法学研究における現代中国法は、現代中国法を支える共通項としての論理を探究し、法体系の整合性を向上させ、その実像をより鮮明に論証してゆかなければならない。それ故に、法学研究は、現代中国法の転換の可能性と異質な権利論との互換性という2つの視点を常に意識する必要がある。

ところで、現代中国法の転換の可能性という視点は、その究極の到達点として異質の権利論との互換性問題を解消することになる。また、異質の権利論との互換性という視点は、その究極の到達点として現代中国法の転換の可能性問題を解消することになる。つまり、この2つの視点は、より高次の問題である「法とは何か」という法学の大前提を反映しているのである。

　中国的権利論の特徴をふまえて言えることは、法学研究における現代中国法は、明らかに普遍的権利論とは異なる権利論に基づく法体系であって、異なる論理に立脚する人々が平和裏に共生するための合意、すなわち新たな法を形成し、強化するための素材の1つであるということである。私たちには、異質な権利論が織りなす法現象を（前提が違うこととして、あるいは、同様の問題を私たちも抱えることを無視して）問題視または非難することから、普遍的権利論と互換できる法現象として解釈し直すための権利論の進化または再普遍化という課題が突きつけられているのではなかろうか。

〔主要文献〕

浅井敦「比較法のなかの中国法」『比較法研究』45号、1983年
荒木誠之『現代の生存権　法理と制度』法律文化社、1986年
大江洋『関係的権利論』勁草書房、2004年
木村草太『憲法の急所：権利論を組み立てる』羽鳥書店、2011年
金永完『中国における「一国二制度」とその法的展開』国際書院、2011年
倉田徹『中国返還後の香港』名古屋大学出版会、2009年
小口彦太「中国法研究における末広博士の今日的意義」『早稲田法学』55巻2号、1980年
笹倉秀夫『法学講義』東京大学出版会、2014年
鈴木隆＝田中周編『転換期中国の政治と社会集団』国際書院、2013年
石文龍『法律変革与"中国法"的生成』中国法制出版社、2013年
全国人大常委会法制工作委員会民法室著『中華人民共和国物権法解読』中国法制出版社、2007年
高橋強「マカオ基本法の特質と過渡期におけるその機能」『創大アジア研究』15号、1999年

高見澤磨＝鈴木賢『中国にとって法とは何か：統治の道具から市民の権利へ』岩波書店、2010 年
田中信行＝渠涛編『中国物権法を考える』商事法務、2008 年
田中信行編『入門　中国法』弘文堂、2013 年
董之偉「物権立法過程該如何做恰当評説：兼答趙万一教授等学者」『法学』第 4 期、2007 年
西村幸次郎「中国における法の継承性」『比較法研究』44 号、1982 年
広江倫子『香港基本法の研究』成文堂、2005 年
宮尾恵美「【中国】島嶼保護法について」『外国の立法』11 月号、2010 年
諸橋邦彦「香港基本法をめぐる諸問題：附属文書の公定解釈をめぐって」『レファレンス』12 月号、2004 年

ガイダンス　現代中国法の調べ方

　現代社会には大量の情報が溢れている。私たちは、その中で生活していると言ってよい。本ガイダンスは、主として、これから現代中国法を研究する大学生および大学院生向けにこれまで適宜配布していた幾つかの参考資料を整理したものであるが、情報化の中で生活する一人ひとりにとって、また、法学・法律学をこれから学ぶ学生らにとって、その道標を提示するものでも有り得る内容を含んでいる。

　また、現代社会で生活する私たちは、否が応でも、大量の情報からリサーチする能力を修得する必要がある。また、こうしてリサーチした情報を記録・整理し、必要なときに、速やかに参照できる環境を整備しておくことが求められている。このリサーチ作業と作業記録とを合理的に組み合わせることによって、科学することを実践できる。

　本ガイダンスでは、法学と法律学の簡単な違いとリサーチすることの意義を確認したうえで、リサーチの方法とリサーチした情報の記録方法の1つを提案する。これらの提案は、そのすべてを修得する必要はなく、一人ひとりが、それぞれに合理的であると思える範囲で参照すればよいものである。重要なことは、本ガイダンスを1つの契機とし、自分自身の性格に合ったリサーチ方法を確立することである。

0. 法律学、法学とリサーチ

　法律学は、当為命題（AならばBである）を大前提とし、Aであることを認定する事実Cを小前提とし、事実CがAであることによって、結論Bを導きます（CもまたBである）。これを法的三段論法と言います。結論が正しいと納得させるためには、大前提である当為命題が正しいことを説明する必要があり、そのために行なう作業がリサーチです。

　一方、法律学とやや趣を異にする学問として法学があります。法学は、法律学が生み出し続ける法的論理の基礎の部分を明らかにし、一見すると矛盾し合うもの同士が併存する原因を究明することを課題とします。要するに、これが真理の探究です。そして、真理を探究するために行なう作業もまた、リサーチなのです。

1. リサーチするということ

　与えられた課題や自分の中に生まれた疑問を解決するためには調べることが不可欠です。説得力のあるレポートや論文を作成するときは、事実関係や関連する資料、先行研究の成果等を探すことから始めます。これらを読み込み、納得できる部分とできない部分を確認し、自分の考えの根拠や裏づけを明らかにしながら結論を導きます。疑問を解決するときも、同様の作業を行なうことになります。人文・社会科学や自然科学の分野を問わず、このように調べる作業のことを、リサーチ（research）といいます。法学分野において法令、判例、文献等を利用して、法に関する課題や疑問を調べるリサーチを、とくにリーガル・リサーチ（legal research）といいます。

　まずは、主に利用することになる法令、判例および文献について、現代中国法の場合に即して整理しておきます。現代中国法の場合、「法令」がどのような趣旨や経緯で作られたかについては、檔案館が所蔵する資料を分析することで解明できます（後述 4. 参照）。ただし、檔案館が所蔵する資料のすべてが公開されているわけではありません。過去の資料になればなるほど非

公開とされているものが多いです。そこで、通常は、中国人研究者が檔案館で調べた成果物や檔案館が編集して出版した書籍を、あるいは、立法に関係した人々が執筆した書籍や論文等の情報を調べることになります。法令を確認する方法については、後述3.4で紹介します。

つぎに、一般に「判例」は、実社会で発生した事件について、裁判所（現代中国法に即して言えば人民法院が該当します）が、法令をどのように解釈し、適用したかを明らかにしています。判例を蓄積し、人々の間で共有できる仕組みが用意されれば、判例の変遷を確認できます。また、それを社会の変遷と比較分析するといった調べ方ができます。しかし、現代中国法の場合、このような仕組みが用意されて来ませんでした。ようやく、最高人民法院が2010年に「裁判例指導業務規定［最高人民法院関於案例指導工作的規定］」を公布し、この規定に基づいて2011年から指導性裁判例［指導性案例］（これを判例と呼べるかについても議論があります）が公表されています。

それ以前に判例に相当するものがなかったわけではありません。裁判例［案例、案件］と呼ばれるものが、これに当たります。今日でも裁判例を編集した文献は非常に多いですし、各地の人民法院でウェブページを通じて裁判例を公表しているところも少なくありません。2014年1月より最高人民法院が中国裁判文書網（http://www.court.gov.cn/zgcpwsw/）を開設し、各地の裁判文書が随時アップロードされるようになりました。

しかし、これらの裁判例が判例としての拘束力をもたないことは、「裁判例指導業務規定」で明らかにされています。したがって、裁判例の利用は、それを題材にして中国社会の実態を調べるといった調べ方に特化することになります。尚、法学家指導案例（ZDAL.CN）[1]のように、指導性裁判例と裁判例を総覧できるウェブページ等も散見できるようになっています。「判例」と関連する裁判例との関係性から、現代中国法の動向を調べるという方法が今後、できるかもしれません。

最後に「文献」について。文献を調べると、法令の制定趣旨や解釈、判例に関する解説や考え方のほか、社会の変遷を見越した提案等、様々な論理を

知ることができます。文献には論文、研究書、体系書のほか、辞典や新聞を始めとするメディア、公的機関が刊行する白書や統計等があります。現代中国においても様々な文献が毎年大量に生み出されてきました。大量の情報を整理し、必要な情報を取り出す能力が今後はより必要になります。

現代中国法の調べ方も、法令、判例（指導性裁判例と裁判例）、文献を主たる資料とします。法学に関するレポートや論文の作成は、これらの資料を探し、読み込みと事実確認を行ない、これらを基にして、法的論理に基づいて結論を導いた知的成果物でなければなりません。

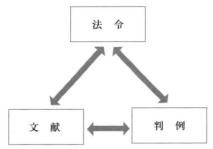

図49：法令、判例、文献の関係

2. オンライン・データベースの活用

現代中国法は、法そのものを否定する時期も経験しました。その間は、法にアクセスすることが非常に困難だったそうです。そのため、現代中国法を取り巻く現在の状況は反対に映ります。現在、社会のあらゆる空間に法の網をかぶせ、人々が法に基づいて行動し［依法弁事］、法令を通じた統治［依法治国］を実現しようとしているからです。主要な法令については、その1本1本が冊子にされて書店で陳列されていますし、日本の「六法」のような形で編集した法令集も多く出版されています（購入方法については後述3.3）。

ここでは、オンライン・データベースの普及によって、該当法令や条文を簡単に調べられるようになっている現状を紹介しておきます。

2.1 法令情報を調べる

　法令関係の情報を調べるうえで、筆者がよく利用するウェブページには、法制日報[2]、北大法律信息網[3]、法律図書館[4]があります。このうち法律図書館は、最新の法令を配信する「新法規速逓」というサービスを提供しています。メーリングリストで配信を受けることもできますが、PC版のソフトウェアやiPhone版のアプリ等も開発、提供されており、とても便利です。尚、メーリングリストによる同様のサービスで分野を整理して配信しているものに律商網（LexisNexis）[5]があります。こちらは1つのメールの中で類別して配信されているので、忙しい時でも自分が必要とする法令の情報を探し当て易い点で優れています。

2.2 学術情報を調べる

　中国における学術動向を調べるうえで、筆者がよく利用するウェブページには、中国法学網[6]と中国民商法律網[7]があります。前者は中国社会科学院法学研究所が発信者で、後者は中国人民大学法学院民商事法律科学研究中心が発信者となっていますので、信用してよいと思います。他大学のウェブページや学会のウェブページも一見する価値がありますので、各自の関心に基づいてブックマークしておくと良いでしょう。

2.3 知識の図書館CNKIというツール

　このように、現代中国法を調べるときでも、オンライン・データベースの活用は広がっていますので、活用しない手はありません。しかし、アクセスしてみると、一部のウェブページは中国語が分からなければ、どうしてよいのかが分からないことも少なくありません。その意味で、初学者にとっては取り掛かり難いかもしれません。このような場合、中国学術情報データベース（CNKI）[8]がとても便利です。日本語マニュアルも提供されていますので、初学者にとって比較的取り掛かり易いでしょう。CNKIについて、少し掘り下げて紹介しておきたいと思います。

CNKIは、中国における総合的な学術情報データベースであり、学術雑誌、重要新聞、学位論文、重要学術会議論文等のサブデータ・ベースから構成されています。法令については、1949年以降の法令を網羅しており、法令ごとに、その有効・無効を確認できるほか、改正前の法令を参照することもできます。「判例」については、1949年以降の裁判例（収録された裁判例には最近のものが多いのですが、特定の地域に限らず収集に努めておられます）について、関連条文と紐づけし、勝訴例と敗訴例とに分類してリストアップされるので、実務の動向を把握できます。

　文献については、2000年以降の修士論文・博士論文を収録する（執筆者から郵送された原本を電子ファイル化し、画像を補正する等の工程を経て、公開しています。写真は加工工程の一部です）ほか、1979年以降の学術雑誌で、主要なものをほぼ網羅しています（過去の文献については別のサブデータ・ベースがあります）。

図50：加工作業の様子

　言ってみれば、CNKIは、網羅的な検索が一挙にできてしまうサービスを提供しています。現代中国法のリサーチツールと言えるかもしれません。日本国内の機関によっては定期契約を結び、機関利用者が自由に使える状態になっていることがありますので、図書館関係者（レファレンスのスタッフ等）に問い合わせてみましょう。尚、個人で利用する場合は、「CNKIカード」

と呼ばれるプリペイドカードを購入し、CNKIのウェブページで登録することによって利用できます。[9]

3. リサーチの方法

　調べるためには、まず、どのような資料が存在し、それらはどこにあり、どのように入手できるかを知ることが必要です。調べる目的に応じて適切な方法を選ぶことになりますが、実際に調べるときは、複数の方法を同時並行して利用することが多いでしょう。イメージとしては、例えば、与えられた課題のキーワードから図書館で関連する文献を確認したり、Google検索等でウェブページから関連する情報を収集したり、といったところでしょうか。

3.1　インターネットを利用する

　既に紹介した法学家指導案例やCNKIのように、インターネット上には、優れたウェブページが存在します。また、GoogleやBing等のサーチエンジン（search engine）やリンク集を利用することによって、テーマに関するオンライン資料を検索すると同時に、その内容を容易に入手することができます。

　しかし、ウェブページに掲載された資料が全て正確であるとは限りません。ウェブ作成者が不明なものや更新されていないものも時には見られますし、現存資料の一部にすぎないものもあります。したがって、参考するに値するかの判断は、そのウェブページにアクセスして情報を得る各人の責任で行なうことが求められます。2.で紹介したオンライン・データベースの活用も、確かな発信者による信頼できるものを参考にすべきです。

　要するに、インターネットを利用してリサーチするときは、そのリサーチ結果が絶対的なものでないことを自覚しておきましょう。インターネットの利用を適切なリサーチの方法に組み込むには、自分が調べる中で重要な資料であると判断したものを、紙媒体で確保しておくことが不可欠です。尚、事

図51：CiNii のウェブページ

後確認のために、調べた時点の情報（アクセス日時等）を必ず記録しておきましょう。

3.2 文献を利用する

図書館や書店を利用するということです。図書館の場合、それぞれの図書館で所蔵する量と質に差がありますので、NII 論文情報ナビゲータ（CiNii［サイニィ］)[10]等を利用して事前に確認しましょう。CiNii では日本全国の大学図書館等が所蔵する書籍を CiNii Books で検索できます。因みに、CiNii には、日本の学術論文を CiNii Articles で検索することもできます。CiNii のウェブページでは、利用者が両者を区別して利用できるように工夫されており、便利です。

3.3 図書を購入する

雑誌論文や新聞記事等についてはコピーしたり、電子ファイルを保存・印刷することで紙媒体を入手することができますが、図書の場合は著作権の問題から慎重に収集する必要があります。一部をコピーしておくのも方法の1つです。しかし、何度も読み込む中で、その論理を誤読していたり、看過していたりすることに気付くときがあります。こういう場合、その図書全部を読み込み直す必要が出てくることもあります。したがって、自分が調べる中で重要と判断した図書については、できるだけ手元に置いておくようにしましょう。

ここでは、日本に居ながら中国の図書を購入する方法を紹介しておこうと思います。購入する方法としては、書店を通じて購入する方法とインターネットを通じて購入する方法があります。書店を通じて購入する方法としては、中国の図書を専門に扱っている東方書店や亜東書店、上海学術書店等を通じて行ないます。また、インターネットを通じて購入する方法としては、亜馬遜（アマゾン）[11]、中国法律図書[12]等を通じて行ないます。

書店を通じた購入とインターネットを通じた購入とには、それぞれ長所と

短所がありますので、使い分けることが重要であると考えます。

　最近では購入したい図書のほとんどを、アマゾン等で検索し、購入できます。しかし、手に取って図書の内容を確認して、納得して購入できるわけではありません。図書によっては、諸事情で配送が遅れることもあります。そのため、せっかく入手したのに、読み込んでみると無意味だったという場合や遅配のために作業の進捗に影響する場合があります。

　その一方で、中国で出版される図書は、その多くの場合、発行部数が少なく、品切れになる場合が多いです。出版年が数年でも古くなれば、購入したくても購入できない場合があります。こういうときに、書店を通じて購入を試みましょう。書店を通じても購入できない場合は、中国を訪れ、現地の大学図書館等で検索して、必要な資料を入手するしかありませんが、大抵の図書については入手できるはずです。

3.4　法令を確認する

　既に2.で述べたように、法令を調べるときはオンライン・データベースの活用が有効です。とはいえ、ウェブページであるため、誤謬があったり、一部省略されていたりといった可能性を否定できません。完全で正確な法令を確認しておくという作業がどうしても必要になります。これが法令を確認するという作業です。図書の場合と同様に、自分が調べる中で関連する法令については、紙媒体でも入手しておきましょう。

　現代中国法を調べる資料として最も基本的な文献は「公報」です。代表的な公報として「中華人民共和国全国人民代表大会常務委員会公報」、「中華人民共和国国務院公報」および「中華人民共和国最高人民法院公報」があります。この3つについては逐次公刊されており、書店を通じて定期購読することもできます。

　図書の中にも分野を限定して編集した法令集が各種出版されていますし、日本の「六法」の類も出版されています。中国で書店を訪れると中国の司法試験向けに出版された六法が陳列されているのを見ることもめずらしくなく

なりました。最近では、逐条解説を加えた法令集のほか、関連する裁判例や指導性裁判例を加えた法令集も見られるようになっています。

　また、法令集というわけではありませんが、立法その他の関係情報を収録した図書として、「中国法律年鑑」、「中国人民法院年鑑」、「中国検察年鑑」等の「年鑑」類は基本的な文献です。これら年鑑類はDVD版が販売されていますので、必要に応じて購入を検討してもよいでしょう。とくに「中国法律年鑑」には、当年公布した主要な法令が収録されていますので、法動向を確認するのに便利です。

　因みに、筆者は「中国統計年鑑」、「中国法律年鑑」および「中国労働統計年鑑」を購入しています。年次差し替えで、最新のDVDを手元に置いておくように心がけています。DVD版の利点の1つとして、例えばキーワードから過去全ての年鑑の全文を検索したり、ことばを収録データの全文から探すことによって、新たな法的論理を探る作業時間を短縮したりといった利点があります。もちろん、実際に読み込むときには、紙媒体で再確認するという作業も必要になりますが、DVDには電子画像化された紙媒体の情報も収録されており、特定の情報を直ぐに確認したいとき等に非常に役立っています。

3.5　裁判例をさがす

　さて、最近では現代中国の裁判例を分析し、その実態を明らかにすることもめずらしくなくなりました。そこで、ここではCNKIを利用して裁判例を探す方法を紹介しておくことにします。

　CNKIにおいて、裁判例は「中国法律知識資源庫」に収録されています。それではどうやって調べることが可能なのでしょうか。主な調べ方としては、①紛争の分類から調べる方法、②キーワードから調べる方法、③判決日の期間から調べる方法および④地域から調べる方法があります。

　例えば、①は民事紛争や刑事紛争、不服申立て紛争といった形で調べることになりますので、各専門の法領域に対応して整理するのに適しています。

②は紛争案件の名称・タイトル、訴訟当事者の氏名、判決文全文から特定の単語をキーワードにして調べることになりますので、自分が調べたいテーマに沿う裁判例を整理したり、ことばの使い方を確認するのに適していると言えます。③および④は、やや特殊な調べ方になります。期間を指定して整理することは、例えば、既に廃止された法令の運用実態を確認したり、特定の社会現象の影響を調べたりする場合に適していますし、地域を指定して整理することは、「地方保護主義」と呼ばれる問題の実態を分析する場合等に適しています。

　注意すべきは、これらの検索が絶対的に正しいと言えるわけではないという点です。最近の裁判例については、紛争事件の名称を明記して人民法院へ訴え、それを記録していくことが法令で規定されるようになったので、客観的な基準に基づいていると言えます。しかし、それ以前のものについては、一律の基準がなかったので、例えば紛争の分類が間違っている場合、あるいは該当する紛争の分類が存在していなかった場合等も想定されるからです。

　それでは、検索例として「現代中国でどんな労使紛争が発生してきたか」を調べてみたいと思います。このテーマの場合、紛争の分類を制限する必要はありませんから、民事紛争、刑事紛争および行政紛争のすべてが対象となります。次に、「労使紛争［労働糾紛］」(13)を問題としているので、これをキーワードとして指定し、時間や地域は指定しないことにします。そして絞り込みの仕方として、正確なマッチングの有無、時間順の並べ替えの有無等を条件設定してみます。

　以上の設定で検索すると次の結果が得られました（図52、329頁）。ここから初歩的に確認できることは、人民法院が公表している裁判例として97件の存在を確認できる。そのうち再審事件であるものが10件存在しているが、最高人民法院の下した判決は確認できない。そして、当事者の陳述を含む裁判例を10件確認できることです。

　さらに、この10件の再審事件が、CNKIにどのような形で収録されているのかを確認してみると、次のことが分かります（図53、330頁）。まず、10

図52：検索結果の例（1）

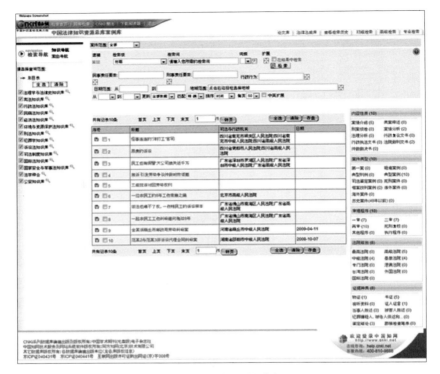

図53:検索結果の例(2)

件のうち2件の判決文をCNKIが収録していること。次に5件のものについて高級人民法院が下したものであること。そして、3件のものが、鑑定結果を証拠として採用していることを見て取れます。

　これは一例にすぎません。マッチング[匹配]や並べ替え[排序]を工夫することによって、CNKIが収録するデータベース情報から自分にとって必要な情報を素早く一覧化することができます。機会があれば、ぜひ試してみてみましょう。

4. 檔案館の利用

4.1 檔案館の所蔵内容について

　現代中国の法令が、どのような趣旨や経緯で作られたかについて調べるには、檔案館が所蔵する資料を分析し、裏付ける作業が不可欠です。

　檔案館が所蔵する資料を檔案と言います。現時点で利用できる檔案には、都市建設檔案、都市不動産権利帰属檔案、開発区檔案、国有企業資産・産権変動檔案、外商投資企業檔案、婚姻登記檔案等があります。政府機関の各部局の檔案も当然に所蔵されていますので、法令の趣旨や立法経緯を調べる手段は用意されていると言えます。

　因みに、国家檔案局が2011年に公表した「国家檔案法規体系方案」によれば、今後、土地関係（土地収用、土地請負）、紛争関係（重大事件、陳情［信訪］、海洋行政執行）、労働関係（労働保障、職業訓練）、権利関係（知財、学籍）等の檔案を整理するとされています。将来的には、裁判例・指導性裁判例の社会的背景を、檔案によって裏付け、中国社会の実態を明らかにするといった研究が、活発になるかもしれません。

4.2 檔案館の利用方法

　このように、檔案は様々な面で重要な資料になります。ここでは、檔案を所蔵する檔案館への私たち外国人のアクセスの仕方や利用方法について紹介しておくことにしたいと思います。

　外国人が檔案館を利用するには原則、中国国内の組織［単位］が発行する紹介状と自分自身を証明する身分証（例：パスポート）が必要です[14]。ただし、後述するように、それぞれの檔案館で利用条件に差があります。檔案は、貴重な中国社会の資料ですので、その管理もそれなりに厳重であることを理解し、身分証を必ず携帯して訪問するようにしましょう。

　表18は、筆者が、ある法令が立法された経緯を調べる一環として檔案館を利用した記録です。利用条件について言えば、同一の檔案館であっても訪

表18：檔案館利用の記録

檔案館	利用条件				検索日時	検索方法		報告書の有無
	紹介状			身分証		パソコン	所蔵目録	
	現地外	現地	外国					
哈爾浜市檔案館	○		英 文	パスポート	2012年8月	△	×	―
		(*1)	中 文	パスポート	2013年12月	△	×	無
瀋陽市檔案館	○		英 文	パスポート	2012年8月	△	×	有(*2)
北京市檔案館		○	英 文	パスポート	2011年9月	○	○	無
天津市檔案館	○			パスポート	2011年12月	○	×	無
済南市檔案館	○		英 文	パスポート	2011年9月	△	×	無
青島市檔案館	○			パスポート	2011年9月	○	×	無
上海市檔案館				学生証(*3)	2007年11月	○	○	有
南京市檔案館			英 文	パスポート	2012年9月	△	○	―
		○	英 文	パスポート	2013年8月	○	○	有(*4)
蘇州市檔案館		○	英 文	パスポート	2012年12月	△	×	無(*5)
無錫市檔案館	○	(*6)	英 文	パスポート	2012年9月	△	○	―
			中 文	パスポート	2014年1月	△	○	無
武漢市檔案館	○		英 文	パスポート	2011年11月	○	○	無

備考）　検索方法の○は直接検索できたことを、△はスタッフによる間接検索だったことを示す。
　＊1　黒竜江省檔案局宛に紹介状の発行を依頼した。
　＊2　存在するが非公開檔案のため利用できないと回答あり。
　＊3　華東政法学院（現、華東政法大学）留学時のもの。
　＊4　報告書の下書き原稿を確認した。
　＊5　1956年2月の檔案が1点存在すると回答あり。
　＊6　江蘇省檔案局の紹介状と作成予定の論文概要の提出を要求された。

問時期によって利用条件に差があったことが分かります。また、中国国内の組織が発行する紹介状がなくても、外国機関（例：大学図書館）の紹介状で利用できた場合もありましたし、中国国内の組織であれば、今のところ、大学・研究機関以外の紹介状でも問題ない場合もありました。

　この檔案館の利用に際して、筆者は、例えば、利用許可の担当者が不在であることを理由に、数日間の待機を命じられたり、反日感情の悪化から利用を拒絶され、再訪を余儀なくされたことがあります。これらのケースのように事前に想定できないこともありますので、もし檔案館の利用を計画するときは、滞在日数を余分に確保しておく等の工夫をしておくとよいでしょう。

4.3 留意点と対策

　最後に、檔案館の利用に際しての留意点と対策を整理しておきます。留意点は2つあります。1つは、検索結果の信頼性について。大抵の檔案館ではパソコン上で所蔵目録を検索するように指導を受けます。いわゆる端末検索ですが、この端末検索の結果が、その檔案館が所蔵する檔案のすべてを検索した正確な結果であるかを確認できないことがあります。本来ならば、紙媒体の所蔵目録も公開し、端末検索の結果と照合できるようにしておくべきです。しかし、檔案館の中には、紙媒体による目録検索を拒否するところがあります。

　もう1つは、非公開檔案へのアクセスについてです。非公開檔案とされた資料について、それを公開檔案に変更する正式な手続きが、少なくとも公表されていません。とりわけ法令をめぐる檔案で、古い時期のものについては、一律、非公開檔案とされている印象を受けます。ある檔案館では公開を請求した後に檔案の内容を確認し、公開設定に変更して利用させる手順をとっていました。ただし、このような檔案館の存在はまだ少ないように思います。非公開檔案を利用するために、上級の檔案部門から紹介状を発行してもらったとしても、内容如何にかかわらず、利用することは難しいという前提に立って対策を考えておきましょう。

　対策としては、例えば、まず①非公開檔案を利用できた中国人研究者によって公開される研究成果を参照することです。場合によっては、直接に連絡をとり、必要な情報を得ましょう。尚、研究支援者の個人情報の取り扱いについては、とくに慎重を期すようにしましょう。次に②公開檔案とされている中に該当する資料が紛れ込んでいないかを調べることです。法令に関するものについては、周知徹底を図るために、各所に配布されていたこともあり、関連する活動や事業の檔案の中に一緒に収録されていることがあります。最後に③檔案館が編集する出版物を入手することです。最近のものでは、例えば、中央檔案館＝中共中央文件研究室編『中共中央文件選集　1949年10月－1966年5月』があります。紙幅の都合上ということで、肝心の部分が

省略されている場合もあるので、全文の確認を求めて公開請求してみるのも1つの方法です。

このように①から③の方法を同時並行的に駆使して、不足分を補えるように努めましょう。非公開檔案で特定の檔案館にしか所蔵が確認できない場合は、長期戦も視野に入れて、リサーチの計画を立てるようにしましょう。

5. 資料リストの作成

リサーチを始めて資料の検索と特定ができたら、資料の書誌情報をリストにしましょう。いわゆる資料リストの作成です。この作業をすることで作業効率が格段に異なります。尚、実際に作業リストを作成することとリサーチ作業とは同時並行することが多いでしょう。

資料リストの作成は、ノートで一覧表にしたり、パソコン上で Excel や Access、FileMaker を利用して作成する等、人それぞれです。自分に合った方法で資料リストを作成しましょう。資料リストを作成するときに、その資料の要約等を付記しておくと、思考を整理し易くなります。

ここでは、フリーソフトである Mendeley[15] を利用した資料リストの作成の仕方を説明しておくことにします。

5.1 Mendeley とは

Mendeley とは、データベースの検索結果や PDF ファイル等から文献情報を取り込んだり、文献を管理する無料のソフトウェアです。パソコンや携帯端末、ウェブ上で情報を同期し、それぞれの端末で資料リストを参照・検索できます[16]。同期機能を利用するには、Mendeley のウェブページでユーザー登録（氏名とメールアドレス）をする必要があります。最近では、Facebook と連動させて利用することもできるようになりました。

5.2 Mendeley でできること

Mendeley は、ユーザー登録をすることによって、複数のパソコン、携帯

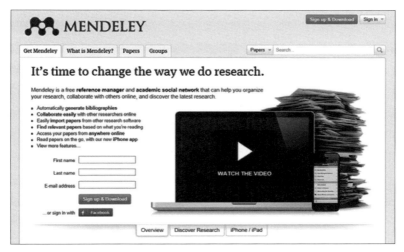

図54：MENDELEY のウェブページ

端末間での同期やバックアップができます。また、注釈やテキストの強調表示（ハイライト）、PDF ファイルビューアーを搭載しています。もちろん、全文検索もできますし、フィルタやタグ機能が用意されていますので、資料リストを類別して整理することもできます。

　PDF ファイルの取り込みについて言えば、例えば、株式会社アトラスが、「日本語論文 to Mendeley」(17) を提供しています。このサービスは、日本語論文の書誌情報を、当該日本語論文の PDF を基に CiNii から自動取得し、ファイルと書誌情報を同時に Mendeley にインポートするものです。また、パソコンにインストールして利用するデスクトップ版では、「Watched Folders」でフォルダを指定することによって、パソコン内のデータから Mendely に取り込む範囲を限定できます。さらに、プラグインによって Word への参考文献の挿入が簡単にできます（Open Office、LaTex にも対応しているようです）。

5.3　利用上の留意点

　Mendeley は、パソコン、携帯端末を問わず同期することによって、最新

の資料リストを携帯できるという点でとても便利です。利用方法については、例えば、ELSEVIER［エルゼビア］社の該当ウェブページを参照ください。分かり易く説明されています。
(18)

　しかし、その一方で、このような同期機能を活用する使い方には、利用上、留意しておくこともあります。例えば、作成する資料リストは自分独自の知的財産とも言えます。それをインターネット上に保存するわけですから、ログイン情報の管理や公開する範囲と公開しない範囲の指定等を自己責任で行なわなければなりません。

　とくに個人プロファイルとグループ機能については十分に注意しましょう。個人プロファイルでは、自分のプロファイルや出版物リストを公開できます。出版物を「My Publications」フォルダに入れると、「自分が著者であること、フルテキスト（PDF）を公開する権利があること」に同意した後に公開されます。したがって、著作権の関係等を十分に確認したうえで行なう必要があります。また、グループ機能は共同研究を遂行する場合等に有効ですが、誰でも閲覧し、投稿できる「Open」にするのか、招待したメンバーのみに投稿を認める「Invite-only」にするのかに注意する必要があります。

　Mendeleyを利用して資料リストを作成するならば、以上のことを念頭に置いて利用するようにしましょう。

6. 最後に

　以上、現代中国法の資料の探し方と調べ方について、紹介して来ました。筆者も、調べ始めた当初は、田中英夫ほか著『外国法の調べ方』や北村一郎編『アクセスガイド外国法』を参照したり、小口彦太ほか著『中国法入門』等で学習しながらリサーチをしていました。

　現在のようにCiNiiのような便利なウェブページはありませんでしたので、関連する論文を片っ端から読み込んでは、その注を参照して他の文献にアクセスしていました。また、中国へ行く機会を活用して、足繁く現地の書店に通って、関連しそうな図書を片っ端から購入しました。時には、現地の

ガイダンス　現代中国法の調べ方

大学図書館や市立図書館で、時間の許す限り関連しそうな資料をコピーしたこともあります。資料リストの作成に至っては、Excelで作り始め、それをAccessに変更したり、EndNote[19]の利用を試してみたりして、Mendeleyに辿りつきました。

　大切なことは、法令、判例、文献の関係を理解して、自分の性格に合ったリサーチ方法を確立することです。繰り返しになりますが、法学においては事実関係や関連する事柄についての資料を探し、それらを読み込み、自分の考え方の前提としながら論理的に結論を導くことが求められます。教科書で整理された事を覚えて試験で述べるような高校までの学習とは全く違います。こうした違いを意識して、リサーチするということを修得してください。

【注】
（1）法学家指導案例データベースのURLはhttp://www.zhidaoanli.com/です。
（2）法制日報のURLはhttp://www.legaldaily.com.cn/です。
（3）北大法律信息網のURLはhttp://www.chinalawinfo.com/です。
（4）法律図書館のURLはhttp://www.law-lib.com/です。
（5）律商網のURLはhttps://hk.lexiscn.com/です。
（6）中国法学網のURLはhttp://www.iolaw.org.cn/です。
（7）中国民商法律網のURLはhttp://www.civillaw.com.cn/です。
（8）CNKIのURLはhttp://gb.oversea.cnki.net/kns55/です。
（9）CNKIカードについてはhttps://www.toho-shoten.co.jp/cnki/card.htmlを参照してください。
（10）CiNiiのURLはhttp://ci.nii.ac.jp/です。
（11）亜馬遜のURLはhttp://www.amazon.cn/です。
（12）中国法律図書のURLはhttp://www.chinalawbook.com/です。
（13）本書300頁の労働紛争の部分を参照のこと。
（14）中華人民共和国檔案法実施弁法22条参照。
（15）MendeleyのURLはhttp://www.mendeley.com/です。
（16）Windows、Macintoshi、Linux上で動作し、iPhone/iPad用のアプリが公開されています。尚、Android用のアプリとしてはサードパーティ製でScholarley等があります。

（17）「日本語論文 to Mendeley」の URL は http://addon.ej-labo.jp/mendeley/top です。
（18）エルゼビア社の該当ウェブページの URL は http://japan.elsevier.com/products/mendeley/ です。
（19）EndNote については、ユサコ社の該当ウェブページ、http://www.usaco.co.jp/products/isi_rs/endnote.html を参照のこと。

あとがき

　本書が論証したことのほとんどは付章において整理しておいたので、ここでは真の相互理解の時代における中国的権利論の存在意義と私たちの社会の今後について、あえて挑発的な表現を使って展望しておくことにしたい。

　まず、中国的権利論の意義は、非常に明確である。それは「正しい論理が正しい結論を導くとは限らない」という人の思考の規則性を認識させるところにある。こんにちの世界・社会は、支配する側と支配される側に分かれ、両者の間の緊張関係と緩和関係を絶妙に保つことにより統合されている。この支配・被支配の関係＝秩序を維持し、かつ、その社会に生きる人々の意識の中でそれを希薄化するために、もっともらしい論理を繰り返し生成している。これは普遍的と言われる私たちの権利論であろうと、本書が論証した中国的権利論であろうと、同じである。それらは秩序を安定させる権利論にすぎない。

　そうすると、特に支配される側の人間は、よりよい社会の実現すなわち自らが支配されない社会（欲を言えば自らが支配する側の人間になる社会）を望み、未解決の問題があるとして改革を要求し続けることになる。普遍的と言われる権利論は、曖昧な概念を掲げ、支配と被支配の間の均衡点を探り続ける不断の努力をする。中国的権利論は、支配・被支配の関係を維持することを前提に、実際に顕在化した未解決の問題の解決に努めることになる。いずれも支配される側の不満をどのように解消するかが課題なのである。

　普遍的権利論を前提とする社会では曖昧な概念を掲げ均衡点を探るので、多数派工作によって問題を限定的に解決し易いうえ、支配・被支配の関係が前面に現れ難い。そのために、支配される側の不満は矮小化され易い。支配される側の連帯は徐々に切り崩され、いざ自らに支配の手が伸びてきたときには連帯できる仲間がいない状態になることが多いだろう。要するに、連帯

を促しつつ切り崩すという矛盾を普遍的権利論は内包しているのである。

　その一方で、中国的権利論を前提とする社会は、支配・被支配の関係が崩壊しないことを絶対の条件として示すので、支配する側に対する不満が直観的に認識される。そして支配・被支配の関係を崩壊させないという枠組みの中で体制内の改善を支配される側が求めるしかない。これは非常に致命的な矛盾であり、体制内改革の域を確認しながら一歩一歩進めてゆくしかない。そうすると、普遍的権利論を前提とする社会に生きる人々と連帯して体制内改革を進めたいと安易に考えるべきではない。もしそうせざるを得ないとしたら、体制外改革すなわち支配・被支配の関係を崩壊させるものでないと強弁し続ける必要がある。支配する側からすれば、社会の前提が違う以上、そのような連帯は体制内改革の域を超えるものと映り易いからである。

　次に、どちらの社会の方が人間社会の抱える根本の問題と向き合っているのかを問うことには意味がない。支配・被支配という関係のない社会の統合方法を、私たちが未だ発明・発見していないからである。崩壊させず最小限に抑制するための論理や方法を前提とする運動が、こんにちの世界・社会には溢れていることによって、これらの運動を正しい結論であると人々は信じこまされている。

　もし私たちの社会の前提を中国的権利論に置き換えたらどうなるだろうか。支配・被支配の関係を崩壊させないという枠組みが示されることになるので、敵対勢力が誰なのかが明らかになることは間違いないし、その片棒を誰が担いできたのかも遅かれ早かれ直観的に認識されよう。現代中国の問題として指摘・批判してきたことが、ブーメランのように自らに向かって来るのではなかろうか。私たちの住む社会にも似たような問題が同じくらい存在する。ただ問題が顕在化していないだけなのである。

　実は、私たちの社会の前提である普遍的権利論にとって、中国的権利論は非常に脅威である。現代中国が中国的権利論を放棄すればこの脅威は取り除かれることになる。しかし、それは希望的観測にすぎない。そもそも現代中国が中国的権利論を前提に営んできた社会だからである。中国的権利論の否

あとがき

定は現代中国という社会の否定であり、それは相互理解という基本の枠組み＝戦後秩序を否定するものであると言っても良いだろう。

　論理的に言えば、中国的権利論を打倒して、私たちの社会を支える普遍的権利論を普遍的なものとして再度通用させることが合理的である。しかし、この2つの権利論は支配・被支配の関係を安定的に推移させる目的を有する点で共通している。それ故に、両者の相違をより深層の部分で差別化して、普遍的権利論のみを存続させる道を確保する、あるいは、より多くの空間で普遍的権利が通用するようにするしかない。これが知の群雄割拠時代を生き延びる術であり、両者のどちらが社会の抱える根本の問題と向き合っているのかを問うという意味での優劣はまったく意味がない。

　最後に、そうであるからこそ展望できる確かなことは、私たち一人ひとりが、より高度に物事を知り抜く力を修得することである。この知り抜く力は科学することを繰り返し、抽出し続ける因果関係を整合的に結び付ける知の営みを維持することによってのみ得られるものである。この営みにおいて、私たちの社会を支える普遍的権利論が社会の抱える根本の問題と向き合い、正しい論理で正しい結論を導いてきたものであることを客観性と反証可能性の保証付きで中国的権利論に先んじて示すことが、何よりも求められている。ペンによる競争も1番でなければ意味がない。そのためには、対照的な社会である現代中国について多方面から「知り抜く」ことが非常に重要であろう。

　学問の上で大いに忌むべきことは、したり止めたりである。（吉田松陰）

2015年1月

御手洗　大輔

図 表 一 覧

図 1　因果関係─論理─理論の関係 …………………………………………… 2
図 2　人間関係（秩序）─意思と制度の関係 ………………………………… 8
図 3　国家─個人と法の関係と 2 つの分析視点 ……………………………… 12
図 4　研究動向と概念の変遷 …………………………………………………… 22
図 5　党規国法体系と中国的関係構造の整合図 ……………………………… 30
図 6　所有権─意思─契約の三者関係 ………………………………………… 33
図 7　権利主体と権利客体の整合性 …………………………………………… 40
図 8　法律事実と法律行為の関係 ……………………………………………… 42
図 9　現代中国法の権利関係の枠組み ………………………………………… 43
図 10　採択課題内の研究枠組み ……………………………………………… 45
図 11　法律関係理論における所有者請求権について ……………………… 61
図 12　工場管理委員会と個人対個人の権利関係について ………………… 76
図 13　使用者なき労使関係 …………………………………………………… 78
図 14　臨時労働者をめぐる「労使関係」…………………………………… 94
図 15　労働法が調整する「労使関係」……………………………………… 103
図 16　労働契約締結の要件が論理整合性に果たした役割 ………………… 113
図 17　「労働権」と労使紛争の関係 ………………………………………… 118
図 18　「労働権」の権利構造 ………………………………………………… 145
図 19　現代中国における「労働権」の権利構造 …………………………… 146
図 20　中国的権利の権利構造 ………………………………………………… 154
図 21　現代中国における権利構造 …………………………………………… 155
図 22　権利の保護論理の違い ………………………………………………… 159
図 23　2 つの権利論の理論的接合 …………………………………………… 163
図 24　現代中国における「労働権」の権利構造 …………………………… 179
図 25　労使紛争受理件数の推移（1996 年～2009 年）……………………… 185
図 26　労働契約法による法的論理の修正 …………………………………… 186
図 27　間接雇用型の例 ………………………………………………………… 188
図 28　中国的権利論下の派遣元使用組織と派遣先使用組織の追加的改善 …… 193
図 29　失業保障の権利構造（1）……………………………………………… 206

図 表 一 覧

図 30	失業保障の権利構造 (2)	208
図 31	失業保障の権利構造 (3)	215
図 32	合法な権利と民事紛争の関係	222
図 33	現代中国における二当事者対立構造の見取り図	223
図 34	現行法における起訴権の権利構造 (1)	226
図 35	現行法における起訴権の権利構造 (2)	227
図 36	民事裁判における一審受理件数の推移	239
図 37	現行法における検察権と刑事裁判の関係	257
図 38	現行法における人民検察院の機構図	260
図 39	人民検察院の機構設置件数の推移 (1986年～2012年)	261
図 40	派出機構の設置件数の推移 (1998年～2004年)	261
図 41	派出機構の設置件数の推移 (2007年～2012年)	263
図 42	県級の人民検察院の設置件数と全体の設置件数の相関性	263
図 43	通常の人民検察院の機構設置件数の推移 (1986年～2012年)	264
図 44	人民検察院の組織構成の推移 (1986年～2012年)	266
図 45	人民検察院による公訴件数の推移 (1986年～2012年)	269
図 46	逮捕決定件数と勾留承認件数の推移 (1986年～2012年)	270
図 47	監督職能 (裁判) の推移	271
図 48	現代中国社会の過去・現在・将来	303
図 49	法令、判例、文献の関係	320
図 50	加工作業の様子	322
図 51	CiNii のウェブページ	324
図 52	検索結果の例 (1)	329
図 53	検索結果の例 (2)	330
図 54	MENDELEY のウェブページ	335

表 1	科研費による主な研究成果と研究計画の対応関係	51
表 2	原告と被告の法律関係について	71
表 3	新旧国営工業企業工作条例の項目対照表	76
表 4	主な労使紛争処理手続きに関する法文	135
表 5	建国当初の民事紛争の受理状況について	148
表 6	労使紛争の原因に関する内訳について	150
表 7	法令の分類と主な立法機関及びその構成員	157
表 8	立法統計 (1995年～2005年)	158

表 9	2つの権利論の比較整理	161
表 10	労働契約・請負契約・労務契約の違い	172
表 11	労働契約制度に関する主な法令	180
表 12	1998年上半期の非国有企業の労働契約締結率と地域別GDPの関係	181
表 13	失業保障法制の変遷	209
表 14	日本と中国における主な社会保障制度の比較	211
表 15	失業保障における権利主体の変遷	216
表 16	検察組織の役割の変遷	256
表 17	第一回～第七回までの指導性裁判例一覧表	278
表 18	檔案館利用の記録	332

索　　引

※ゴチック体の数字は、その語句についての基本的記載が書かれているページを示します。

あ

新しい権利　　139, **155**, 162, 227
新しい法秩序　　**171**, 194

活きる法　　**10**
意思　　**7**-9, 33, 42, 81, 82, 108, 129, 133, 144, 150, 151, 164, 176, 193, 203, 208, 212, 213, 221, 283
意思自治　　**91**, 144, 150, 151, 161, 162, 176, 193
異質な法秩序　　**307**
異常な労働力　　**125**
委託代理関係　　**68**-70
一時帰休　　**81**, 122-125, 130, 131, 133, 172, 201
一回性　　**69**
一国二制度　　298, **310**
一党独裁　　5, 6, 11, 12, 16, 17, 21, 22, 30, **31**, 50
一党独裁体制　　**30**
一般法　　**68**
偽りの論理　　**164**, 165
違法行為　　7, **41**-43, 62, 137, 186, 190, 226, 241, 244, 286
違法所得　　**190**
違法所得の没収　　**190**
違法な陳情　　132, **138**
違約責任　　**63**, 85
医療保険制度　　**211**
インセンティブ　　**98**

請負契約　　**172**, 173

か

英米法　　**15**
NII論文情報ナビゲータ（⇒ CiNiiも見よ）　　**325**
LAWASIA労働法代表者会議　　**104**

欧米的な民主化　　**295**
王利明　　**62**

改革開放　　30, **95**, 98, 104, 112, 149, 171, 197, 200, 206, 305, 312, 313
外国人　　83, 194, 214, 215, **226**, 331
外国人居留証明書　　**215**
外国法　　6, 7, 18-20, 22, 23, 29, 299, **310**, 336
解雇権　　**80**, 207
解雇法制　　**44**, 47, 150
外資企業　　99, 192, **226**
外資系企業　　170, 171, **207**
解釈権　　5, 13, **14**, 242, 244, 247, 289, 290, 302, 310
解釈権の有無　　**13**
解釈権の行使　　**290**
解釈原理　　**10**
解釈主体　　**13**-15
改正検察官法　　267, **268**
改正労働契約法　　170, **189**-193
海洋主権　　**312**
海洋主権の問題　　**312**
科学　　**2**, 3, 7-9, 11, 23, 25, 78, 141, 160, 254, 289
科学する　　1, **4**, 6-10, 12, 13, 21, 23, 32, 34, 35, 160, 162, 317, 341

345

各級人民法院民刑事事件審判手続き総括の修正に関する通知　**232**
各級人民法院民事事件審判手続き総括　**230**, 232
革命根拠地　**59**
革命史観　**277**
学問としての現代中国法　3, 4, **6**, 12, 22, 297
家計　**202**
価値観の共通化　**310**, 311
学校　92, **93**
家庭保母　105, **106**
貨幣所有　**34**
紙媒体による目録検索　**333**
夏勇　**55**
環境訴訟　**222**
環境法制　**309**
関係性　237, **242**, 319
勧告無視　**190**
換算規則　**30**, 64, 154
間主観（共同主観）　11, **296**
間接雇用型　**187**, 188, 190, 192
監督職能　256, **269**-271, 275
幹部及び労働者身分の境界を廃止して労働契約の実行における若干の問題に関する意見　**98**, 109

企業従業員　**98**-104, 112, 113
企業保障　**201**
危険負担の可否の問題　**63**
危険負担の原則　**63**
季節労働者　90, **91**
起訴権　**225**-228, 235, 237, 240, 246
起訴権の基本的な権利構造　**226**
起訴権の権利構造　**225**
起訴権の合法性　**227**, 228
起訴受理制度　48, 227, **228**, 229, 231-234, 237, 240-244, 246, 247
起訴審査　**227**, 228, 241, 269
起訴難　234, **240**
基本的人権　**298**

求償関係　**61**, 62
強行規定　**129**
行政区画統計　**262**
行政法規　156-158, **190**, 211
共通の論理　**6**
共同綱領　**36**, 37, 46, 153
共同訴訟　**240**
共同原告　**240**
挙証責任の転換　**300**
勤労学生　**106**

クリーン・ハンド　**147**
軍事検察院　**259**, 260

経済改革　**30**, 203
経済特区　**98**, 99
経済補償金　**123**, 125, 135, 180
刑事裁判　221, **251**, 252, 255-257, 270, 271, 287
刑事訴訟法　**252**, 302
軽微な刑事事件　**59**, 257
軽微な民事事件　229, **230**
契約関係　**68**, 82, 103, 105, 106, 123, 173, 174
契約締結の自由　**95**
経理　100, 101, **109**-111, 184, 280, 281
現役軍人　82, 105, **106**
研究方法の基礎　**32**
研究方法論　15, **16**, 17, 34, 296, 297
兼業　**151**
検察委員会　156, 265, 267, **273**
検察改革　259, 265, 274, **275**, 276, 287, 302, 304
検察官　251, 252, 258, 259, **265**, 266-269, 272-276, 279, 285-287, 290, 302
検察官の任用基準　**267**
検察官の任用方法　**267**
検察系　**266**, 272
検察権　253-258, 265, 266, 271, 274, **275**, 276, 285-287, 302
検察権の運用　**258**, 259, 268, 274

索引

検察権の独立性　**275**
検察事務官　**265**-267
検察組織　**253**-257, 266, 268, 274, 275
現代中国　**1**, 3-8, 10-12, 17-19, 21, 23-27, 29-32, 34-41, 44, 55, 58, 62, 64, 72, 83, 95, 98, 112, 117, 133, 134, 138, 139, 143, 145-147, 149, 152, 153, 155, 159, 160, 163, 165, 169-172, 179, 184, 187, 189-192, 197, 198, 200-203, 205, 207, 209, 211, 213-217, 221, 223-227, 229-231, 237, 238, 240, 243-247, 251-255, 257, 275, 287-289, 291, 296, 298, 300-304, 306, 320, 328, 331, 340, 341
現代中国における名誉権　**240**
現代中国における権利構造　155, 157, **160**
現代中国の裁判　19, **139**, 229, 252, 302, 327
現代中国の訴訟理論　224, **228**
現代中国の腐敗　**7**
現代中国の民法理論　**43**
現代中国法　**1**, 3, 4, 6, 9, 10, 12-24, 27, 30-32, 34-36, 40, 42-46, 50, 51, 53, 55, 56, 59, 60, 64, 66, 73, 74, 80, 82-85, 87, 89, 92, 95, 109, 112, 115, 117, 125, 129, 130, 134, 138, 143-145, 147, 153, 154, 160, 161, 164-166, 173, 194, 197, 198, 203, 206, 210, 212, 226, 258, 276, 277, 280, 287, 291, 295-300, 302-304, 306, 308, 310, 311, 313, 314, 317-322, 326, 336
現代中国法学　**12**, 13, 15, 17, 19, 23, 24, 32, 34, 50, 51
現代中国法との比較研究　**7**
現代中国法の基本構造　30, **31**, 32, 38, 43-45, 97
現代中国法の権利論　**32**, 35, 66
現代中国法の人民法院　**15**
現代中国法の本質　20, **29**, 30-32, 34, 45, 160
現代中国法を科学する　1, **4**, 6, 23, 162
現代中国をどう捉えるかという問い　**1**, 23
憲法改正の問題　**212**

憲法秩序　57, **210**, 217, 242, 298, 304, 306
憲法秩序の転換　**210**
権利一般　**40**, 60, 144
権利義務の概念　**41**
権利客体のレベル　**161**
権利者の出自　**73**
権利主体　36, 37, 40, 43, 57, 59, 83, 87, 98, 126, 128, 129, 132, 139, 144, 145, 154, 161, 174, 176, 182, 193, 194, 197, 200, 205, 208, 210, 212-217, 222, 226, 227, 234, 239, 247, 286, **298**-300
権利主体レベル　**161**
権利の拡大過程　**138**
権利擁護運動　156, **159**, 160
権利論　32-35, 64, 66, 67, 83, 160-163, 198, 215, 218, 247, 276, 291, **295**, 297, 298, 302, 306, 313, 339-341
権力機関　**310**　36, 132
権力集中制　**242**
権力と金銭の取引の本質　**283**
権力分立制　**242**

行為　31, 32, 35, 41, **42**, 43, 45, 46, 60-63, 102, 127, 131-133, 136-139, 144-147, 151, 154, 155, 157, 159-162, 164, 171, 179, 186, 187, 200, 207, 210, 217, 226, 241, 242, 245, 251, 252, 257, 258, 283-286, 291, 298, 301, 309
工場管理委員会建設に関する指示　**73**, 74
工場管理委員会　**73**-77, 80
工場長　74-80, 100, 101, **109**, 110-113
工場長責任制　74, 76, **77**
公訴権　251, **252**-255, 257, 258, 271, 274, 286, 287
公訴権の合法性　252, 253, **271**
公訴職能　256, **269**, 271, 275
公聴会　**273**, 274
郷鎮企業　82, **105**, 106
公平な裁判　**223**
公平な対話空間　**6**, 23

347

公報　　56, 85, **326**
合法化の手続き　　**225**, 227
合法性　　**41**, 42, 58, 67, 96, 126, 128, 146, 151, 158, 160, 225, 227, 232, 242, 244, 252, 253, 256-258, 271, 273, 275-277, 286-291, 301, 302, 308-312
合法性の有無　　40, **299**, 302
合法性の観点　　**256**
合法性の存否　　63, **83**
合法性の要求　　40, **41**, 50, 129
合法性付与の正当性　　**310**
合法な起訴権　　**225**
合法な検察権　　**274**, 286
合法な権利の拡縮運動　　**286**
合法な収入　　**38**, 308
合法な訴訟当事者　　**226**, 227
合法的権利　　146, 152, 154, **155**-163, 179, 186
公民　　16, 37-40, 82, **136**, 137, 140, 152, 212, 215, 226, 227, 237, 241, 253, 254
公務員　　82, 105, **106**, 136, 253, 280
公務従事者　　**279**, 280, 284-286
公有制　　**58**, 59, 73, 109, 202, 305
拘留　　**258**
国営企業の臨時職員労働者の使用に関する暫定規定　　**94**
国営工業企業法草稿　　**79**
国際化　　**4**, 225
国際の場　　**23**
国際法　　**310**-312
国際的な合意　　**312**
国民　　29, 36, 37, 43, 48, 55, 82, 140, 152, **194**, 204, 211, 226, 229, 236, 237, 240, 253, 298
国民党の六法全書及び一切の反動的な法律の廃止に関する訓令　　**36**, 55
胡康生　　**306**
54年憲法　　**19**, 36-38, 253
個人　　**1**, 7, 11-14, 27, 29-35, 37, 38, 40-43, 45, 46, 50, 56-60, 63, 64, 73, 77, 82, 87, 88, 90, 95, 97, 98, 101, 107, 108, 112, 117, 136,
147, 154, 155, 161, 176, 178, 182, 185, 197, 202, 210, 214, 215, 217, 234, 242, 244, 254, 255, 257, 258, 290, 299, 301, 306-308, 322, 333, 336
個人経済組織　　81, **82**, 103, 104, 106, 119, 176
個人事業者　　81, **82**, 96, 106-109, 112, 181
個人使用者　　**107**-109, 112, 113
個人対個人　　11, 27, **31**-35, 37, 44, 45, 50, 60, 63, 73, 76, 78, 80, 83, 84, 87, 112, 117, 136, 150, 154, 155
個人対組織　　87, **109**
個人の権利　　27, 31, 44, 57, **58**, 59, 76, 78, 80, 83, 84, 87, 117, 136
個人労働者所有制　　**38**
国家計画委員会　　**95**
国家所有制　　**57**
国家対個人　　**31**, 32, 34, 44, 45, 50, 56, 73
国家と法の理論　　15, **56**
国境紛争　　**313**
固定資産税　　**39**
異なる法秩序　　**311**
小森田批判　　**16**, 17
雇用過剰　　**199**
雇用継続給付　　**204**
根本法　　**36**, 37, 43, 153, 154, 211, 311

##

サーチエンジン　　**323**
最近の都市の私有不動産の使用状況及び社会主義改造の進行に関する意見　　**64**
再現可能性　　**2**, 3
最高人民検察院　　156, 253, **254**, 255, 257, 258, 260, 264, 265, 268, 270, 272-284, 290
最高人民検察院検察委員会　　156, 157, **273**
最高人民検察署　　**253**, 255, 257, 258
最高人民法院　　58, 59, 127, 135, 136, 140, 156, 157, 230, 232, 233, 235, 240, 241, 244-246, 276, 277, 284, 288-290, **319**, 326, 328
在校生　　**106**

索　引

再審理請求　　**270**
裁判委員会　　**13**, 246
裁判改革　　**274**
裁判官　　**13**
裁判官の質　　**288**
裁判官法　　**13**
裁判管轄権　　157, 228-230, 234, **241**
裁判制度　　**19**, 131, 148
裁判例業務規定　　**277**
搾取行為　　**187**
三権分立制　　**14**

CiNii　　**324**, 325, 335-337
CNKI　　**321**-323, 327, 328, 330, 337
私営企業　　**82**, 86, 89, 96, 99, 107-109, 181, 207
自営業者　　175, **204**, 210
事件　　13, **42**, 71, 130, 230, 232-237, 244, 246, 257, 281, 284-286, 319, 331
時効制度　　**132**
事実上の使用者　　**97**
事実上の占有　　**41**
事実上の労使関係　　68, 73, **119**, 121, 122, 124-126, 128-130, 133
市場経済　　3, **4**, 6, 10, 21, 104, 200, 201-203, 206, 207, 209, 215, 216, 225, 227, 299, 305, 307
市場経済の導入　　10, **299**, 305
市場原理　　30, **31**, 95, 129, 149, 182, 197, 299, 305
市場原理の導入　　95, 129, 149, 197, **299**, 305
私人財産　　**57**-59
自然科学　　**2**, 318
自然人　　**194**, 210
思想の体系　　2, **3**
自訴事件　　253, **257**, 258
失業　　68, 81, 102, 122, 175, **197**-201, 203, 205-208, 210, 212, 214, 216
失業者　　130, 184, 197-199, 201, 204, **205**-209, 210-214, 216, 217

失業者概念　　205, **206**, 207, 209, 210
失業者リスト　　130, **213**
失業者をめぐる仕組み　　**198**
失業保険　　49, 50, 102, 123, 130, 131, 133, 200, 201, 204, 207-209, 211, **212**, 213, 301
失業保険条例　　**207**-209, 213, 216, 217
失業保険制度　　49, 102, 200, 201, **211**
失業保険制度研究会　　**204**
失業保険法　　**203**, 204
失業保障　　51, **198**-201, 203-210, 212, 213, 216, 217
失業保障制度　　174, **198**, 207, 209
失業保障制度の権利構造　　**215**
失業保障における権利主体　　**208**, 216
失業保障の権利構造　　205-**208**, 212-216
失業保障の提供　　**209**, 213
失業保障の変遷　　203-205, 209, **216**, 217
失業予防　　**204**
失業労働者　　81, 199, 200, **205**, 209, 216
失業労働者救済暫定弁法　　**199**, 205
執行判決　　**135**
実体法上の権利　　**224**, 227, 230, 240
私的自治　　**95**, 101, 129
指導性裁判例　　245, **246**, 277, 279, 280, 284-288, 291, 319, 320, 327, 331
指導性裁判例制度　　**276**-278, 285, 287-291
指導性裁判例制度を創設した理由　　**289**
指導性裁判例による波及効果　　**287**
児童労働　　**106**
「司法」　　231, **302**
司法　　36, 59, 60, 83, 110, 140, 147, 156, 159, 161, 163, 174, 175, 186, 218, 231, 238, 255, 256, 260, 268, 273, 274, 289, 290, 298, **302**, 326
「司法改革」　　**274**
司法解釈　　153, 156, 157, 162, 190, 241, 242, 245, 246, 269, **272**-274, 276, 284, 285, 287-289, 310
司法解釈の活発化　　**274**
司法解釈の策定　　**272**, 273
司法解釈の正当性　　**273**

349

司法権　　14
司法的救済　　155, 156
司法における大躍進　　231
司法の独立　　14, 15, 36, 288
司法の独立の不存在　　5
私法秩序　　221, 245-247
資本所有　　34
事務系　　266
社会科学　　1, **2**, 3, 17, 20, 140, 141, 318, 321
社会権　　85, **298**
社会主義改造　　47, 64, **65**, 66, 85
社会主義改造の方法　　**65**
社会主義市場経済　　**3**, 307
社会主義社会　　**37**, 55, 85
社会主義の国家と法の理論　　15
社会主義法としての普遍性　　15
社会秩序の転換　　291
社会的個人　　33, 34, 35, 37, 43
社会の成熟度　　139
社会保険加入暫定弁法　　**214**, 215
社会保険制度（⇒「2つの社会保障制度」論も見よ）　　49, 72, **211**, 301
社会保険法　　49, 53, 197, **210**-217, 301
社会保険法実施の若干の規定　　**213**, 214
社会保障　　48, 49, 81, 92, 119, 121, 130, 137, 180, 190, 191, 199, 200, **201**, 202, 203, 210-212, 214, 215
上海市　　**49**, 181, 182, 260, 332
就業規則　　**134**
就業者　　82, **89**, 105, 106, 113
自由権　　**298**
私有財産　　37-39, 40, **57**
私有財産権　　38, **39**
自由裁量権　　**289**, 290
自由裁量権の行使に関する指導意見　　**289**
就職難　　122, **188**
就職浪人　　**122**
終身雇用制度　　**171**, 179
集団　　**1**, 5, 37, 51, 64, 77, 88, 94, 154, 172, 207, 254, 260, 278, 281, 306-308
集団抗議事件　　**264**

集団所有制　　38, **57**, 82, 96, 99, 172, 181, 207
私有不動産改造意見　　47, 51, 64-66, **83**, 85
収賄罪　　279, **280**, 282-286
収賄罪の構成要件　　**280**
主権の問題　　**291**, 312
出向契約　　**94**
出国拒否　　**226**
10％条項　　**191**, 192
取得時効　　**132**
受理審査　　**227**, 228
就労証明書　　**215**
順法意識　　**7**
上位法　　**190**, 192
常凱　　48, **184**
障害者　　**212**
紹介状　　92, **233**, 247, 331-333
紹介予定派遣　　**177**, 187
使用者　　33, 69, 77, 78, 80, 84, 87, 90, 91, 95, 97, 102, 107, 108, **109**, 112, 113, 117, 120, 134, 143, 148, 149, 152, 174-176
使用者概念の復活　　**87**
使用者の解雇権　　**80**
使用者の概念　　**75**, 78
使用者不在の労使関係　　**77**, 80
使用組織　　69, 70, 72, 80-**82**, 84, 87, 95, 101, 103-113, 118-123, 126, 128-130, 133, 134, 136, 143-145, 147, 148, 150, 151, 173, 176, 183, 184, 186-193, 207, 212-216, 299
勝訴権の有無　　**234**
勝訴権の証明度　　**234**
勝訴の可能性　　**233**, 234
情報の真実性　　**242**
消滅時効　　**132**
職員労働者　　73, 75, 77, 78, 80, 88, 90, 94, **95**, 96, 99, 105, 106, 110, 111, 123, 124, 130, 134, 201, 210, 212, 213, 216
職員労働者の範囲に関する説明　　**95**
職務上の立場　　280, **281**-285
女性労働者　　33, **127**, 128
所有権　　**32**-35, 37-40, 43, 59, 61, 67, 172,

350

索　引

299, 304, 305, 307, 308
所有権法理論　**33**-35, 40, 43, 46, 47
人件費の抑制　**91**, 97, 188
人権保護　**252**, 253
人権保護の要請　**252**
人権保障　**252**
人材紹介企業　**187**
人材派遣企業　**187**-191, 193
真実性　96, **242**
身上調書［檔案］　**123**, 131, 132
真正身分犯　**285**
「人治」　**232**
人民検察院　156, 157, 253, **254**-276, 284, 286, 290
人民代表大会　36, 104, 131, 132, 156, 157, 170, 259, 264, 273, **310**
人民日報　48, 140, **148**

ストライキ　32, **46**

生育保険制度　**211**
西欧法の理論　**21**
生活手段　38, **39**
生活保障の担い手　**202**, 203
生活補助金　**208**
整合性の要求　**11**
政策論　**288**
生産手段　**33**, 37-39, 70, 74, 202
生産調整　**91**
政治　1, 5, 14, 19, 20, 22-26, 31, 46, 50-53, 75-80, 90, 136, 140, **162**, 201, 231, 260, 267, 273, 282, 296
政治改革　**30**
政治秩序　**6**
正式労働者［固定工］　**99**, 105, 161, 171
正常な労働力　120, 121, **125**
生存権　66, **67**, 85, 86
制度　8, **9**, 10, 11, 17, 18, 21, 33, 36, 46-49, 56, 57, 59, 74, 76, 77, 79, 82, 85, 99, 102, 105-108, 110, 111, 114, 115, 140, 144, 170-172, 179, 189, 198-204, 209-211, 232, 233,

235-238, 245, 246, 254, 262, 265, 267, 269, 274, 276-278, 288, 299, 302, 307, 310
正統性の問題　**51**
正当でない当事者　**224**
正当な当事者　**224**
政府の統制指導　**182**-184
接合方法の最適化　**160**
全国人民代表大会常務委員会　**13**, 81, 102, 134, 170, 272, 326
全体的法社会　**55**
先定後審　**243**, 252

相続権　38, 39, **308**
速成法　**55**
訴訟経済の観点　235, **238**
訴訟指揮権　57, **59**, 244
訴訟時効の停止　**132**
訴訟実施権　**59**
訴訟手続き試行通則草案　59, 148,
訴訟当事者　223, 119, 135, 222-224, 226, 227, **229**, 233, 235, 237, 238, 240, 243-245, 328
訴訟当事者の確定　**224**, 246, 247
訴訟当事者の確定問題　221, **222**, 225, 233, 234, 244, 246, 247
ソビエト区労働保護法　**87**
素朴な無視アプローチ　**17**, 302
ソ連法　**55**-59, 83, 235
ソ連法の特徴　**55**
存在する制度　**8**

第一次労働法条文説明意見　**104**, 105
退役軍人　99, **212**
待業保険規定　201, **206**, 207, 209, 216
待業保険規定の立法　**207**
待業保険暫定規定　201, **206**, 209, 216
大衆化　**273**, 274
大衆路線　20, 22, 23, **231**, 232
代替性　189, **190**, 192

対中需要　　4
第二次天安門事件　　3, 21
第二次労働法条文説明意見　　105
逮捕　　251, **258**, 269-271
大躍進政策　　**231**, 233
第4修正　　**38**
多数当事者訴訟　　**222**
正しい結論　　**164**, 165, 339-341
正しい法的論理　　**163**
正しい論理　　**165**, 339, 341
脱主観の課題　　**296**, 297
WTOへの加盟　　**158**
「単位社会」　　**197**
短期性　　**69**
端末検索　　**333**
端末検索の結果　　**333**

地位設定契約　　**174**
知識青年　　**199**
秩序　　**5**, 8, 10, 11, 27, 32, 33, 41, 44, 165, 172, 209, 228, 252, 264, 286, 304, 306, 339, 341
秩序の存在　　**8**, 194
知的財産権に関する法令　　**309**
知的財産法制　　**309**
地方規則　　157, **190**
地方法規　　157, 158, **190**
「地方保護主義」　　**328**
中央政法公報　　**56**, 85
中華人民共和国　　**1**, 15, 26, 35-37, 43, 45, 48, 55, 59, 68, 81, 82, 84, 89, 103-105, 107, 110, 124, 134, 135, 136, 140, 143, 148, 152, 153, 156, 169, 170, 176, 189, 210, 212, 226, 229, 237, 240, 241, 253-256, 259, 265, 267, 295, 298, 310-312, 326, 337
中華人民共和国物権法　　47, **304**
中華人民共和国法　　**1**
中華全国総工会　　85, 89, **90**
中華ソビエト共和国労働法　　**88**
中華民国法　　**298**
中国学術情報データベース（⇒ CNKIもみよ）　　**321**
中国共産党　　5, 6, 11, 16, **21**, 22, 29, 30, 35, 36, 74, 77, 160, 230
中国共産党中央委員会　　**35**, 74
中国共産党の一党独裁　　**5**, 11, 16, 22, 30
中国共産党の指導　　**6**
中国共産党の役割　　**5**
中国個人労働者協会　　**107**
中国裁判文書網　　**319**
中国所有権法制における転換点　　**46**
中国人民政治協商会議　　**36**
中国の関係構造　　29-31, 34
中国的権利論　　27, 44, 51, 64, **67**, 129, 134, 138, 139, 143, 153, 156-158, 160-165, 182, 183, 186, 190, 192-194, 197, 198, 200, 203, 205, 209, 210, 214-218, 224, 225, 228, 230, 234, 235, 239, 240, 242-247, 251-253, 255, 256, 258, 269, 271, 272, 274-277, 285-291, 295, 297-314, 339-341
中国的権利論の解明　　41, 44, **51**
中国法務　　**4**, 22
調停合意書　　**135**
調停前置主義　　131, **221**
直接雇用型　　187, 188, **191**, 192
賃金債権　　**58**, 59
賃金不払い　　**187**
陳情　　51, 117, 118, 130-132, **136**, 137, 138, 141, 156, 221, 222, 257, 269, 331
陳情条例　　136, **137**
陳情制度　　**131**, 134, 136-138, 221

締結率の低さ　　**183**, 184, 187
抵当権　　**58**, 59
出稼ぎ農民　　83, 180, 184, **199**, 208, 217
出稼ぎ労働者　　93, 105, **106**
手続法上の権利　　**224**, 225, 228, 230
鉄道検察院　　**259**

ドイツの訴訟理論　　223, **228**
檔案　　18, 47, 51, 85, 123, 318, 319, **331**, 332-334, 337

党委員会書記　　79, 80, **109**-112
党委員会責任制　　**77**
党規国法体系　　**29**-31, 34
党の国営企業に対する指導に関する決議
　　74, 75
党の指導　　5, 6, **232**, 233
同一労働同一賃金の原則　　**189**, 191
当為命題　　**318**
董之偉　　**305**, 306
董事長　　100, 101, **109**, 184
董必武　　**230**
董保華　　48, 140, **184**
当事者間の合意形成　　**186**
当事者交替制度　　**235**-240, 243, 247
当事者主義の裁判モデル　　**238**, 240
当事者の合意　　144, 161, 183, 193, 221, **301**
島嶼保護法　　**311**
特殊中国的要素　　**19**
特別法　　**68**, 137
都市私有家屋の改造実施意見　　**46**
土地所有　　**34**, 37, 64-66
土地の私有制　　**40**
突発性事件　　**264**

な

内規違反　　**214**
内国人　　214, **226**
75年憲法　　**20**, 36-38, 254
78年憲法　　**36**, 38, 253, 254
何らかの秩序　　**8**

二重雇用　　**151**
二重就労　　**214**
二重の基準　　**214**
日本国憲法　　14, 37, 85, **152**
日本における外国法研究　　**18**, 29
日本における現代中国法研究　　**4**, 17, 18, 295
日本法の歴史　　**34**
人間関係　　5, **7**, 8, 10, 11, 30

人間の意思　　**8**, 9
任用基準　　267, **268**
任用方法　　**267**

ネガティブ・リスト方式　　**177**
年金保険制度　　**211**

農村から採用する臨時労働者に関する暫定規定　　**91**
農村土地請負契約　　**172**
農村労働者　　82, **106**
農民　　37, 72, 82-84, 92, 93, **94**, 95, 97, 105, 106, 130, 133, 140, 172, 180, 199, 208, 210, 217, 299, 306
農民契約労働者　　**130**, 133

は

派遣労働　　171-173, **177**, 178, 184, 187-193
破産　　130, **171**, 206, 216, 224
馬錫五　　**231**
派出機構　　**259**-265, 275
働くしかない労働権　　**66**, 83
働く人全般　　**105**, 145, 161
働く人の労働権　　**299**
82年憲法　　13, **36**-38, 64, 86
パブリックコメント　　156, 170, 189, **273**, 274
判決の名宛人　　**223**
判例研究　　**12**, 14
判例法系　　**291**
判例法理　　**174**, 175, 177, 186
比較考量による合法性の付与　　**242**, 244
非公開檔案　　**332**-334
被告人　　**251**-253, 257, 258, 269, 271, 280-282
被告人の権利　　**271**
被告の勝訴権　　**239**
非等価交換性　　**33**
人買い　　**187**
非農業部門　　**38**

非法行為　　41, **42**, 43, 186
非法な陳情　　131, 132, **138**
被用組織　　**80**

武漢市　　**49**, 332
不公平な対話空間　　**6**
部隊　　92, **93**, 260
「2つの社会保障制度」論　　**200**-203
普通選挙の導入問題　　**310**
物権　　47, 304-306, **307**, 308
物権の枠組み　　**307**
物権法違憲論争　　304, **305**, 306, 307
部分的法社会　　**55**
普遍的権利論の希求　　**291**
不変の論理　　1, **3**, 11, 17, 24, 27, 37, 203, 297, 298, 304
不法行為　　**43**, 46
部門規則　　156-158, **190**
不労所得　　**66**, 67, 299
不労所得による生存の禁止　　**66**
文化大革命　　**10**, 231-233, 253, 256, 295
文献　　318, **319**, 320, 322, 323, 325-327, 334-337
紛争解決制度　　**221**

北京市　　**49**, 104, 181, 260, 332

法　　**5**
法解釈　　**10**-14, 17, 32, 39, 56, 63, 64, 83, 139, 140, 153, 156, 157, 162, 174, 190, 241, 242, 245, 246, 269, 272-274, 276, 284, 285, 287-289, 310
法解釈的探究　　14, **15**, 16, 22, 31
法学　　1, 5-7, 10-15, 17-21, 23-26, 31, 32, 34, 35, 40, 41, 46, 50-53, 55, 56, 140, 152, 164, 165, 171, 174, 178, 191, 198, 199, 201, 202, 203, 209, 217, 267, 268, 295, **296**, 297-299, 301, 303-307, 309, 311, 313, 314, 317-321, 323, 332, 337
法学研究における現代中国法　　313, **314**
法継承性論争　　35, **298**

法源　　12, **13**, 26
法至上主義　　**157**
法整備事業　　**41**
法創造機能　　**289**
法治主義　　**252**
法秩序　　18, 29, 112, 143, 157, 169, 171, 178, 192, 254-256, 298, **307**, 311, 313
法秩序の安定性　　**307**
法秩序の転換　　**171**, 210
法廷審理の質の問題　　**63**
法定相続人　　119, **121**
法的安定性　　152, 165, **201**, 229
法的空間　　**147**, 162, 310
法的効果　　**132**, 135, 193
法の三段論法　　**318**
法的保護の射程範囲　　**152**, 153
法的論理の継承　　**298**
法的論理のレベル　　**161**
法道具論　　20, **21**-23, 295
法に対する求心力の問題　　**251**
法による支配　　**20**, 295-297, 303, 304, 306, 312, 313
法の階級性　　**19**, 20, 22, 23, 31, 32
法の求心力　　297, 298, **307**, 309, 311
法の支配　　18, **20**, 21, 295-297, 299, 302-304, 306, 308, 310-313
法の支配パラダイム　　**302**, 313
法の臨床空間　　**218**
法文に基づく行動　　**133**
法文の変遷　　**9**
法律　　13, 14, 20, 36, 38-42, 55-63, 69-72, 79-82, 84, 88, 90, 94, 95, 97, 101, 103, 104, 106-109, 117, 119, 125, 134-136, 139-141, 144, 150, 155-159, 161, 164, 165, 172, 173, 175-179, 184, 188, **190**, 192, 201, 211, 212, 217, 221, 222, 226, 227, 231, 232, 235, 244, 246, 253-258, 262, 264, 265, 267, 268, 271-284, 289, 290, 296-301, 304, 306-308, 313, 321, 325, 327, 337
法律学　　10, 201, 267, 268, **296**-298, 313, 317, 318

法律学研究における現代中国法　　**313**
「法律関係理論」　　**40**
法律関係理論　　40-44, 47, 51, 60-64, 67,
　71-73, 83, 84, 87, 96, 97, 101, 106, 112, 113,
　117, 132, 133, 144, 151, **298**, 299, 302
法律関係理論の限界　　60, 62, **63**, 83, 101,
　302
法律監督機関　　**254**
法律行為　　**41**-43, 129, 179, 217, 251, 301
法律事実　　**42**
保険基金の確保　　**217**
保険費用　　49, 68, 207, **208**, 209, 213, 215,
　217, 301
保護論理　　117-119, 121, 123, 125-129,
　131-135, 137-141, 143, 144, 146, 147, 153,
　155, 159, 182, 184-187, 194, 198, 207, 208,
　210, 213-215, **221**, 241, 298, 299
ポジティブ・リスト方式　　**177**
補助性　　189, **190**, 192
ホワイトカラー　　**184**
香港　　310, **311**
香港基本法　　**310**

マカオ　　310, **311**
マカオ基本法　　**310**

ミスマッチ　　**173**, 188, 225, 227
身分的要素　　**73**, 87, 117, 125, 126, 130, 133
民事行為　　**43**
民事裁判　　26, **221**, 222-227, 229-231, 239,
　240, 243-246, 251, 255, 256, 270, 304
民事裁判制度改革　　**237**
民事裁判の基本　　**222**
民事事件　　57, 59, 117, 123, 222, 229, 230,
　232, 240, **244**-247, 256, 278, 279
民事事件審判手続き制度の試行規定　　**233**
民事事件名称規定　　**244**
民事訴訟証拠に関する若干の規定　　127,
　244, 245

民事訴訟証拠文書試行書式　　**245**
民事訴訟法　　48, 127, 134, 221, 226, **229**,
　231, 233-238, 240, 241, 247, 301, 311
民事法律行為　　**43**
民主化　　74, 295, **303**
民主集中制　　**14**, 20, 22, 23, 31, 242
民訴試行法　　229, **234**, 235, 237, 246, 247,
　256
民訴法　　**237**, 239, 240, 242, 244
民法通則　　**43**, 82, 240, 241

無国籍者　　**226**
無罪　　**251**
無担保債権　　**58**
無法空間　　**62**

名誉権侵害の客体　　**241**, 242
名誉権紛争　　**240**-244

毛沢東　　75, 78, **230**, 231
門戸開放　　**97**

雇止め　　214 208,
山下昇　　44, **47**, 141

有罪　　**251**, 258
有罪認定　　**258**
郵政法　　**68**, 70
要保障性　　203, **204**, 205
要保障性の確保　　**204**
余暇時間　　**106**
予備的な合法性の付与　　**290**

リーガル・リサーチ　　**318**
李偉群　　**49**
利害関係要件の要否　　**224**, 225

355

立法過程における民主の拡大　**156**
立法関係者　140, 155, **156**, 158, 160-162, 179, 180, 186, 189, 209, 218, 225, 232-234, 242, 244-246, 257, 271-274, 285, 286, 288-291, 301, 302, 308-313
立法法　156, **158**, 190
立法論　14, **288**
理念の不完全なアプローチ　**18**
領海法　**312**
量刑認定　**258**
理論研究　**12**, 29, 35, 40, 85, 140, 238
理論的構成　**16**
理論的接合の問題　**160**-162
臨時性　**69**, 189, 190, 192
臨時労働者　90, **91**-94, 96, 99, 100, 130, 132, 205
林彪事件　**20**

零細自営業者　**175**, 204
歴史上の整合性　14, **202**-205
レッテル貼り　**7**

労使関係解除証明書　**213**
労使関係暫定処理弁法　**89**, 90, 149
労使関係の階層分け　122, **125**
労使関係を確立する事項に関する通知　**119**, 121
労使紛争受理件数　**185**
労働関係　33, 175, **176**-178, 331
労働規則　**134**
労働協約と労働契約の関係　**89**
労働協約の締結に関する暫定弁法　**90**
労働組合［工会］　75, 77, 80, **87** 88, 90, 110, 111, 134, 136, 170
労働組合主席　**109**-112
労働契約　33, 68, 69, 71, 72, 82, 87-91, 93-103, 105-111, 113, 115, 117-119, 121, 123, 126-128, 133, 144-146, 148-150, 154, 169, 172-175, 177-**184**, 186, 188-192, 206, 208, 214, 216, 299
労働契約書　101, 118-122, 129, 151, 183, 184, **185**, 187, 192, 193, 208, 301
労働契約審査評定実施弁法　**96**, 97, 101
労働契約制度　82, 87, 89, 95, 97, 98, 106-108, 112, 129, 151, 169, 170, 175, 179, 180, 182, 186, 192, 193, 198, **299**
労働契約制度の進化　**299**
労働契約制度の変遷　87, **98**, 129
労働契約の有無　117, 169, 179, 183, **184**, 187, 208
労働契約の性質　**174**
労働契約の締結　91, 93, 95, 99-101, 103, **105**-107, 110-113, 117, 144, 149, 176, 179, 182, 184, 187, 193, 299
労働契約法　44, 48, 117, 140, 152, 169, **170**-173, 175, 177, 179-187, 189-194, 197, 198, 218, 301
労働契約法の画期的な点　**301**
労働契約論　**174**, 178
「労働権」　27, 64, 66, 67, 73, 80, 83, 84, 87, 89, 91, 95-98, 112, 113, 117, 118, 121, 122, 125, 126, 128-130, 133, 134, 138-140, 143, 144, **145**-147, 150-155, 161, 163, 169, 173, 179, 182, 186, 188, 192, 193, 199, 205, 208, 226, 298
「労働権」の権利構造　145-147, 150, 152-154, **169**, 178, 179, 182-185, 187, 207
「労働権」の成否　**169**, 183, 184, 186
「労働権」の否定　**151**
「労働権」の保護論理　117, 128, 133, 134, 138, **139**, 140, 144, 146, 147, 185, 198
労働権優位　**59**
「労働権」論　145, **146**
労働権論　145, **146**
労働災害保険制度　**211**
労働搾取　**172**
労働市場　**171**, 188, 202
労働市場におけるマッチング　**187**
労働しない自由　**66**, 83, 143, 299
労働者階級　**37**, 73, 75, 94, 154, 298
労働社会保障の陳情　**137**
労働者性　**98**, 101, 107

索　引

労働者性の規制緩和　　**102**, 104, 113
労働者性の規制廃止　　**98**, 102, 104
労働者対使用者　　**87**, 148
労働者対使用者の労使関係　　**102**
労働者の労働力　　67, **144**, 145
労働者派遣の取決め　　**178**
労働収入　　**38**
労働争議事件　　45, 67, **117**, 118, 126, 129, 130, 133, 300
労働争議仲裁委員会　　68, 119, 122, 131, **135**, 136
労働争議調停仲裁法　　48, **134**, 135
労働争議紛争　　45, 49, **117**, 118, 120, 122, 125, 126, 128-131, 133-137, 300
労働対価　　**72**, 128, 139, 143, 144
労働部門　　**92**-94, 100, 101
労働紛争　　278, **300**, 337
労働法　　44, 45, 47, 48, 69, 72, 80-84, 88, 89, **102**-115, 119, 121, 124, 125, 127, 128, 133, 134, 136, 141, 144, 145, 149, 150, 152, 169, 172, 178, 180, 183, 184, 191, 208, 209
労働法に関する若干意見　　**81**
労働法の実施において労働契約に係わる問題の回答に関する意見　　**109**
労働法の適用対象　　**105**
労働保険条例　　148, 199, 200, **205**, 209, 216
労働力　　33, 58, 59, **67**, 71, 73, 91, 95, 99, 118, 120-122, 125, 126, 128, 129, 139, 141, 143-148, 154, 155, 161, 169, 174, 176, 179, 185, 188, 193, 202, 204, 206, 208, 213, 299, 301
労働力所有制　　**202**
労農同盟　　**37**
労務関係　　**69**, 172, 173
労務契約　　**172**, 173
労務派遣暫定規定　　**190**-193

賄略　　**283**
和解合意　　**135**

357

御手洗　大輔（MITARAI Daisuke）
早稲田大学法学学術院招聘研究員
1978年山口県生まれ。東京大学法学政治学研究科総合法政専攻単位取得退学。修士（法学）。専門は現代中国法、現代中国法の理論研究。主要業績に、「日本における現代中国法学について」（『比較法学』45巻2号）、「指導制案例の公表についての一、二の考察」（『早稲田法学』87巻4号）、「中国失業保障の法的構造とその限界に関する研究」（『東北アジア研究』17巻）、「第1章　労働者概念の転換と現代中国法」（鈴木隆、田中周 編『転換期中国の政治と社会集団』国際書院、2013年、所収）などがある。

中国的権利論　現代中国法の理論構造に関する研究

2015年 1 月30日　初版第 1 刷発行

著　　者●御手洗大輔
発行者●山田真史
発行所●株式会社東方書店
　　　　東京都千代田区神田神保町1-3　〒101-0051
　　　　電話 03-3294-1001　営業電話 03-3937-0300
装　　幀●堀　　博
印刷・製本●（株）シナノパブリッシングプレス

定価はカバーに表示してあります。

Ⓒ 2015　御手洗大輔　　Printed in Japan
ISBN978-4-497-21420-1 C3032
乱丁・落丁本はお取り替えいたします。恐れ入りますが直接小社までお送りください。
Ⓡ 本書を無断で複写複製（コピー）することは著作権法上での例外を除き禁じられています。本書をコピーされる場合は、事前に日本複製権センター（JRRC）の許諾を受けてください。JRRC（http://www.jrrc.or.jp　Eメール：info@jrrc.or.jp　電話：03-3401-2382）
小社ホームページ〈中国・本の情報館〉で小社出版物のご案内をしております。　http://www.toho-shoten.co.jp/

東方書店出版案内

〈中国・本の情報館〉http://www.toho-shoten.co.jp/

陳情 中国社会の底辺から

毛里和子・松戸庸子編著／中国の陳情とは何か、何が原因でトラブルが生じるのか、中国社会にどのような影響を与えるのか。政治学・社会学・法学の専門家が陳情の実態を分析・解説し、中国の政治体制や社会構造の特徴の一端を明らかにする。　A5判 320頁◎本体 3000円＋税　978-4-497-21111-8

中国 21 Vol.35 中国法の諸相

愛知大学現代中国学会編／「中国の法治はいずこに向かうのか」（季衛東）、「中国の憲法権利理論について——方法論の視角から」（翟国強）、「中国の独占禁止法」（森啓太）、「現代中国民事訴訟の展開と課題」（小嶋明美）など。
　A5判 284頁◎本体 2000円＋税　978-4-497-21116-3

現代中国社会の基層構造

佐々木衞著／1980年代から2010年まで、中国社会の構造と変動に関するフィールドワークを継続して行ってきた著者が、その成果をもとに現代中国の社会構造を分析する。
　A5判 240頁◎本体 3200円＋税　978-4-497-21201-6

族群 現代台湾のエスニック・イマジネーション

王甫昌著／松葉隼・洪郁如訳／現代台湾社会における「族群（エスニック・グループ）」という概念は、「民主化」や「台湾化」にどのような影響を与えたのか。「原住民族／漢族」「外省人／本省人」「閩南人／客家人」などの関係性を明確に論じた概説書。　A5判 192頁◎本体 2500円＋税　978-4-497-21417-1

東方書店出版案内

〈中国・本の情報館〉 http://www.toho-shoten.co.jp/

民主と両岸関係についての東アジアの観点

馬場毅・謝政諭編／東アジアの安全保障上、重要なカギとなる「両岸関係」について、民主化の比較、地政学的に見る関係性、文化面からの考察など、ユニークな視点からの論文13篇を収録。A5判288頁◎本体4000円＋税 978-4-497-21403-4

中国21 Vol.40 中国社会の矛盾と展望

愛知大学現代中国学会編／「断裂と不均衡――中国社会構造の変遷」（孫立平）、「底辺階級からみる中国――グロテスクさに可能性を求めて」（中村則弘）、「中国農民自身が失地農民を生み出す連鎖構造」（高橋五郎）など。

A5判288頁◎本体2000円＋税 978-4-497-21407-2

アジアからの世界史像の構築
新しいアイデンティティを求めて

湯山トミ子・宇野重昭編著／中国、日本、韓国、北朝鮮における、「西洋からの近代化」の受容を見つめ直し、グローバル化による「一元化」に対し、東アジアからの「多元的世界」構築への可能性を考察する。

A5判344頁◎本体3600円＋税 978-4-497-21409-6

蔣介石研究 政治・戦争・日本

山田辰雄・松重充浩編著／資料の公開・刊行、中国と台湾の政治的対立の緩和といった新たな研究環境のなかで、日本・中国・台湾の研究者がそれぞれの立場・視角から論じた蔣介石研究論文を17篇収める。

A5判576頁◎本体4500円＋税 978-4-497-21229-0